国家出版基金项目
绿色制造丛书
组织单位 | 中国机械工程学会

动力电池梯次利用方法与技术

邓业林 丛 亮 刘伟嵬 著

本书结合国内电动汽车动力电池技术的发展及应用技术，在概述了电动汽车动力电池的发展、分类、特点、技术现状、发展趋势的基础上，系统地讲述了电动汽车动力电池梯次利用相关的方法与技术，内容包括：退役动力电池包的拆解技术、退役动力电池的筛选与重组技术、退役动力电池梯次利用的热管技术以及退役动力电池梯次利用的安全性管控技术。本书题材新颖实用、内容丰富、深入浅出、文字通俗易懂，具有很高的实用价值。

本书可作为相关专业技术人员、在校学生的参考用书，也可供对新能源发展有兴趣的广大读者阅读。

图书在版编目（CIP）数据

动力电池梯次利用方法与技术/邓业林，丛亮，刘伟嵬著. —北京：机械工业出版社，2022.6（2025.4 重印）

（国家出版基金项目·绿色制造丛书）

ISBN 978-7-111-70744-8

Ⅰ．①动… Ⅱ．①邓… ②丛… ③刘… Ⅲ．①电动汽车–蓄电池–永续利用–研究 Ⅳ．①U469.720.3

中国版本图书馆 CIP 数据核字（2022）第 082083 号

机械工业出版社（北京市百万庄大街 22 号 邮政编码 100037）
策划编辑：罗晓琪　　　　　　责任编辑：罗晓琪　韩　静　王　荣
责任校对：张　征　王　延　　责任印制：李　昂
河北宝昌佳彩印刷有限公司印刷
2025 年 4 月第 1 版第 2 次印刷
169mm×239mm·16.5 印张·293 千字
标准书号：ISBN 978-7-111-70744-8
定价：78.00 元

电话服务　　　　　　　　　网络服务
客服电话：010-88361066　　机　工　官　网：www.cmpbook.com
　　　　　010-88379833　　机　工　官　博：weibo.com/cmp1952
　　　　　010-68326294　　金　书　网：www.golden-book.com
封底无防伪标均为盗版　　　机工教育服务网：www.cmpedu.com

"绿色制造丛书"编撰委员会

主　任
宋天虎　中国机械工程学会
刘　飞　重庆大学

副主任（排名不分先后）
陈学东　中国工程院院士，中国机械工业集团有限公司
单忠德　中国工程院院士，南京航空航天大学
李　奇　机械工业信息研究院，机械工业出版社
陈超志　中国机械工程学会
曹华军　重庆大学

委　员（排名不分先后）
李培根　中国工程院院士，华中科技大学
徐滨士　中国工程院院士，中国人民解放军陆军装甲兵学院
卢秉恒　中国工程院院士，西安交通大学
王玉明　中国工程院院士，清华大学
黄庆学　中国工程院院士，太原理工大学
段广洪　清华大学
刘光复　合肥工业大学
陆大明　中国机械工程学会
方　杰　中国机械工业联合会绿色制造分会
郭　锐　机械工业信息研究院，机械工业出版社
徐格宁　太原科技大学
向　东　北京科技大学
石　勇　机械工业信息研究院，机械工业出版社
王兆华　北京理工大学
左晓卫　中国机械工程学会
朱　胜　再制造技术国家重点实验室
刘志峰　合肥工业大学
朱庆华　上海交通大学

张洪潮　大连理工大学
李方义　山东大学
刘红旗　中机生产力促进中心
李聪波　重庆大学
邱　城　中机生产力促进中心
何　彦　重庆大学
宋守许　合肥工业大学
张超勇　华中科技大学
陈　铭　上海交通大学
姜　涛　工业和信息化部电子第五研究所
姚建华　浙江工业大学
袁松梅　北京航空航天大学
夏绪辉　武汉科技大学
顾新建　浙江大学
黄海鸿　合肥工业大学
符永高　中国电器科学研究院股份有限公司
范志超　合肥通用机械研究院有限公司
张　华　武汉科技大学
张钦红　上海交通大学
江志刚　武汉科技大学
李　涛　大连理工大学
王　蕾　武汉科技大学
邓业林　苏州大学
姚巨坤　再制造技术国家重点实验室
王禹林　南京理工大学
李洪丞　重庆邮电大学

"绿色制造丛书"编撰委员会办公室

主　任
刘成忠　陈超志

成　员（排名不分先后）
王淑芹　曹　军　孙　翠　郑小光　罗晓琪　李　娜　罗丹青　张　强　赵范心
李　楠　郭英玲　权淑静　钟永刚　张　辉　金　程

丛书序一

制造是改善人类生活质量的重要途径，制造也创造了人类灿烂的物质文明。

也许在远古时代，人类从工具的制作中体会到生存的不易，生命和生活似乎注定就是要和劳作联系在一起的。工具的制作大概真正开启了人类的文明。但即便在农业时代，古代先贤也认识到在某些情况下要慎用工具，如孟子言："数罟不入洿池，鱼鳖不可胜食也；斧斤以时入山林，材木不可胜用也。"可是，我们没能记住古训，直到20世纪后期我国乱砍滥伐的现象比较突出。

到工业时代，制造所产生的丰富物质使人们感受到的更多是愉悦，似乎自然界的一切都可以为人的目的服务。恩格斯告诫过：我们统治自然界，决不像征服者统治异民族一样，决不像站在自然以外的人一样，相反地，我们同我们的肉、血和头脑一起都是属于自然界，存在于自然界的；我们对自然界的整个统治，仅是我们胜于其他一切生物，能够认识和正确运用自然规律而已（《劳动在从猿到人转变过程中的作用》）。遗憾的是，很长时期内我们并没有听从恩格斯的告诫，却陶醉在"人定胜天"的臆想中。

信息时代乃至即将进入的数字智能时代，人们惊叹欣喜，日益增长的自动化、数字化以及智能化将人从本是其生命动力的劳作中逐步解放出来。可是蓦然回首，倏地发现环境退化、气候变化又大大降低了我们不得不依存的自然生态系统的承载力。

不得不承认，人类显然是对地球生态破坏力最大的物种。好在人类毕竟是理性的物种，诚如海德格尔所言：我们就是除了其他可能的存在方式以外还能够对存在发问的存在者。人类存在的本性是要考虑"去存在"，要面向未来的存在。人类必须对自己未来的存在方式、自己依赖的存在环境发问！

1987年，以挪威首相布伦特兰夫人为主席的联合国世界环境与发展委员会发表报告《我们共同的未来》，将可持续发展定义为：既满足当代人的需要，又不对后代人满足其需要的能力构成危害的发展。1991年，由世界自然保护联盟、联合国环境规划署和世界自然基金会出版的《保护地球——可持续生存战略》一书，将可持续发展定义为：在不超出支持它的生态系统承载能力的情况下改善人类的生活质量。很容易看出，可持续发展的理念之要在于环境保护、人的生存和发展。

世界各国正逐步形成应对气候变化的国际共识，绿色低碳转型成为各国实现可持续发展的必由之路。

中国面临的可持续发展的压力尤甚。经过数十年来的发展，2020年我国制造业增加值突破26万亿元，约占国民生产总值的26%，已连续多年成为世界第一制造大国。但我国制造业资源消耗大、污染排放量高的局面并未发生根本性改变。2020年我国碳排放总量惊人，约占全球总碳排放量30%，已经接近排名第2~5位的美国、印度、俄罗斯、日本4个国家的总和。

工业中最重要的部分是制造，而制造施加于自然之上的压力似乎在接近临界点。那么，为了可持续发展，难道舍弃先进的制造？非也！想想庄子笔下的圃畦丈人，宁愿抱瓮舀水，也不愿意使用桔槔那种杠杆装置来灌溉。他曾教训子贡："有机械者必有机事，有机事者必有机心。机心存于胸中，则纯白不备；纯白不备，则神生不定；神生不定者，道之所不载也。"（《庄子·外篇·天地》）单纯守纯朴而弃先进技术，显然不是当代人应守之道。怀旧在现代世界中没有存在价值，只能被当作追逐幻境。

既要保护环境，又要先进的制造，从而维系人类的可持续发展。这才是制造之道！绿色制造之理念如是。

在应对国际金融危机和气候变化的背景下，世界各国无论是发达国家还是新型经济体，都把发展绿色制造作为赢得未来产业竞争的关键领域，纷纷出台国家战略和计划，强化实施手段。欧盟的"未来十年能源绿色战略"、美国的"先进制造伙伴计划2.0"、日本的"绿色发展战略总体规划"、韩国的"低碳绿色增长基本法"、印度的"气候变化国家行动计划"等，都将绿色制造列为国家的发展战略，计划实施绿色发展，打造绿色制造竞争力。我国也高度重视绿色制造，《中国制造2025》中将绿色制造列为五大工程之一。中国承诺在2030年前实现碳达峰，2060年前实现碳中和，国家战略将进一步推动绿色制造科技创新和产业绿色转型发展。

为了助力我国制造业绿色低碳转型升级，推动我国新一代绿色制造技术发展，解决我国长久以来对绿色制造科技创新成果及产业应用总结、凝练和推广不足的问题，中国机械工程学会和机械工业出版社组织国内知名院士和专家编写了"绿色制造丛书"。我很荣幸为本丛书作序，更乐意向广大读者推荐这套丛书。

编委会遴选了国内从事绿色制造研究的权威科研单位、学术带头人及其团队参与编著工作。丛书包含了作者们对绿色制造前沿探索的思考与体会，以及对绿色制造技术创新实践与应用的经验总结，非常具有前沿性、前瞻性和实用性，值得一读。

丛书的作者们不仅是中国制造领域中对人类未来存在方式、人类可持续发展的发问者，更是先行者。希望中国制造业的管理者和技术人员跟随他们的足迹，通过阅读丛书，深入推进绿色制造！

华中科技大学　李培根
2021 年 9 月 9 日于武汉

丛书序二

在全球碳排放量激增、气候加速变暖的背景下，资源与环境问题成为人类面临的共同挑战，可持续发展日益成为全球共识。发展绿色经济、抢占未来全球竞争的制高点，通过技术创新、制度创新促进产业结构调整，降低能耗物耗、减少环境压力、促进经济绿色发展，已成为国家重要战略。我国明确将绿色制造列为《中国制造2025》五大工程之一，制造业的"绿色特性"对整个国民经济的可持续发展具有重大意义。

随着科技的发展和人们对绿色制造研究的深入，绿色制造的内涵不断丰富，绿色制造是一种综合考虑环境影响和资源消耗的现代制造业可持续发展模式，涉及整个制造业，涵盖产品整个生命周期，是制造、环境、资源三大领域的交叉与集成，正成为全球新一轮工业革命和科技竞争的重要新兴领域。

在绿色制造技术研究与应用方面，围绕量大面广的汽车、工程机械、机床、家电产品、石化装备、大型矿山机械、大型流体机械、船用柴油机等领域，重点开展绿色设计、绿色生产工艺、高耗能产品节能技术、工业废弃物回收拆解与资源化等共性关键技术研究，开发出成套工艺装备以及相关试验平台，制定了一批绿色制造国家和行业技术标准，开展了行业与区域示范应用。

在绿色产业推进方面，开发绿色产品，推行生态设计，提升产品节能环保低碳水平，引导绿色生产和绿色消费。建设绿色工厂，实现厂房集约化、原料无害化、生产洁净化、废物资源化、能源低碳化。打造绿色供应链，建立以资源节约、环境友好为导向的采购、生产、营销、回收及物流体系，落实生产者责任延伸制度。壮大绿色企业，引导企业实施绿色战略、绿色标准、绿色管理和绿色生产。强化绿色监管，健全节能环保法规、标准体系，加强节能环保监察，推行企业社会责任报告制度。制定绿色产品、绿色工厂、绿色园区标准，构建企业绿色发展标准体系，开展绿色评价。一批重要企业实施了绿色制造系统集成项目，以绿色产品、绿色工厂、绿色园区、绿色供应链为代表的绿色制造工业体系基本建立。我国在绿色制造基础与共性技术研究、离散制造业传统工艺绿色生产技术、流程工业新型绿色制造工艺技术与设备、典型机电产品节能减排技术、退役机电产品拆解与再制造技术等方面取得了较好的成果。

但是作为制造大国，我国仍未摆脱高投入、高消耗、高排放的发展方式，资源能源消耗和污染排放与国际先进水平仍存在差距，制造业绿色发展的目标尚未完成，社会技术创新仍以政府投入主导为主；人们虽然就绿色制造理念形成共识，但绿色制造技术创新与我国制造业绿色发展战略需求还有很大差距，一些亟待解决的主要问题依然突出。绿色制造基础理论研究仍主要以跟踪为主，原创性的基础研究仍较少；在先进绿色新工艺、新材料研究方面部分研究领域有一定进展，但颠覆性和引领性绿色制造技术创新不足；绿色制造的相关产业还处于孕育和初期发展阶段。制造业绿色发展仍然任重道远。

本丛书面向构建未来经济竞争优势，进一步阐述了深化绿色制造前沿技术研究，全面推动绿色制造基础理论、共性关键技术与智能制造、大数据等技术深度融合，构建我国绿色制造先发优势，培育持续创新能力。加强基础原材料的绿色制备和加工技术研究，推动实现功能材料特性的调控与设计和绿色制造工艺，大幅度地提高资源生产率水平，提高关键基础件的寿命、高分子材料回收利用率以及可再生材料利用率。加强基础制造工艺和过程绿色化技术研究，形成一批高效、节能、环保和可循环的新型制造工艺，降低生产过程的资源能源消耗强度，加速主要污染排放总量与经济增长脱钩。加强机械制造系统能量效率研究，攻克离散制造系统的能量效率建模、产品能耗预测、能量效率精细评价、产品能耗定额的科学制定以及高能效多目标优化等关键技术问题，在机械制造系统能量效率研究方面率先取得突破，实现国际领先。开展以提高装备运行能效为目标的大数据支撑设计平台，基于环境的材料数据库、工业装备与过程匹配自适应设计技术、工业性试验技术与验证技术研究，夯实绿色制造技术发展基础。

在服务当前产业动力转换方面，持续深入细致地开展基础制造工艺和过程的绿色优化技术、绿色产品技术、再制造关键技术和资源化技术核心研究，研究开发一批经济性好的绿色制造技术，服务经济建设主战场，为绿色发展做出应有的贡献。开展铸造、锻压、焊接、表面处理、切削等基础制造工艺和生产过程绿色优化技术研究，大幅降低能耗、物耗和污染物排放水平，为实现绿色生产方式提供技术支撑。开展在役再设计再制造技术关键技术研究，掌握重大装备与生产过程匹配的核心技术，提高其健康、能效和智能化水平，降低生产过程的资源能源消耗强度，助推传统制造业转型升级。积极发展绿色产品技术，研究开发轻量化、低功耗、易回收等技术工艺，研究开发高效能电机、锅炉、内燃机及电器等终端用能产品，研究开发绿色电子信息产品，引导绿色消费。开展新型过程绿色化技术研究，全面推进钢铁、化工、建材、轻工、印染等行业绿色制造流程技术创新，新型化工过程强化技术节能环保集成优化技术创新。开展再制造与资源化技术研究，研究开发新一代再制造技术与装备，深入推进废旧汽车（含新能源汽车）零部件和退役机电产品回收逆向物流系统、拆解/破碎/分离、高附加值资源化等关键技术与装备研究并应用示范，实现机电、汽车等产品的可拆卸和易回收。研究开发钢铁、冶金、石化、轻工等制造流程副产品绿色协同处理与循环利用技术，提高流程制造资源高效利用绿色产业链技术创新能力。

在培育绿色新兴产业过程中，加强绿色制造基础共性技术研究，提升绿色制造科技创新与保障能力，培育形成新的经济增长点。持续开展绿色设计、产品全生命周期评价方法与工具的研究开发，加强绿色制造标准法规和合格评判程序与范式研究，针对不同行业形成方法体系。建设绿色数据中心、绿色基站、绿色制造技术服务平台，建立健全绿色制造技术创新服务体系。探索绿色材料制备技术，培育形成新的经济增长点。开展战略新兴产业市场需求的绿色评价研究，积极引领新兴产业高起点绿色发展，大力促进新材料、新能源、高端装备、生物产业绿色低碳发展。推动绿色制造技术与信息的深度融合，积极发展绿色车间、绿色工厂系统、绿色制造技术服务业。

非常高兴为本丛书作序。我们既面临赶超跨越的难得历史机遇，也面临差距拉大的严峻挑战，唯有勇立世界技术创新潮头，才能赢得发展主动权，为人类文明进步做出更大贡献。相信这套丛书的出版能够推动我国绿色科技创新，实现绿色产业引领式发展。绿色制造从概念提出至今，取得了长足进步，希望未来有更多青年人才积极参与到国家制造业绿色发展与转型中，推动国家绿色制造产业发展，实现制造强国战略。

中国机械工业集团有限公司　陈学东

2021 年 7 月 5 日于北京

丛书序三

绿色制造是绿色科技创新与制造业转型发展深度融合而形成的新技术、新产业、新业态、新模式,是绿色发展理念在制造业的具体体现,是全球新一轮工业革命和科技竞争的重要新兴领域。

我国自20世纪90年代正式提出绿色制造以来,科学技术部、工业和信息化部、国家自然科学基金委员会等在"十一五""十二五""十三五"期间先后对绿色制造给予了大力支持,绿色制造已经成为我国制造业科技创新的一面重要旗帜。多年来我国在绿色制造模式、绿色制造共性基础理论与技术、绿色设计、绿色制造工艺与装备、绿色工厂和绿色再制造等关键技术方面形成了大量优秀的科技创新成果,建立了一批绿色制造科技创新研发机构,培育了一批绿色制造创新企业,推动了全国绿色产品、绿色工厂、绿色示范园区的蓬勃发展。

为促进我国绿色制造科技创新发展,加快我国制造企业绿色转型及绿色产业进步,中国机械工程学会和机械工业出版社联合中国机械工程学会环境保护与绿色制造技术分会、中国机械工业联合会绿色制造分会,组织高校、科研院所及企业共同策划了"绿色制造丛书"。

丛书成立了包括李培根院士、徐滨士院士、卢秉恒院士、王玉明院士、黄庆学院士等50多位顶级专家在内的编委会团队,他们确定选题方向,规划丛书内容,审核学术质量,为丛书的高水平出版发挥了重要作用。作者团队由国内绿色制造重要创导者与开拓者刘飞教授牵头,陈学东院士、单忠德院士等100余位专家学者参与编写,涉及20多家科研单位。

丛书共计32册,分三大部分:① 总论,1册;② 绿色制造专题技术系列,25册,包括绿色制造基础共性技术、绿色设计理论与方法、绿色制造工艺与装备、绿色供应链管理、绿色再制造工程5大专题技术;③ 绿色制造典型行业系列,6册,涉及压力容器行业、电子电器行业、汽车行业、机床行业、工程机械行业、冶金设备行业等6大典型行业应用案例。

丛书获得了2020年度国家出版基金项目资助。

丛书系统总结了"十一五""十二五""十三五"期间,绿色制造关键技术与装备、国家绿色制造科技重点专项等重大项目取得的基础理论、关键技术和装备成果，凝结了广大绿色制造科技创新研究人员的心血，也包含了作者对绿色制造前沿探索的思考与体会，为我国绿色制造发展提供了一套具有前瞻性、系统性、实用性、引领性的高品质专著。丛书可为广大高等院校师生、科研院所研发人员以及企业工程技术人员提供参考，对加快绿色制造创新科技在制造业中的推广、应用，促进制造业绿色、高质量发展具有重要意义。

当前我国提出了2030年前碳排放达峰目标以及2060年前实现碳中和的目标，绿色制造是实现碳达峰和碳中和的重要抓手，可以驱动我国制造产业升级、工艺装备升级、重大技术革新等。因此，丛书的出版非常及时。

绿色制造是一个需要持续实现的目标。相信未来在绿色制造领域我国会形成更多具有颠覆性、突破性、全球引领性的科技创新成果，丛书也将持续更新，不断完善，及时为产业绿色发展建言献策，为实现我国制造强国目标贡献力量。

中国机械工程学会　宋天虎
2021年6月23日于北京

前　言

电动汽车的发展包括电动汽车以及动力的研究和开发，其动力是指动力电池。电动汽车动力电池是电动汽车的动力源泉，同时也是一直制约电动汽车发展的关键因素。动力电池的研发、管理、维护及回收将直接影响电动汽车产业的发展。电动汽车动力电池的生命周期包括生产、使用、报废、分解以及再利用，电动汽车动力电池的回收利用是指将使用过的动力电池回收后，通过梯次利用或拆解提炼稀有金属的方式进行再次利用。

电动汽车动力电池梯次利用主要针对动力电池容量降低到无法满足新能源汽车的使用要求，但是动力电池本身没有报废，仍可以通过别的途径继续使用的情况，比如应用于电池储能领域；拆解回收主要针对动力电池容量损耗严重而无法继续使用，只能通过拆解的方式回收有利用价值的资源的情况，比如回收钴、镍等稀有金属。目前市场上退役动力电池回收方式主要以拆解为主，一方面，由于退役动力电池梯次利用需要相关的技术积累和相关的实验验证，目前还很不成熟，仍在探索之中；另一方面，由于退役的动力电池量还较少，梯次利用形成规模有一定难度。

但随着电动汽车的普及，电动汽车动力电池回收利用产业必将成为汽车工业和能源产业发展的重点。在我国，电动汽车动力电池回收利用产业的发展是必然的，政府出台各项政策助力电动汽车动力电池回收利用产业的发展。在电动汽车动力电池回收利用产业的发展中，应考虑业务运营模式，建设相应的电动汽车动力电池信息库，引入集中式的信息管理平台，是发展电动汽车动力电池回收利用产业的重要环节。待在全国范围内建成电动汽车动力电池回收利用网络后，全国的电动汽车动力电池回收利用产业将联网运营，以此可推动电动汽车动力电池回收利用产业的发展。

本书结合我国电动汽车的发展趋势及动力电池技术的发展，以电动汽车动力电池的梯次利用与拆解回收利用技术为核心内容。在编写过程中，在尽量做到有针对性和突出实用性的基础上，力求做到通俗易懂和结合实际，使得从事电动汽车动力电池的梯次利用与拆解回收利用的技术人员及管理人员从中获益，读者可以以此为"桥梁"，全面地了解和掌握电动汽车动力电池的梯次利用与拆解回收利用的新应用技术。

本书由邓业林、丛亮、刘伟嵬著，提供资料的有何晋、李洪雷、周凯、苏泳健等，提供帮助的有陈祖航、马睿飞、陈桂泉和董澳。本书在写作过程中，无论是资料的收集还是技术信息交流，都得到了国内外学者和同行及电动汽车动力电池制造商的大力支持，在此一并表示衷心的感谢。由于笔者水平有限，书中难免有不足之处，敬请读者批评指正。

作　者

2022 年 1 月

目录 CONTENTS

丛书序一
丛书序二
丛书序三
前言
第1章　绪论 ······ 1
  1.1　动力电池发展史 ······ 2
  1.2　锂离子电池的电化学基础 ······ 4
    1.2.1　锂离子电池机理 ······ 7
    1.2.2　锂离子电池简化机理 ······ 16
  1.3　退役电池的梯次利用 ······ 24
    1.3.1　锂离子电池的全生命周期 ······ 24
    1.3.2　梯次利用的特点 ······ 27
    1.3.3　退役电池的特点 ······ 27
  1.4　退役动力电池梯次利用的核心方法与技术 ······ 28
    1.4.1　退役动力电池梯次利用拆解技术 ······ 28
    1.4.2　退役动力电池梯次利用筛选方法 ······ 29
    1.4.3　退役动力电池梯次利用重组技术 ······ 30
    1.4.4　退役动力电池梯次利用安全管控方法 ······ 31
  参考文献 ······ 32

第2章　动力锂离子电池梯次利用拆解技术 ······ 35
  2.1　国内外研究现状 ······ 36
  2.2　拆解研究内容和技术路线 ······ 40
    2.2.1　拆解的主要研究内容 ······ 40
    2.2.2　拆解规划技术路线 ······ 40
  2.3　拆解序列规划优化理论 ······ 41

2.3.1　拆解的理论基础概念　42
　　2.3.2　拆解的模式　44
　　2.3.3　拆解的建模　46
　　2.3.4　规划方法　49
2.4　基于遗传烟花算法的拆解序列规划　52
　　2.4.1　多目标优化问题　52
　　2.4.2　基于拆解优先图的拆解模型　56
　　2.4.3　基于多目标的遗传烟花算法求解方法　59
2.5　动力电池包拆解分析　68
　　2.5.1　基于任务优先图来描述拆解线的关系　68
　　2.5.2　结果与分析　72
参考文献　82

第3章　动力锂离子电池梯次利用重组工艺　89
3.1　退役动力电池国内外研究现状　90
3.2　锂离子电池及其容量增量曲线　90
　　3.2.1　锂离子电池简介　90
　　3.2.2　容量增量曲线原理　94
　　3.2.3　容量增量曲线特性实验　98
3.3　基于容量增量曲线的退役锂离子电池容量和内阻估算　102
　　3.3.1　锂离子电池参数测试　102
　　3.3.2　基于AGA-BPNN的电池容量估算　108
　　3.3.3　电池内阻估计　119
　　3.3.4　小结　122
参考文献　123

第4章　动力电池梯次利用热管理工艺　127
4.1　锂离子电池热安全性现状　128
　　4.1.1　锂离子电池模型参数辨识研究现状　128
　　4.1.2　锂离子电池冷却方式研究现状　130
4.2　锂离子电池机理模型　133
4.3　模型参数辨识　135

4.3.1　简化模型的验证 ………………………………………………… 136
   4.3.2　液相锂离子浓度验证 …………………………………………… 138
   4.3.3　固相锂离子浓度验证 …………………………………………… 140
   4.3.4　电压验证 …………………………………………………………… 141
   4.3.5　基于锂离子电池简化模型的参数辨识 ……………………… 142
 4.4　复合相变散热仿真及优化 ……………………………………………… 160
   4.4.1　相变散热 …………………………………………………………… 161
   4.4.2　复合相变材料成型 ………………………………………………… 162
   4.4.3　相变散热实验 ……………………………………………………… 163
   4.4.4　单体电池相变散热仿真 …………………………………………… 164
   4.4.5　实验验证 …………………………………………………………… 167
 4.5　基于仿真的电池模组散热参数优化 …………………………………… 174
   4.5.1　基于石蜡/膨胀石墨-泡沫铜的模组散热系统 …………………… 174
   4.5.2　单参数分析 ………………………………………………………… 175
   4.5.3　多参数优化 ………………………………………………………… 179
 4.6　本章小结 ……………………………………………………………… 181
 参考文献 ……………………………………………………………………… 181

第5章　动力电池梯次利用内短路管控的技术与方法 …………………… 187
 5.1　内短路研究现状 ………………………………………………………… 188
 5.2　锂离子电池内短路全寿命周期辨识 …………………………………… 189
   5.2.1　等效电路模型 ……………………………………………………… 189
   5.2.2　模型参数辨识 ……………………………………………………… 190
   5.2.3　电池热模型 ………………………………………………………… 191
 5.3　实验与结果 ……………………………………………………………… 193
   5.3.1　实验设置 …………………………………………………………… 193
   5.3.2　HPPC与DST实验 ………………………………………………… 194
   5.3.3　内短路实验 ………………………………………………………… 196
 5.4　讨论与分析 ……………………………………………………………… 198
   5.4.1　遗忘因子与间隔频率对参数辨识的影响 ………………………… 198
   5.4.2　温度估计 …………………………………………………………… 199

XVII

5.4.3 内短路识别能力探究 ·· 200
5.5 本章小结 ··· 201
参考文献 ·· 202

第6章 动力锂离子电池性能再生工艺与方法 ···························· 205
6.1 激光用于锂离子电池回收处理简介 ··································· 206
    6.1.1 废旧锂离子电池的处理方式 ·· 206
    6.1.2 SEI 膜与激光清洗技术 ·· 208
    6.1.3 废旧车用锂离子电池再制造技术中的问题 ······················ 209
6.2 激光清洗电极片的理论模型 ·· 210
    6.2.1 激光清洗类型 ·· 210
    6.2.2 激光清洗作用机制 ·· 211
    6.2.3 激光去除 SEI 膜的烧蚀振动模型 ·································· 212
6.3 激光清洗电极片的试验研究 ·· 219
    6.3.1 废旧锂离子电池电极片再制造时间点的确定 ·················· 219
    6.3.2 激光用于锂离子电池清洗实验 ····································· 222
    6.3.3 激光清洗后电极片的形貌及成分分析 ···························· 224
6.4 激光处理后锂离子电池电极片性能的分析 ························· 236
    6.4.1 再制造电极片孔隙分析 ·· 236
    6.4.2 再制造成品电池容量分析和预测 ·································· 238
    6.4.3 再制造电池电化学性能分析 ·· 239
6.5 激光用于锂离子电池的回收工艺总结 ································ 242
参考文献 ·· 243

第 1 章

绪　论

1.1 动力电池发展史

近些年，在国家政策的大力推动下，新能源汽车行业发展迅速，尤其是在 2015 年至 2018 年期间，新能源汽车销量急剧增长。进入 2017 年之后，为了引导新能源产业良性竞争和发展，政府对新能源汽车的补贴金额开始明显逐步减少，对补贴的技术要求也开始明显逐步增加；同时，2019 年下半年开始暴发了全球范围内的新冠肺炎疫情，导致人们公共出行需求减少，新能源汽车行业面临了不小的压力。在这两大主要因素的影响下，国内新能源汽车的销量曾出现断崖式下降。据乘用车市场信息联席会统计，我国 2015 年至 2020 年上半年的销量分别为 17.7 万辆、32.4 万辆、55.6 万辆、99.3 万辆、102.5 万辆、31.3 万辆。但是，进入 2020 年下半年以来，一方面在国家的合理防控监管措施下疫情局势得到明显缓解，另一方面新能源企业在竞争下的技术逐步成熟，新能源汽车的销量开始迅速回暖。图 1-1 所示为乘用车市场信息联席会的最新统计数据，2020 年 7 月新能源汽车销量的同比增长率已转负为正，并且从 7 月的 32%持续上涨到 11 月的 139%。

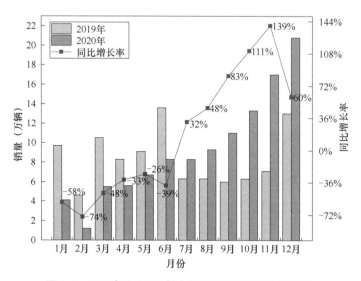

图 1-1 2019 年和 2020 年中国新能源乘用车每月销量

总的来说，经历了政策补贴退坡和新冠肺炎疫情的双重影响，新能源汽车行业在进入 2020 年下半年之后呈现稳中向好的发展趋势。此外，国家最新推出的政策，也进一步确立了新能源汽车发展规划和发展目标。2020 年 10 月 27 日，由工业和信息化部（简称工信部）指导、中国汽车工程学会组织全行业千余名专家历时一年半修订编制的《节能与新能源汽车技术路线图 2.0》正式发布。技术路线图针对新能源汽车技术提出了总体发展目标，到 2025 年、2030 年、2035 年，我国汽车产销年规模应分别达到 3200 万辆、3800 万辆、4000 万辆。其中，新能源乘用车占汽车总销量的比例分别为 20%、40%、50%；混合动力乘用车占汽车总销量的比例分别为 40%、45%、50%；其他类汽车占汽车总销量的比例则分别为 40%、15%、0%，如图 1-2 所示。至 2035 年，在新能源汽车销量占比达到 50% 以上时，纯电动汽车销量预计将占新能源汽车的 95% 以上。这些都标志着国家对新能源汽车行业的重视，以及未来可预见的新能源汽车行业的稳步发展。

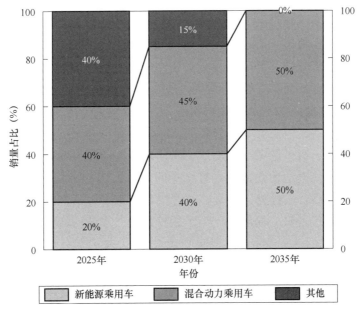

图 1-2 《节能与新能源汽车技术路线图 2.0》中新能源汽车技术总体目标

动力电池是电动汽车的能量来源，是电动汽车不可缺少的部分，动力电池的性能很大程度上决定了电动汽车的性能。锂离子电池凭借其优良的特性（包括重量轻、充电速度快、能量密度高、自放电较低和循环寿命长等）而进入了电动汽车市场。但是动力电池会随着使用而性能下降，当动力电池的剩余容量下降到额定容量的 80% 以下时，则认为该电池不再满足电动汽车的性能需求，需要更换，以确保行车安全。由于锂离子电池富含有价值的金属（例如钴和锂），同时含有有毒物质，废弃的锂离子电池如果不经处理，当电池泄漏和被侵蚀后会导致重金属污染并排放有害气体。近年来，电池制造商和地方政府面临着大量的退役的锂离子电池的回收和处置的巨大压力。从电动汽车上退役下来的动力电池仍有80%的剩余容量，如果直接进行资源回收，会造成某种程度的浪费。对退役下来的动力电池进行二次利用可以有效缓解退役电池处置的巨大压力，延长动力电池的使用周期可以带来经济和环境的双重效应。退役后的动力电池虽然不适合应用在对电池性能要求高的场合，但仍然可以应用在低性能的情况（例如，电动自行车、游览车、风能和光伏存储等）。因此，研究退役动力电池的梯次利用对于电动汽车的发展有着重要的意义。

1.2　锂离子电池的电化学基础

常用的锂离子电池形状设计各有不同，按照其外形可分为袋状电池、棱柱形电池和圆柱形电池等，如图1-3所示。生活中应用最广泛的是圆柱形电池，其组成成分被依次放好并卷绕成圆柱状，相比其他形状的电池，圆柱形电池拥有更多的活性物质，从而具有更高的能量密度，同时其机械稳定性高、制造方便。棱柱形电池于20世纪90年代初期被引进，并广泛应用于半导体行业，其空间利用率高、设计灵活，但由于其形状较薄，能量密度也相对较低，同时制造成本高、散热效率低、机械稳定性也较低、循环寿命比圆柱形电池短。袋状电池的产生，相对来说使电池的制造成本有所降低，相比其他形状的电池，其结构简单、空间利用率高、柔性好、重量轻，被广泛应用于电动汽车行业，但是能量密度和负载电流较低且容易肿胀。为了试验方便，本节中所使用的电池均为袋状电池。

用于预测电池性能的模型大致可分为：经验模型（等效电路模型）、电化学模型、电化学模型与其他物理场耦合模型和分子/原子动力学模型。这几种模型的复杂性依次增加，计算时间依次增长，但是可预测性依次增加，模型能提供的信息也依次增多。

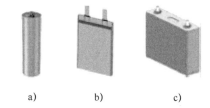

图1-3　不同形状电池示意图
a）圆柱形电池　b）袋状电池　c）棱柱形电池

最常见的电池模型是等效电路模型（equivalent circuit model，ECM）。ECM采用电阻、电容和电感等元件来模拟电池的工作状态，由于模型结构简单、模型参数相对较少，很容易嵌入到电池管理系统（battery management system，BMS）中进行荷电状态（state of charge，SOC）/健康状态（state of health，

SOH）估计，因此在电池实时应用中被广泛采用。典型等效电路模型有内阻模型（rint model）、戴维南模型（Thevenin model）、通用多阶RC模型（n阶RC模型）、新一代汽车合作伙伴关系模型（partnership for new generation of vehicles model，简称PNGV模型）、通用非线性模型（general nonlinear model，简称GNL模型）。

总的来说，虽然ECM结构简单，在动态条件下的精度可以接受，但并不能得到内部的电化学特性。此外，由于ECM模型参数随SOC、电流和温度的变化而变化，因此需要复杂的参数识别条件。

本节的研究是基于电池机理模型的。电池机理模型从锂离子电池内部的电化学反应出发，因此也被称为电化学模型。常用的电化学模型主要有伪二维模型（pseudo two-dimensional model，简称P2D模型）、简化的伪二维模型（simplified pseudo two-dimensional model，简称SP2D模型）。单粒子模型（single particle model，简称SP模型）可以看作SP2D模型，属于一种在P2D模型基础上的简化模型。P2D模型基于多孔电极理论和浓溶液理论，将电池内部正、负极等效成均匀分布的球形颗粒组成的多孔电极，电解液填充其间，然后通过相互耦合的方程描述电池内部的固相、液相锂离子浓度分布和固相、液相电动势分布。相较于电池等效电路模型，可以更准确地模拟外部特性（如端电压和表面温度）和内部状态（如过电位和液相锂离子浓度）。然而，由于这些电化学模型需要求解复杂的偏微分方程（partial differential equation，PDE），因此求解效率低，并且需要的计算机硬件一般比实际应用中的硬件更加复杂。

为了提高P2D模型的求解效率，很多研究将模型进行数学简化，例如，许多文献采用适当的正交分解以及坐标变换和正交配置的结合。这些研究一般用相对更少的微分代数方程（DAE）代替了原来的PDE。但由于每个DAE的复杂度也增加了，计算效率并没有明显提高。各个电池一般都有不同的参数，如果参数值发生重大变化，就需要重新构建电池模型。因此，这种简化模型由于参数可识别性差，对于BMS来说并不理想。

寻求P2D模型的固相或液相扩散过程的近似解可作为机理模型简化求解的一种有前景的方法。SP模型假设电极内不同位置的反应具有良好的一致性，并认为正、负极所有颗粒都可以用一个颗粒来表示，并且忽略了电解液中锂离子浓度和过电位随电极在厚度方向上的变化。固相扩散浓度分布采用抛物线多项式来描述。虽然SP模型形成简单、仿真速度快，但由于忽略因素过多，在高倍率（>2C）下仿真误差可能相当大（>50mV）。

Luo等人发展了一种改进的SP模型，即SP+模型。SP+模型在电压表达式中加入液相浓度过电位项，相对SP模型仿真精度更高；并假设液相锂离子浓度曲线在任何时候都符合电极厚度方向的抛物线多项式。与P2D模型相比，抛物线曲线近似的解法可以达到数值有限差分法的预测效果，能在不同的工作场景中应用，计算效率更高。但在高倍率（>2C）下的仿真精度仍有不足。

为了提高SP+模型在高倍率下的精度，Luo等人将非均匀反应分布效应（不同位置的反应速率的不一致性）的描述扩展到SP+模型中，综合运用体积平均法、指数曲线近似和迭代计算，得到SP++模型。SP++模型可以准确预测正、负极集流体和正、负极交界面处孔壁通量，相比SP+模型进一步提高了精度，在4C的高倍率下仿真的相对误差小于0.55%。但SP++模型与P2D模型一样，结构和模型参数复杂，需要通过耗时的优化算法（如遗传算法、粒子群优化）来实现参数辨识。

Li等人在SP+模型的基础上，发展了一种简化的电化学（simplified electrochemical，SEC）模型，激发响应分析进行参数辨识。该模型具有较高的计算效率和可接受的精度，在1C充放电速率或以下时，其误差为27.0mV。虽然SEC模型的参数可以得到辨识，但由于忽略了非均匀反应分布效应，因此高倍率下模型准确性较差。之后，Li等人基于SEC模型，在开路电压（open circuit voltage，OCV）、反应极化过电位和浓度极化过电位等部分进行了修改，以适应更高的倍率。该模型在较高倍率下具有较高精确度，计算效率高。

上述SP模型、SP+模型、SP++模型、SEC模型均可看作SP2D模型。SP2D模型精度相对P2D模型更差。而在P2D模型的基础上，要进一步提高模拟精度，则可以与其他模型耦合得到多物理场模型。Liu等人基于锂离子电池电化学-热耦合模型（P2D型与热模型相耦合）对电池电压曲线和温度曲线进行模拟，模型得到的数据与实验结果吻合较好，误差较小，表明该模型具有较高的电化学和热行为预测精度。此外，对不同工况下的内部物理化学演化和设计优化进行了分析，在此基础上，总结出动力锂离子电池电极结构参数、材料性能参数、动力学参数等23个参数的灵敏度，从而优化电池设计。Ai等人在电化学-热耦合模型的基础上，考虑了机械应力对电池的影响，得到了电化学-热-机械耦合模型。该模型对钴酸锂-石墨软包电池的电压、温度和厚度变化进行了预测，模拟结果与实验数据吻合较好。模拟结果表明，使用标准P2D模型（未考虑机械应力效应）时，应力水平被高估了50%。应力可以加速固相扩散，使电池放电容量增加5.4%。此外，分析了电极粒子内部应力的演化过程和电池电极内部应力的不均匀性。应力水平由锂离子浓度梯度决定，高倍率下电极-隔膜交界面处会产生较大的应力。该结果可以解释颗粒在隔膜附近破碎的实验结果，为理解电池局部老化行为提供新思路，并为改进电池控制算法以提高电池寿命提供依据。

上述模型都可以看作 P2D 模型、P2D 模型的简化模型以及 P2D 模型与其他模型的耦合模型。而 P2D 模型是假设正、负极内的颗粒为均匀分布的球形颗粒，忽略了活性颗粒粒径的不一致性。Roder 等人提出了一种考虑了颗粒不均匀性的电化学模型，以分析活性材料粒径分布（particle size distribution，PSD）对石墨电极的影响及其性能。该模型专注于确定不同形状和比例的 PSD 对电极性能的影响，这种不一致性引起不均匀的表面超电动势和反应速率，进一步可以研究电池的衰减。总的来说，研究表明，PSD 及其变化对锂离子电池的性能和衰减产生了很大的影响。而相对于上述基于 P2D 模型或在 P2D 模型的基础上进一步考虑了颗粒不一致性的模型，动力学蒙特卡洛法（kinetic Monte Carlo，KMC）和分子动力学（molecular dynamics，MD）则可以从分子、原子等更为微观的角度模拟电池内部状态。例如，Thangavel 等人基于可变步长法（variable step size method，VSSM）建立了一种三维 KMC 模型，描述了两种不同的倍率（0.5C 和 2C）下锂硫电池中固体硫的溶解，不同多硫化物的反应和扩散以及 Li_2S 的电沉积等机理，进一步研究了锂硫电池的碳/硫复合正极在放电过程中由于固态硫和 Li_2S 的溶解/沉淀反应而发生的介观结构演变。Ravikumar 等人利用分子动力学建立的模型模拟研究了浓度范围为 $60\sim4000mol/m^3$ 的碳酸乙烯酯（EC）-$LiPF_6$ 电解液体系，以研究浓度对电解液传输性能（扩散系数和电导率）和结构特性的影响。该模型研究了电解质溶液的分子结构与性能之间的关系，并提出了设计新型浓缩电解液的方法。新型浓缩电解液的传输性能得到提高，且有着较好的稳定性，有望成为当前常用浓度为 $1000mol/m^3$ 的电解液的替代品。

除了上述等效电路模型和电化学机理模型之外，数据驱动方法通常依赖先进的机器学习技术来捕获预定义的输入-输出对之间的基础映射，在电池的应用领域也越来越受到关注。各种数据驱动模型已经被用来描述电池状态，相对于等效电路模型和电化学机理模型，不需要对电池的参数进行辨识。但电池数据驱动模型的性能高度依赖于测试数据以及训练方法。为了达到可接受的模型精度以及良好的泛化能力，测试数据应该大于电池测试数据，并且训练方法中的参数需要进行有效的调整。

从上述各种锂离子电池模型的综述中可以看出，能准确模拟电池状态的电池模型一般结构比较复杂，参数识别相对复杂。本节综合考虑模型的精度和参数辨识难度，采用电化学模型进行电池模拟。

▶ 1.2.1 锂离子电池机理

首先介绍锂离子电池工作的基本原理，如图 1-4 所示，典型的锂离子电池有

6个主要部分：正极、负极、隔膜、电解液、正极集流体、负极集流体。负极材料一般为石墨衍生物，如人造石墨、天然石墨、中间相炭微球等。正极材料通常有镍钴锰三元材料（$LiNi_{1-x-y}Co_xMn_yO_2$，简称 NCM）、镍钴铝三元材料（$LiNi_{1-x-y}Co_xAl_yO_2$，简称 NCA）、磷酸铁锂（$LiFePO_4$，简称 LFP）、钴酸锂（$LiCoO_2$，简称 LCO）、锰酸锂（$LiMn_2O_4$，简称 LMO）等。锂离子通常以 Li_xC_6 的形式储存在石墨负极晶格位点中。在放电过程中，锂离子扩散到负极 Li_xC_6 活性材料颗粒（固相）表面，在颗粒表面发生脱锂并转移到电解质溶液（液相）中。带正电荷的锂离子扩散和迁移穿过电解质溶液嵌入到正极中，向正极活性材料颗粒（固相）的内部区域进行反应和扩散。多孔隔膜是绝缘体，只允许锂离子通过它而不能让电子通过，这使得电子只能从外部电路从正极经过负载再到负极，形成放电电流。充电过程与放电过程类似，只是充电过程中锂离子和电子的移动方向以及发生锂离子嵌入/脱出的位置与放电过程相反。这个过程被称为"嵌脱锂"过程，因此锂离子电池通常被称为"摇椅模型"。

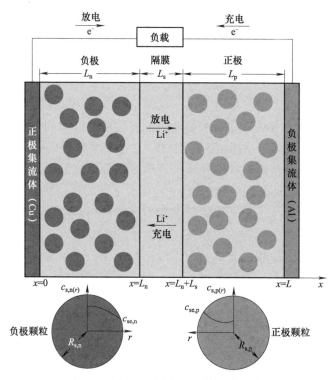

图1-4 锂离子电池 P2D 模型原理图

以钴酸锂-石墨电池为例，其反应式如下：

正极反应式

$$\text{LiCoO}_2 \underset{\text{充电}}{\overset{\text{放电}}{\rightleftharpoons}} \text{Li}_{1-x}\text{CoO}_2 + x\text{Li}^+ + xe^- \qquad (1\text{-}1)$$

负极反应式

$$6\text{C} + x\text{Li}^+ + xe^- \underset{\text{充电}}{\overset{\text{放电}}{\rightleftharpoons}} \text{Li}_x\text{C}_6 \qquad (1\text{-}2)$$

总反应式

$$\text{LiCoO}_2 + 6\text{C} \underset{\text{充电}}{\overset{\text{放电}}{\rightleftharpoons}} \text{Li}_{1-x}\text{CoO}_2 + \text{Li}_x\text{C}_6 \qquad (1\text{-}3)$$

锂离子电池电化学模型都是建立在 P2D 模型的基础上。之所以被称为准二维模型，是因为其中锂离子液相浓度和电动势被假定只在电池厚度方向上变化，此外锂离子固相浓度只在正、负极活性材料固相颗粒半径方向上（微观尺度，属于伪维度）变化。P2D 模型最早是由 Marc Doyle、Thomas F. Fuller、John Newman 和 Doyle Newman 等人提出的，它以锂离子电池内部电化学原理为基础，基于多孔电极理论和浓溶液理论，对多孔电极中的固相和电解质相（以及隔膜中的电解质相）中的电荷和物质传输进行宏观描述，从而得到电池的内阻、SOC、电压、温度等特性，还可以通过对内部副反应假设，得到电池容量衰减规律，从而预测电池寿命。

▶▶ 1. 锂离子电池 P2D 模型的假设条件

锂离子电池 P2D 模型主要基于以下假设条件：

1) 正、负极活性物质均为大小一致的球形颗粒，并均匀分布于正、负极区域。

2) 电池无副反应发生，不产生任何气体。

3) 锂离子在正负极颗粒表面的脱出/嵌入反应符合 Butler-Volmer 方程。

▶▶ 2. 锂离子电池 P2D 模型的描述方程

锂电池 P2D 模型由 5 种对应的方程来描述锂离子电池的状态：

1) 固相质量守恒方程：锂离子在正、负极材料颗粒内部的扩散过程遵循质量守恒定律。通过求解固相质量守恒方程可以得到正、负极材料颗粒内部的固相锂离子浓度分布。

2) 液相质量守恒方程：锂离子在电解液中（包括正、负极及隔膜区域内）的扩散过程遵循质量守恒定律。通过求解液相质量守恒方程可以得到电解液中的液相锂离子浓度分布。

3) 固相欧姆定律：正、负极材料颗粒内部固相电动势与电子流之间的关系满足固相欧姆定律，通过固相欧姆定律可以得到固相电动势分布。

4）液相欧姆定律：电解液（包括正、负极及隔膜区域内）正、负极材料颗粒内部液相电动势与离子流之间的关系满足固相欧姆定律，通过液相欧姆定律可以得到液相电动势分布。

5）Butler-Volmer 方程：反映了在正、负极材料颗粒表面发生的锂离子嵌入/脱出反应的局部电流体密度与颗粒表面的过电位之间的关系。

1.2.1.1 固相锂离子浓度分布

在正、负极材料球形颗粒内部会发生锂离子扩散过程，固相锂离子浓度 $c_s(x,r,t)$ 在颗粒径向上的分布满足 Fick 第二定律：

$$\frac{\partial c_{s,j}(x,r,t)}{\partial t} = \frac{D_{s,j}}{r_j^2}\frac{\partial}{\partial r_j}\left[r_j^2\frac{\partial c_{s,j}(x,r,t)}{\partial r_j}\right] \tag{1-4}$$

式中，下标后缀 j=n, p（n 代表正极，p 代表负极），表示对应公式同时适用于正、负极区域中的固相锂离子扩散过程；$c_s(x,r,t)$ 是锂离子在正、负极颗粒中的固相浓度，单位为 mol/m^3，在厚度方向（x 方向）、径向（r 方向）、时间三个维度上变化；D_s 是锂离子在正、负极颗粒中的扩散系数，单位为 m^2/s；x 是厚度方向上的坐标，单位为 m；r 是正、负极颗粒中的径向坐标，单位为 m；t 是时间方向上的坐标，单位为 s。

假设在初始时刻，球形颗粒内部固相锂离子浓度相等，即初始条件：

$$c_{s,j}(x,r,t)\big|_{t=0} = c_{s,j,0} \tag{1-5}$$

在球形颗粒中心（$r=0$），锂离子浓度梯度为 0。在球形颗粒表面（$r=R_s$），浓度梯度与固相扩散系数决定了表面的局部电流密度。因此球形颗粒中心和表面的边界条件分别为

$$\frac{\partial c_{s,j}(x,r,t)}{\partial r_j}\bigg|_{r=0} = 0 \tag{1-6}$$

$$D_{s,j}\frac{\partial c_{s,j}(x,r,t)}{\partial r_j}\bigg|_{r=R_{s,j}} = -\frac{j_{f,j}(x,t)}{a_{s,j}F} \tag{1-7}$$

式中，R_s 是正、负极颗粒粒径，单位为 m；$j_{f,j}(x,t)$ 是正、负极颗粒表面的局部体积电流密度，单位为 A/m^3，反映了锂离子颗粒表面嵌入/脱出反应的速率；a_s 是正、负颗粒的比表面积，单位为 m^{-1}，$a_s = \frac{3\varepsilon_s}{R}$；$\varepsilon_s$ 是正、负极区域内的固相体积分数；F 是法拉第常数，通常取为 96485C/mol。

需要指出的是，在一些文献中，会采用孔壁通量 j_n 而不是 j_f 进行建模，这两者之间可以通过下式相互转化：

$$j_f(x,t) = a_s F j_n(x,t) \tag{1-8}$$

式中，$j_n(x,t)$是正、负极颗粒表面的孔壁通量，单位为 mol/（m²·s），其余变量含义同上。

1.2.1.2 液相锂离子浓度分布

如图 1-4 所示，忽略其他两个方向上的差异（电池的长度和宽度通常远大于电池正、负极极片和隔膜的厚度），液相锂离子浓度分布被认为只与电池厚度方向（即 x 轴方向）有关。以负极和负极集流体的交界面为坐标原点（$x=0$），从左到右依次为负极、隔膜、正极。

1. 正、负极区域

正、负极相较锂离子固相扩散过程，锂离子在正、负极区域内电解液中的传质过程除了扩散过程，还有迁移过程。电解液中的液相锂离子浓度在厚度方向（x 方向）和时间两个维度上变化，其液相锂离子质量守恒方程为

$$\varepsilon_{e,j} \frac{\partial c_{e,j}(x,t)}{\partial t} = \frac{\partial}{\partial x}\left[D_{e,j}^{eff} \frac{\partial c_{e,j}(x,t)}{\partial x} \right] + (1-t_+)\frac{j_{f,j}(x,t)}{F} \tag{1-9}$$

式中，等号右边第一项代表锂离子在电解液中的扩散过程，第二项代表迁移过程。

假设在初始时刻，正、负极区域内电解液中液相锂离子浓度相等，即初始条件

$$c_{e,j}(x,t)|_{t=0} = c_{e,0} \tag{1-10}$$

正、负极集流体只能让电子通过而不能让离子通过，因此在正、负极集流体与正、负极交界面处（$x=L_n+L_s+L_p$，$x=0$），液相锂离子浓度的梯度为 0，即在此处的边界条件

$$\frac{\partial c_{e,n}(x,t)}{\partial x}\bigg|_{x=0} = 0, \quad \frac{\partial c_{e,p}(x,t)}{\partial x}\bigg|_{x=L_n+L_s+L_p} = 0 \tag{1-11}$$

在正、负极与隔膜交界面处（$x=L_n+L_s$，$x=L_n$），液相锂离子的浓度和浓度梯度均连续，即边界条件

$$\begin{cases} c_{e,n}(x,t)|_{x=L_n^-} = c_{e,s}(x,t)|_{x=L_n^+} \\ c_{e,s}(x,t)|_{x=L_n+L_s^-} = c_{e,p}(x,t)|_{x=L_n+L_s^+} \end{cases} \tag{1-12}$$

$$\begin{cases} -D_{e,n}^{eff}\frac{\partial c_{e,n}(x,t)}{\partial x}\bigg|_{x=L_n^-} = -D_{e,s}^{eff}\frac{\partial c_{e,s}(x,t)}{\partial x}\bigg|_{x=L_n^+} \\ -D_{e,s}^{eff}\frac{\partial c_{e,s}(x,t)}{\partial x}\bigg|_{x=L_n+L_s^-} = -D_{e,p}^{eff}\frac{\partial c_{e,p}(x,t)}{\partial x}\bigg|_{x=L_n+L_s^+} \end{cases} \tag{1-13}$$

式中，下标后缀 j=n,s,p（n 代表正极，s 代表隔膜，p 代表负极），表示对应公

式同时适用于正、负极和隔膜区域；$c_{e,j}(x,t)$ 是锂离子在正、负极区域电解液中的液相浓度，单位为 mol/m^3；$D_{e,j}^{\text{eff}}$ 是锂离子在正、负极区域电解液中的有效扩散系数，单位为 m^2/s，D_e 是锂离子在正、负极区域电解液中的扩散系数，单位为 m^2/s，$D_e^{\text{eff}} = D_e \varepsilon_e^{\text{brugg}}$；$\varepsilon_e$ 是正、负极区域内的液相体积分数；brugg 是 Bruggman 系数，表征相体积分数和迂曲度对相应参数的影响；L_n、L_s、L_p 分别是负极、隔膜、正极的厚度，单位为 m。

2. 隔膜区域

而在隔膜区域内由于没有锂离子在正、负极颗粒中的嵌入/脱出反应，因此没有锂离子的迁移过程，其液相锂离子质量守恒方程如下：

$$\varepsilon_{e,s} \frac{\partial c_{e,s}(x,t)}{\partial t} = \frac{\partial}{\partial x} \left[D_{e,s}^{\text{eff}} \frac{\partial c_{e,s}(x,t)}{\partial x} \right] \tag{1-14}$$

假设在初始时刻，隔膜区域内电解液中液相锂离子浓度相等，在正、负极与隔膜交界面处的液相锂离子浓度的梯度连续，初始条件为式（1-10），边界条件为式（1-12）和式（1-13）。

1.2.1.3 固相电动势分布

在电池厚度方向上任意位置处，固相电子电流密度和液相离子电流密度之和等于电池充放电电流密度，即

$$\frac{I(t)}{A} = i_s(x,t) + i_e(x,t) \tag{1-15}$$

根据法拉第定律，可以得到电子电流梯度和离子电流梯度与反应离子流密度的关系为

$$\frac{\partial i_s(x,t)}{\partial x} = -j_f(x,t) \tag{1-16}$$

$$\frac{\partial i_e(x,t)}{\partial x} = j_f(x,t) \tag{1-17}$$

由于在隔膜区域只有电解液，因此隔膜区域电子电流密度为 0。因此固相电动势分布只需要考虑正、负极区域。在正、负极区域内活性粒子的固相电动势梯度与电子电流密度成正比，即满足固相欧姆定律

$$i_s(x,t) = -\sigma_j^{\text{eff}} \frac{\partial \Phi_{s,j}(x,t)}{\partial x} \tag{1-18}$$

集流体只能让电子通过而不能让离子通过，因此正、负极区域与集流体交界面处（$x = L_n + L_s + L_p$，$x = 0$）离子电流密度为 0，根据式（1-15），可得在这两

个位置的电子电流密度为 $\frac{I(t)}{A}$，即边界条件

$$-\sigma_n^{\text{eff}}\frac{\partial \Phi_{s,n}(x,t)}{\partial x}\Big|_{x=0}=-\sigma_p^{\text{eff}}\frac{\partial \Phi_{s,p}(x,t)}{\partial x}\Big|_{x=L_n+L_s+L_p}=\frac{I(t)}{A} \quad (1\text{-}19)$$

而隔膜只能让离子通过而不能让电子通过，因此正、负极区域与隔膜交界面处（$x=L_n$，$x=L_n+L_s$）的电子电流密度为0，即边界条件

$$\frac{\partial \Phi_{s,n}(x,t)}{\partial x}\Big|_{x=L_n}=\frac{\partial \Phi_{s,p}(x,t)}{\partial x}\Big|_{x=L_n+L_s}=0 \quad (1\text{-}20)$$

上述公式中，下标后缀 $j=n,p$（n 代表正极，p 代表负极），表示对应公式同时适用于正、负极区域；$I(t)$ 是电池充放电电流，单位为 A；A 是电极面积，单位为 m^2；$i_s(x,t)$ 是电子电流密度，单位为 A/m^2；$i_e(x,t)$ 是离子电流密度，单位为 A/m^2；$\Phi_s(x,t)$ 是正、负极区域内的固相电动势，单位为 V；σ^{eff} 是正、负极活性材料的电子电导率，单位为 S/m，$\sigma^{\text{eff}}=\sigma\varepsilon_s$；$\sigma$ 是正、负极活性材料的电子电导率，单位为 S/m；ε_s 是正、负极区域的固相体积分数。

1.2.1.4 液相电势分布

1. 正、负极区域

相较于固相浓度分布，液相浓度分布还受到液相浓度的影响。液相欧姆定律为

$$i_{e,j}(x,t)=-\kappa_j^{\text{eff}}\frac{\partial \Phi_{e,j}(x,t)}{\partial x}-\kappa_{D,j}^{\text{eff}}\frac{\partial \ln c_{e,j}(x,t)}{\partial x} \quad (1\text{-}21)$$

$$\kappa_{D,j}^{\text{eff}}=\frac{2RT\kappa_j^{\text{eff}}}{F}(t_+-1)\left(1+\frac{\text{d}\ln f_\pm}{\text{d}c_e}\right) \quad (1\text{-}22)$$

正、负极区域与集流体交界面处（$x=L_n+L_s+L_p$，$x=0$）离子电流密度为0，即边界条件

$$\frac{\partial \Phi_{e,n}(x,t)}{\partial x}\Big|_{x=0}=\frac{\partial \Phi_{e,p}(x,t)}{\partial x}\Big|_{x=L_n+L_s+L_p}=0 \quad (1\text{-}23)$$

正、负极区域与隔膜交界面处（$x=L_n$，$x=L_n+L_s$）的电子电流密度为0，根据式（1-15），可得在这两个位置的离子电流密度为 $\frac{I(t)}{A}$。另外，在这两个位置处，左右边界的液相电动势连续，即边界条件

$$-\kappa_n^{\text{eff}}\frac{\partial \Phi_{e,n}(x,t)}{\partial x}\Big|_{x=L_n}=-\kappa_p^{\text{eff}}\frac{\partial \Phi_{e,p}(x,t)}{\partial x}\Big|_{x=L_n+L_s}=\frac{I(t)}{A} \quad (1\text{-}24)$$

$$\Phi_{e,n}(x,t)\Big|_{x=L_n^-}=\Phi_{e,s}(x,t)\Big|_{x=L_n^+},\Phi_{e,s}(x,t)\Big|_{x=L_n+L_s^-}=\Phi_{e,p}(x,t)\Big|_{x=L_n+L_s^+}$$

$$(1\text{-}25)$$

上述公式中，下标后缀 $j=n,s,p$（n 代表正极，s 代表隔膜，p 代表负极），表示对应公式同时适用于正、负极和隔膜区域；$\Phi_e(x,t)$ 是正、负极区域内的液相电动势，单位为 V；κ^{eff} 是正、负极区域电解液的有效离子电导率，单位为 S/m，$\kappa^{\text{eff}} = \kappa \varepsilon_e^{\text{brugg}}$；$\kappa$ 是电解液的离子电导率，单位为 S/m；ε_e 是正、负极区域的液相体积分数，单位为 S/m；κ_D^{eff} 是正、负极区域电解液的有效离子扩散电导率，单位为 S/m；$f_\pm$ 是正、负极区域电解质分子活度系数（molecular activity coefficient of electrolyte），通常取为 1，因此式（1-22）也可以简化为

$$\kappa_{D,j}^{\text{eff}} = \frac{2RT\kappa_j^{\text{eff}}}{F}(t_+ - 1) \tag{1-26}$$

▶▶ **2. 隔膜区域**

隔膜区域电子电流密度为 0，因此隔膜区域各处的离子电流密度等于电池的充放电电流，不在 x 方向上变化，即液相欧姆定律为

$$I(x,t) = -\kappa_s^{\text{eff}} \frac{\partial \Phi_{e,s}(x,t)}{\partial x} - \kappa_{D,s}^{\text{eff}} \frac{\partial \ln c_{e,s}(x,t)}{\partial x} \tag{1-27}$$

正、负极区域与隔膜交界面处（$x=L_n$，$x=L_n+L_s$）液相电动势分布的边界条件已经在正、负极区域中介绍过，即边界条件为式（1-24）和式（1-25）。

▶▶ **1.2.1.5　Butler-Volmer 方程**

正、负极颗粒表面的局部电流体密度 $j_f(x,t)$ 反映了正、负极活性粒子颗粒表面的锂离子嵌入/脱出反应速率。锂离子嵌入/脱出反应符合 Butler-Volmer 方程

$$j_{f,j}(x,t) = a_{s,j} i_0(x,t) \left\{ \exp\left[\frac{\alpha_a F}{RT}\eta_{\text{act},j}(x,t)\right] - \exp\left[\frac{-\alpha_c F}{RT}\eta_{\text{act},j}(x,t)\right] \right\} \tag{1-28}$$

$$i_0(x,t) = k_j F c_{s,\text{surf},j}(x,t)^{\alpha_c} [c_{s,\max,j} - c_{s,\text{surf},j}(x,t)]^{\alpha_a} c_{e,j}(x,t)^{\alpha_a} \tag{1-29}$$

$$\eta_{\text{act},j}(x,t) = \Phi_{s,j}(x,t) - \Phi_{e,j}(x,t) - U_j[\theta_j(x,t)] - R_{\text{SEI}} \frac{j_f(x,t)}{a_s} \tag{1-30}$$

由于锂离子嵌入/脱出反应发生在正、负极材料颗粒表面，因此上述表达式的下标后缀 $j=n,p$（n 代表正极，p 代表负极）；$i_0(x,t)$ 是正、负极区域交换电流密度（当电极反应处于平衡时，阳极反应和阴极反应的电流密度绝对值），单位为 A/m²；α_a、α_c 是负极、正极电荷转移系数，表示促进正向和反向反应的外加电动势的分数，通常均取值为 0.5；$\eta_{\text{act}}(x,t)$ 是锂离子在正、负极材料颗粒表面嵌入/脱出反应活化过电位，单位为 V；R 是理想气体常数，通常取为 8.314C/mol；T 是热力学温度，单位为 K；k 是反应速率常数，单位为 m²·⁵/(mol⁰·⁵·s)；$c_{s,\text{surf}}(x,t)$ 是锂离子在正、负极材料颗粒表面的固相浓度，单

位为 mol/m^3，即 $c_{s,surf}(x,t) = C_s(x,r,t)|_{r=R_s}$；$c_{s,max}$ 是锂离子固相浓度最大值，单位为 mol/m^3；$U_j[\theta_j(x,t)]$ 是正、负极材料的平衡电位，单位为 V，通常与正、负极的局部荷电状态 $\theta(x,t)$（或称为电极利用率）有关，$\theta(x,t) = \dfrac{c_{s,surf}(x,t)}{c_{s,max}}$；$R_{SEI}$ 是 SEI 膜引起的内阻，单位为 Ω。

基于上述控制方程和边界条件，可以得到电池的锂离子液相浓度分布、锂离子固相浓度分布、固相电动势分布、液相电动势分布，然后通过进一步计算得到电池的端电压。在 P2D 模型中，端电压为正极集流体与正极交界面处的固相电动势与负极集流体与负极交界面处的固相电动势之差，即

$$V(t) = \Phi_s(L,t) - \Phi_s(0,t) \tag{1-31}$$

由式（1-30）和式（1-31）可以得到电池的端电压

$$V(t) = \eta_{act}(L,t) - \eta_{act}(0,t) + \Phi_e(L,t) - \Phi_e(0,t) + U[\theta_p(L,t)] - U[\theta_n(0,t)] +$$

$$R_{SEI,p}\dfrac{j_f(L,t)}{a_{s,p}} - R_{SEI,n}\dfrac{j_f(0,t)}{a_{s,n}} \tag{1-32}$$

其中 $\theta_p(L,t) = \dfrac{c_{s,surf,p}(L,t)}{c_{s,max,p}}$，$\theta_n(L,t) = \dfrac{c_{s,surf,n}(0,t)}{c_{s,max,n}}$。从表达式中可以看出，端电压可以分为正极与正极集流体的交界面（$x=0$）、负极与负极集流体的交界面（$x=L=L_n+L_s+L_p$）这两个位置处的反应过电位之差、液相电动势之差、平衡浓度之差、SEI 膜压降 $\left[\eta_{SEI} = R_{SEI}\dfrac{j_f(L,t)}{a_s}\right]$ 之差。

由式（1-1）~式（1-32）中的方程和边界条件可以得到 P2D 模型假设下放电时内部固相、液相电动势的分布，如图 1-5 所示。

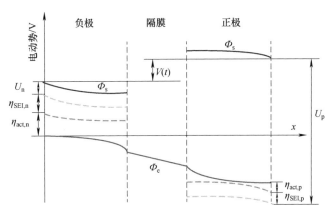

图 1-5　P2D 模型下端电压示意图

1.2.2 锂离子电池简化机理

锂离子电池 P2D 模型中有上述众多方程相互耦合,求解效率低,因此目前难以直接应用到实际中。为了降低计算量和提高仿真效率,研究者对 P2D 模型的简化进行了大量研究。首先最简单的锂离子电池机理模型是 SP 模型。SP 模型忽略了电池正、负极区域内固相和液相电动势分布变化,认为电池内部固相、液相电动势分布如图 1-6 所示,在正、负极区域内各位置的反应过电位(η_{act})相同,再由 Butler-Volmer 方程(式(1-28)),各位置处颗粒局部体积电流密度 j_f 相同,则可认为正、负极区域内每个活性颗粒锂离子分布均相同,因此每个电极可近似看作一个单个球形颗粒。SP 模型下端电压表达式为

$$V(t) = \eta_{act}(L,t) - \eta_{act}(0,t) + U[\theta_p(L,t)] - U[\theta_n(0,t)] + R_{SEI,p}\frac{j_f(L,t)}{a_{s,p}} - R_{SEI,n}\frac{j_f(0,t)}{a_{s,n}} \quad (1-33)$$

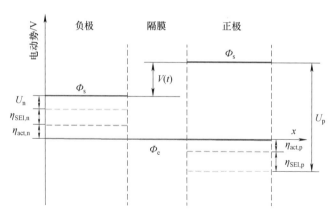

图 1-6 SP 模型电池内部固相、液相电动势分布

SP 模型做了极大简化处理,模型计算量大大降低,求解效率大大提高,但也由于忽略的因素太多而导致模型精度和适用的工况受到限制。在大电流充放电或复杂工况下,液相浓度和液相电动势对电池端电压的影响更为明显,模型精度较低。为了提高模型的精度和适用性,通常会在单粒子模型的基础上加上端电压表达式中液相电动势之差的部分[即$\Phi_e(L,t) - \Phi_e(0,t)$],得到 SP2D 模型。SP2D 模型利用液相浓度简化进一步求解得到液相电动势之差,即本研究中的 SP2D 模型的电压表达式为式(1-32)。然后对固相扩散过程进行简化,得到简化的固相扩散浓度分布。总的来说,相比于 P2D 模型,本章中的 SP2D 模型可以在保持模型精度的基础上极大简化精度,提高求解效率。

1.2.2.1 局部体积电流密度简化

由式（1-17）可知，正、负极任意位置处，局部体积电流密度等于液相电流密度在厚度方向上的梯度。假设液相电流密度在厚度方向上线性变化，则可以得到正、负极任意位置处，局部体积电流密度不变，如图1-7所示，可求得平均局部正、负极平均局部体积电流密度为

$$\overline{j_{f,n}}(t) = \frac{I(t)}{AL_n},\ \overline{j_{f,p}}(t) = -\frac{I(t)}{AL_p} \tag{1-34}$$

式中，$\overline{j_{f,n}}(t)$、$\overline{j_{f,p}}(t)$ 为负、正极平均局部体积电流密度。

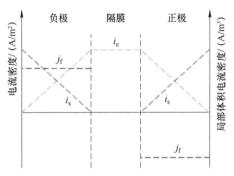

图 1-7 平均局部体积电流密度示意图

1.2.2.2 正、负极反应过电势之差

对于 Butler-Volmer 方程［式（1-27）］，负极、正极电荷转移系数 α_a 和 α_c 通常为 $\alpha_a = \alpha_c = \alpha = 0.5$，因此式（1-27）可以简化为

$$j_{f,j}(x,t) = 2a_{s,j}i_0(x,t)\sinh\left[\frac{\alpha F}{RT}\eta_{act,j}(x,t)\right] \tag{1-35}$$

进一步通过求解，同时将简化模型得到的平均体积电流密度 $\overline{j_f}$ 代替 j_f，可以得到反应过电位的表达式

$$\eta_{act,j}(x,t) = \frac{RT}{\alpha F}\ln\left\{\frac{\overline{j_{f,j}}(x,t)}{2a_{s,j}i_0(x,t)} + \sqrt{\left[\frac{\overline{j_{f,j}}(x,t)}{2a_{s,j}i_0(x,t)}\right]^2 + 1}\right\} \tag{1-36}$$

再进一步，可以对表达式进行精简表示，然后容易得到正、负极反应过电位之差为

$$\eta_p(t) - \eta_n(t) = \frac{RT}{\alpha F}\ln\left[\frac{\xi_p(t) + \sqrt{\xi_p^2(t) + 1}}{\xi_n(t) + \sqrt{\xi_n^2(t) + 1}}\right] \tag{1-37}$$

其中，$\xi_p(t) = \dfrac{\overline{j_{f,p}}(t)}{2a_{s,p}i_{0,p}(t)}$；$\xi_n(t) = \dfrac{\overline{j_{f,n}}(t)}{2a_{s,n}i_{0,n}(t)}$。

1.2.2.3 正、负极液相电动势之差

式（1-17）表明，液相电流密度梯度等于局部电流体积密度，在简化模型中，用平均体积电流密度 $\overline{j_f}$ 代替 j_f，对等式左右两边同时积分，可以得到正、负极和隔膜区域的液相电流密度分布

$$i_e(x,t) = \begin{cases} \dfrac{I(t)}{AL_n}x & 0 \leq x < L_n \\ \dfrac{I(t)}{A} & L_n \leq x < L_n + L_s \\ \dfrac{I(t)}{AL_n}(L-x) & L_n + L_s \leq x \leq L \end{cases} \quad (1\text{-}38)$$

然后由液相欧姆定律（式（1-21））表明了液相电动势梯度与液相电流密度的关系，对等式两边同时积分，可以得到正、负极和隔膜区域的液相电动势分布

$\Phi_e(x,t) = $

$$\begin{cases} \Phi_e(0,t) + \dfrac{2RT}{F}(1-t_+)\dfrac{\ln c_e(x,t)}{\ln c_e(0,t)} - \dfrac{I(t)x^2}{2\kappa_n^{\text{eff}}AL_n} & 0 \leq x < L_n \\ \Phi_e(L_n,t) + \dfrac{2RT}{F}(1-t_+)\dfrac{\ln c_e(x,t)}{\ln c_e(L_n,t)} - \dfrac{I(t)(x-L_n)}{\kappa_s^{\text{eff}}A} & L_n \leq x < L_n + L_s \\ \Phi_e(L_n+L_s,t) + \dfrac{2RT}{F}(1-t_+)\dfrac{\ln c_e(x,t)}{\ln c_e(L_n+L_s,t)} + \dfrac{I(t)[(L-x)^2 - L_p^2]}{2\kappa_n^{\text{eff}}AL_n} & L_n + L_s \leq x \leq L \end{cases}$$

(1-39)

利用式（1-39）中的负极区域（$0 \leq x < L_n$）表达式可求出负极与隔膜交界面处（$x = L_n$）的液相电动势为

$$\Phi_e(L_n,t) = \Phi_e(0,t) + \dfrac{2RT}{F}(1-t_+)\dfrac{\ln c_e(L_n,t)}{\ln c_e(0,t)} - \dfrac{I(t)L_n}{2\kappa_n^{\text{eff}}A} \quad (1\text{-}40)$$

将式（1-40）代入式（1-39）中的隔膜区域（$L_n \leq x < L_n + L_s$）表达式，进一步可求出隔膜与正极交界面处（$x = L_n + L_s$）的液相电动势为

$$\Phi_e(L_n + L_s,t) = \Phi_e(0,t) + \dfrac{2RT}{F}(1-t_+)\dfrac{\ln c_e(L_n+L_s,t)}{\ln c_e(0,t)} - \dfrac{I(t)}{2A}\left(\dfrac{L_n}{\kappa_n^{\text{eff}}} + \dfrac{2L_s}{\kappa_s^{\text{eff}}}\right)$$

(1-41)

同理，将式（1-41）代入式（1-39）中的正极区域（$L_n+L_s \leq x \leq L$）表达式，进一步可求出负极集流体与负极交界面处的液相电动势为

$$\Phi_e(L,t) = \Phi_e(0,t) + \frac{2RT}{F}(1-t_+)\frac{\ln c_e(L,t)}{\ln c_e(0,t)} - \frac{I(t)}{2A}\left(\frac{L_n}{\kappa_n^{\text{eff}}} + \frac{2L_s}{\kappa_s^{\text{eff}}} + \frac{L_p}{\kappa_p^{\text{eff}}}\right) \quad (1\text{-}42)$$

则负极集流体与负极交界面处（$x=0$）与液相电动势正极与正极集流体交界面处（$x=L$）液相电动势之差为

$$\Phi_e(L,t) - \Phi_e(0,t) = \frac{2RT}{F}(1-t_+)\frac{\ln c_e(L,t)}{\ln c_e(0,t)} - \frac{I(t)}{2A}\left(\frac{L_n}{\kappa_n^{\text{eff}}} + \frac{2L_s}{\kappa_s^{\text{eff}}} + \frac{L_p}{\kappa_p^{\text{eff}}}\right) \quad (1\text{-}43)$$

▶ 1.2.2.4　固相锂离子浓度分布简化

通过式（1-32）中的端电压表达式可知，端电压受到过电位 η_{act} 和平衡电动势 $U(\theta)$ 的影响。结合式（1-36），端电压表达式中的过电位 η_{act} 受到交换电流密度 i_0 的影响，而交换电流密度 i_0 又受到固相表面浓度 $c_{s,\text{surf}}$ 的影响。另外，端电压表达式中的平衡电动势 $U(\theta)$ 受到电极局部荷电状态 θ 的影响，θ 即为固相表面浓度 $c_{s,\text{surf}}$ 与固相最大浓度 $c_{s,\text{max}}$ 之比。因此，固相浓度分布会影响过电位 η_{act} 和平衡电动势 $U(\theta)$，从而影响端电压。下面介绍固相浓度分布简化方法。

目前文献中对固相锂离子浓度分布简化主要采用的是 Venkat R. Subramanian 等人提出的二次多项式分布或四次多项式分布近似简化，其中四次多项式分布相对精度更高。此外也有文献采用两个一阶惯性环节得到固相表面浓度 $c_{s,\text{surf}}$，并指出这种近似方法精度更高。本节采用四次多项式分布近似简化，即假设任意时刻正、负极活性颗粒内径向上的固相锂离子浓度与径向坐标呈以下四次多项式关系：

$$c_s(r,t) = a(t) + b(t)\frac{r^2}{R_s^2} + c(t)\frac{r^4}{R_s^4} \quad (1\text{-}44)$$

式中，$a(t)$、$b(t)$、$c(t)$ 为假设的参数变量，随时间变化。

将假设的式（1-44）代入固相锂离子浓度的控制方程式（1-4）和在 $r=R_s$ 处边界条件式（1-7）中，经过求解，可得 SP2D 模型下的固相锂离子浓度的控制方程和边界条件

$$\frac{da(t)}{dt} + \frac{db(t)}{dt}\left(\frac{r^2}{R_s^2}\right) + \frac{dc(t)}{dt}\left(\frac{r^4}{R_s^4}\right) = \frac{D_s}{R_s^2}\left[6b(t) + 20c(t)\frac{r^2}{R_s^2}\right] \quad (1\text{-}45)$$

$$2\frac{D_s}{R_s}[b(t) + 2c(t)] = -\frac{j_f(t)}{a_s F} \quad (1\text{-}46)$$

接下来，用体积平均固相浓度 $\overline{c_s}(t)$、表面固相浓度 $c_{s,\text{surf}}(t)$ 和体积平均浓

度通量 $\bar{q}(t)$ 来代替参数 $a(t)$、$b(t)$、$c(t)$。$\bar{q}(t)$ 是一个有物理意义的术语，它定义了固相浓度相对于系统中位置的平均变化。通过计算可以得到 $\bar{c}_s(t)$、$c_{s,\text{surf}}(t)$、$\bar{q}(t)$ 关于参数 $a(t)$、$b(t)$、$c(t)$ 的表达式为

$$\bar{c}_s(t) = \int_0^{R_s} 3\left(\frac{r}{R_s}\right)^2 c_s(r,t) \, d\left(\frac{r}{R_s}\right) = a(t) + \frac{3}{5}b(t) + \frac{3}{7}c(t) \quad (1\text{-}47)$$

$$c_{s,\text{surf}}(t) = c_s(r,t)\big|_{r=R_s} = a(t) + b(t) + c(t) \quad (1\text{-}48)$$

$$\bar{q}(t) = \int_0^{R_s} 3\left(\frac{r}{R_s}\right)^2 \frac{dc_s(r,t)}{dr} d\left(\frac{r}{R_s}\right) = \frac{3}{2}\frac{b(t)}{R_s} + 2\frac{c(t)}{R_s} \quad (1\text{-}49)$$

将参数 $a(t)$、$b(t)$、$c(t)$ 看作自变量，对上述三个等式进行求解，可以反过来得到 $a(t)$、$b(t)$、$c(t)$ 关于参数 $\bar{c}_s(t)$、$c_{s,\text{surf}}(t)$、$\bar{q}(t)$ 的表达式为

$$a(t) = -\frac{35}{4}\bar{c}_s(t) + \frac{39}{4}c_{s,\text{surf}}(t) - 3R_s\bar{q}(t) \quad (1\text{-}50)$$

$$b(t) = 35\bar{c}_s(t) - 35c_{s,\text{surf}}(t) + 10R_s\bar{q}(t) \quad (1\text{-}51)$$

$$c(t) = -\frac{105}{4}\bar{c}_s(t) + \frac{105}{4}c_{s,\text{surf}}(t) - 7R_s\bar{q}(t) \quad (1\text{-}52)$$

将上述三个等式代入式（1-44）中，得到固相锂离子浓度分布的表达式

$$c_s(r,t) = -\frac{35}{4}\bar{c}_s(t) + \frac{39}{4}c_{s,\text{surf}}(t) - 3R_s\bar{q}(t) + \left[35\bar{c}_s(t) - 35c_{s,\text{surf}}(t) + 10R_s\bar{q}(t)\right]\frac{r^2}{R_s^2} +$$

$$\left[-\frac{105}{4}\bar{c}_s(t) + \frac{105}{4}c_{s,\text{surf}}(t) - 7R_s\bar{q}(t)\right]\frac{r^4}{R_s^4} \quad (1\text{-}53)$$

然后对 $\bar{c}_s(t)$、$c_{s,\text{surf}}(t)$、$\bar{q}(t)$ 进行求解。首先求解体积平均固相浓度 $\bar{c}_s(t)$，对固相锂离子浓度分布的控制方程（即式（1-4））进行体积平均，同时结合边界条件（式（1-6）和式（1-7））

$$\int_0^{R_s} 3\left(\frac{r}{R_s}\right)^2 \left\{\frac{\partial c_s(r,t)}{\partial t} - D_s\frac{1}{r^2}\frac{\partial}{\partial r}\left[r^2\frac{\partial c_s(r,t)}{\partial r}\right]\right\} d\left(\frac{r}{R_s}\right)$$

$$= \frac{d\bar{c}_s(t)}{dt} - \frac{3}{R_s^3}D_s r^2 \frac{\partial c_s(r,t)}{\partial r}\bigg|_0^{R_s} = \frac{d\bar{c}_s(t)}{dt} + \frac{3}{R_s}\frac{j_t(t)}{a_s F} = 0 \quad (1\text{-}54)$$

然后，求解体积平均浓度通量 $\bar{q}(t)$。通过对固相锂离子浓度分布的控制方程（即式（1-4））对 r 的偏微分进行体积平均，得到了求解 $\bar{q}(t)$ 的第二个方程

$$\int_0^{R_s} 3\left(\frac{r}{R_s}\right)^2 \frac{\partial\left\{\frac{\partial c_s(r,t)}{\partial t} - D_s\frac{1}{r^2}\frac{\partial}{\partial r}\left[r^2\frac{\partial c_s(r,t)}{\partial r}\right]\right\}}{\partial r} d\left(\frac{r}{R_s}\right) = 0 \quad (1\text{-}55)$$

进一步化简得

$$\frac{\mathrm{d}\bar{q}(t)}{\mathrm{d}t} + 30\frac{D_s}{R_s^2}\bar{q}(t) + \frac{45}{2R_s^2}\frac{j_f(t)}{a_s F} = 0 \quad (1\text{-}56)$$

最后，将式（1-46）中的 $b(t)$ 和 $c(t)$ 用式（1-51）和式（1-52）代替，可以得到 $c_{s,\text{surf}}(t)$、$\bar{c}_s(t)$、$\bar{q}(t)$ 的关系式

$$35\frac{D_s}{R_s}[c_{s,\text{surf}}(t) - \bar{c}_s(t)] - 8D_s\bar{q}(t) = -\frac{j_f(t)}{a_s F} \quad (1\text{-}57)$$

结合上面求得的 $\bar{c}_s(t)$ 和 $\bar{q}(t)$，可以求解体积平均浓度通量 $c_{s,\text{surf}}(t)$。

综上所述，结合式（1-54）、式（1-56）、式（1-57）可以求得 $\bar{c}_s(t)$、$c_{s,\text{surf}}(t)$、$\bar{q}(t)$，然后代入式（1-53）中，可得到简化的固相锂离子浓度分布。需要指出的是，上述表达式同时适用于正、负极。

▶ 1.2.2.5 液相锂离子浓度分布简化

对于液相锂离子分布的简化求解，目前有参数扰动法、拉普拉斯变换法和分离变量法。这些方法通常基于一些数学方法来寻求电解质浓度分布的解析解或近似解，但较为复杂，而且往往只能在特定的条件（如恒流放电）下适用。本书基于多项式拟合，考虑了锂离子电池内部发生的基本物理过程，得到电解质浓度分布的近似解。

稳态下，正、负极中的电解质浓度分布可以通过二次多项式近似简化，隔膜中的电解质浓度分布可以通过一次多项式来近似简化。在放电开始时，锂离子从负极活性颗粒脱出到负极区域中的电解液，并从正极区域中的电解液嵌入正极活性颗粒。因此，负极中的电解质浓度增加，而正极中的电解质浓度降低。当时间趋向于无穷大时，电池保持稳定状态，并且锂离子从正、负极活性颗粒进入/离开电解液（即电化学反应）和浓度梯度（即液相扩散）达到平衡，因此假设在正、负极和隔膜区域中的液相锂离子浓度分布的二次表达式和线性表达式中的系数均有延迟环节 $(1-e^{bt})$。综上，假设正、负极和隔膜区域中的液相锂离子浓度分布表达式为

$$c_e(x,t) = \begin{cases} (a_1 x^2 + a_2)(1 - e^{-b_1 t}) + c_{e,0} & 0 \leqslant x < L_n \\ [a_3(x - L_n) + a_4] + c_{e,0} & L_n \leqslant x < L_n + L_s \\ [a_5(x - L)^2 + a_6](1 - e^{-b_2 t}) + c_{e,0} & L_n + L_s \leqslant x \leqslant L \end{cases} \quad (1\text{-}58)$$

式中，a_1、a_2、a_3、a_4、a_5、a_6 分别为各自二项式和线性表达式的系数，而 b_1、b_2 分别为各自区域液相扩散过程时间常数。

为了求解上述参数，首先在整个区域内满足电解液浓度守恒，即

$$\varepsilon_{e,n}\int_0^{L_n} c_{e,n}(x,t)\mathrm{d}x + \varepsilon_{e,s}\int_{L_n}^{L_n+L_s} c_{e,s}(x,t)\mathrm{d}x + \varepsilon_{e,p}\int_{L_n+L_s}^{L} c_{e,p}(x,t)\mathrm{d}x$$
$$= c_{e,0}(\varepsilon_{e,n}L_n + \varepsilon_{e,s}L_s + \varepsilon_{e,p}L_p) \tag{1-59}$$

另外，对正、负极区域和隔膜区域的液相锂离子分布控制方程，即式（1-9）和式（1-14）进行 x 方向上积分，即可以得到这三个区域的总液相锂离子质量守恒方程

$$\frac{\mathrm{d}\left[\varepsilon_{e,n}\int_0^{L_n} c_{e,n}(x,t)\mathrm{d}x\right]}{\mathrm{d}t} = D_{e,n}^{\mathrm{eff}}\frac{\mathrm{d}c_{e,n}(L_n,t)}{\mathrm{d}x} + (1-t_+)\frac{I(x,t)}{AF} \tag{1-60}$$

$$\frac{\mathrm{d}\left[\varepsilon_{e,s}\int_{L_n}^{L_n+L_s} c_{e,s}(x,t)\mathrm{d}x\right]}{\mathrm{d}t} = D_{e,s}^{\mathrm{eff}}\left[\frac{\mathrm{d}c_{e,s}(L_n+L_s,t)}{\mathrm{d}x} - \frac{\mathrm{d}c_{e,s}(L_n,t)}{\mathrm{d}x}\right] \tag{1-61}$$

$$\frac{\mathrm{d}\left[\varepsilon_{e,p}\int_{L_n+L_s}^{L_n+L_s+L_p} c_{e,p}(x,t)\mathrm{d}x\right]}{\mathrm{d}t} = -D_{e,p}^{\mathrm{eff}}\frac{\mathrm{d}c_{e,p}(L_n+L_s,t)}{\mathrm{d}x} - (1-t_+)\frac{I(x,t)}{AF} \tag{1-62}$$

在稳态条件下，式（1-58）中延迟环节（$1-e^{bt}$）可看作0，同时式（1-60）、式（1-61）、式（1-62）中左边可看作0（锂离子浓度不随时间变化），可以分别得到

$$c_e(x,t) = \begin{cases} (a_1 x^2 + a_2) + c_{e,0} & 0 \leq x < L_n \\ [a_3(x-L_n) + a_4] + c_{e,0} & L_n \leq x < L_n + L_s \\ [a_5(L-x)^2 + a_6] + c_{e,0} & L_n + L_s \leq x \leq L \end{cases} \tag{1-63}$$

$$0 = D_{e,n}^{\mathrm{eff}}\frac{\mathrm{d}c_{e,n}(L_n,t)}{\mathrm{d}x} + (1-t_+)\frac{I(x,t)}{AF} \tag{1-64}$$

$$0 = D_{e,s}^{\mathrm{eff}}\left[\frac{\mathrm{d}c_{e,s}(L_n+L_s,t)}{\mathrm{d}x} - \frac{\mathrm{d}c_{e,s}(L_n,t)}{\mathrm{d}x}\right] \tag{1-65}$$

$$0 = -D_{e,p}^{\mathrm{eff}}\frac{\mathrm{d}c_{e,p}(L_n+L_s,t)}{\mathrm{d}x} - (1-t_+)\frac{I(x,t)}{AF} \tag{1-66}$$

将式（1-63）中对应区域的表达式分别代入式（1-64）和式（1-66）中，可得

$$a_1 = -\frac{\varepsilon_{e,n}^{-\mathrm{brugg}}J}{2D_e L_n} \tag{1-67}$$

$$a_5 = \frac{\varepsilon_{e,p}^{-\text{brugg}} J}{2D_e L_p} \tag{1-68}$$

将稳态下的液相浓度分布（式（1-63））代入液相锂离子浓度分布边界条件（式（1-12）和式（1-13）），可得

$$a_1 L_n^2 + a_2 = a_4, \quad a_3 L_s + a_4 = a_5 L_p^2 + a_6 \tag{1-69}$$

$$2D_{e,n}^{\text{eff}} a_1 L_n = D_{e,s}^{\text{eff}} a_3, \quad D_{e,s}^{\text{eff}} a_3 = -2D_{e,s}^{\text{eff}} a_5 L_p \tag{1-70}$$

将稳态下的液相浓度分布（式（1-63））代入整个区域内电解液浓度守恒（式（1-59））中并化简，同时利用式（1-69）和式（1-70），将化简得到的等式中的 a_3、a_4、a_6 用 a_1、a_5 和 a_2 的表达式代替。然后利用已求得的 a_1 和 a_5（式（1-67）和式（1-68）），得到

$$a_2 =$$

$$\frac{J[\varepsilon_{e,n}^{1-\text{brugg}} L_n^2 + 2\varepsilon_{e,p}^{1-\text{brugg}} L_p^2 + 6\varepsilon_{e,p}\varepsilon_{e,s}^{-\text{brugg}} L_s L_p + 3\varepsilon_{e,s}^{1-\text{brugg}} L_s^2 + 3\varepsilon_{e,n}^{-\text{brugg}} L_n (\varepsilon_{e,p} L_p + \varepsilon_{e,s} L_s)]}{6D_e(\varepsilon_{e,n} L_n + L_s \varepsilon_{e,s} + L_p \varepsilon_{e,p})}$$

$$\tag{1-71}$$

再利用式（1-69）和式（1-70），得到

$$a_6 =$$

$$-\frac{J[\varepsilon_{e,p}^{1-\text{brugg}} L_p^2 + 2\varepsilon_{e,n}^{1-\text{brugg}} L_n^2 + 6\varepsilon_{e,n}\varepsilon_{e,s}^{-\text{brugg}} L_s L_n + 3\varepsilon_{e,s}^{1-\text{brugg}} L_s^2 + 3\varepsilon_{e,p}^{-\text{brugg}} L_p (\varepsilon_{e,n} L_n + \varepsilon_{e,s} L_s)]}{6D_e(\varepsilon_{e,n} L_n + L_s \varepsilon_{e,s} + L_p \varepsilon_{e,p})}$$

$$\tag{1-72}$$

其中 $J = (1 - t_+) \dfrac{I(x,t)}{AF}$。

将非稳态下的液相浓度分布（式（1-58））代入两个锂离子液相浓度边界条件（式（1-12）），然后利用所求得的 a_1、a_2、a_5、a_6，可得

$$a_3 = \frac{(a_5 L_p^2 + a_6)(1 - e^{-b_2 t}) - (a_1 L_n^2 + a_2)(1 - e^{-b_1 t})}{L_s} \tag{1-73}$$

$$a_4 = (a_1 L_n^2 + a_2)(1 - e^{-b_1 t}) \tag{1-74}$$

这样，隔膜区域（$L_n \leq x < L_n + L_s$）的表达式可以表示为

$$c_{e,s}(x,t) = \frac{(a_5 L_p^2 + a_6)(1 - e^{-b_2 t}) - (a_1 L_n^2 + a_2)(1 - e^{-b_1 t})}{L_s}(x - L_n) +$$

$$(a_1 L_n^2 + a_2)(1 - e^{-b_1 t}) + c_{e,0} \tag{1-75}$$

然后，对于时间常数 b_1 和 b_2。非稳态条件下，将式（1-58）中负极区域（$0 \leq x < L_n$）液相分布表达式代入负极区域液相锂离子分布质量守恒方程

[式（1-9）]，结合求得的 a_1 [式（1-67）]，可得

$$\varepsilon_{e,n}(a_1 x^2 + a_2) \frac{d(1-e^{-b_1 t})}{dt} = D_{e,n}^{eff} \times 2a_1(1-e^{-b_1 t}) + (1-t_+) \frac{I(x,t)}{AFL_n}$$

$$= D_{e,n}^{eff} \times 2a_1(1-e^{-b_1 t}-1) \qquad (1-76)$$

将 a_1 和 a_2 的表达式 [式（1-67）和式（1-71）] 代入其中，并在 $x=0$ 处对偏微分方程求解，可求出时间常数

$$b_1 = -D_e \varepsilon_{e,n}^{brugg-1} \frac{2a_1}{a_2} \qquad (1-77)$$

同理可得

$$b_2 = -D_e \varepsilon_{e,n}^{brugg-1} \frac{2a_5}{a_6} \qquad (1-78)$$

1.3 退役电池的梯次利用

锂离子电池的生命周期从原材料的开采和提炼开始，接着是组件/模块/包装的生产，然后进入使用阶段，作为电动汽车的驱动力源头，动力电池衰减后进入到淘汰阶段。淘汰的锂离子电池包可能的处理方式包括重新制造、二次利用和资源回收，这对应于不同的回收形式。再制造是为了确保退役产品与新产品一样好，由于锂离子电池的降解涉及电池内部的电化学变化并且几乎不可逆，因此就经济和环境效益而言，再制造电池与新电池一样好的方法仍然值得怀疑。回收是为了回收已淘汰锂离子电池的材料，以防止自然资源枯竭，可以在电池失去功能价值后采用这种回收方法。梯次利用是锂离子电池的最普遍接受和期望的回收方式，通过这种方式可以对电池组/模块/电池进行再利用，以满足特定应用的规格和要求。

退役锂离子电池梯次利用的最大社会意义在于最大程度地利用产品的剩余价值，延长其使用周期，为社会创造经济价值的同时减少对环境的废物排放，是一种周期性的低碳生产和生活方式。

1.3.1 锂离子电池的全生命周期

图 1-8 展示了电池的全生命周期，从锂离子电池的原材料开始，原材料制作成成品电池单体；为满足用户需求，电池单体经过串并联与 BMS 结合组成电池模组和电池包 [pack：一般是由多个电池组（batteries）集合而成的]，应用到电动汽车中供用户使用；电池衰减后，电池从电动汽车上退役下来经过初步拆

解成为废弃的电池；废弃电池经过筛选得到有价电池，经过重组后可二次利用（用于低速观光车、电网储能和光伏风能储能等对电池性能要求不高的场合）；二次利用后电池继续拆解，提取有价值的原材料进行资源回收再利用，组成一个闭环的周期。在这个周期中，电池的梯次利用是其中重要的一环，它可以延长电池的使用周期，实现电池的可持续利用。

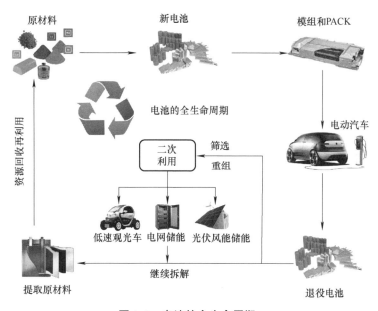

图1-8 电池的全生命周期

退役动力电池梯次利用是推动电动汽车行业又好又快发展的又一项支柱。政府和企业相继颁布措施，也将不断促进废弃电池的回收和梯次利用。梯次利用最大化了锂离子电池的使用价值，可以延长锂离子电池的使用寿命，并降低电池的生命周期成本。梯次利用的意义在于环境保护、资源节省以及缓解电池处理压力。

1) 环境保护方面：电池的材料包含镍、钴、锰和锂等重金属元素，这些重金属元素会污染环境和水。此外，电池的电解液体中含有有毒的化学成分，这也可能造成环境污染。1块20g重的手机电池就会使1km²土地污染50年左右，如果是几百千克的车用锂离子电池废弃在自然环境中，有可能是一场新的"环保灾难"。

2) 资源节省方面：电池需要的钴、镍、锂等原材料都是非常重要的战略资源。虽然我国的锂矿资源占全球的24%，但提纯锂难度高、产量低，资源对外依存度高达80%。我国镍、石墨等资源比较多，即便如此，镍资源对外依存度也高达57%。废弃电池的梯次利用和资源回收将有效缓解资源压力,实现新能源产业的绿色可持续发展。

3)缓解电池处理压力方面:随着新能源汽车的飞速发展,会有越来越多的电池从电动汽车上退役下来。

图1-9展示了2010年到2025年动力锂离子电池报废量,并对今后的25年进行了预测。2022年已有21.38GW·h的锂离子电池从电动汽车上退役下来,到2025年更是有超过90GW·h的废弃锂离子电池,政府和企业将面临大量锂离子电池处理的压力。废弃锂离子电池的梯次利用可以有效缓解锂离子电池处理压力,为新能源汽车的发展铺平道路。

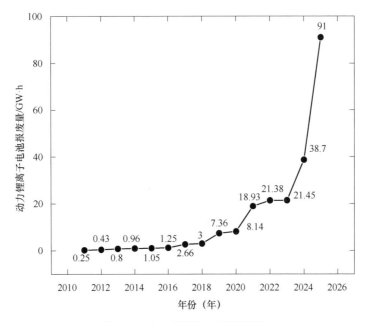

图1-9 动力锂离子电池报废量

但是,从退役包装中拆卸下来的锂离子电池不能直接使用,需要对其进行筛选和评估。一方面,同一锂离子电池组中的电池在制造过程中可能会不一致,并经历了不同的工作条件(包括锂离子电池组中各种循环深度和热分布等不同),导致报废锂离子电池的一致性很差;另一方面,一批退役锂离子电池可能是从不同类型的退役锂离子电池组中收集的,这对电池性能造成了很大的不确定性。容量相对小的退役锂离子电池容易过度充电或过度放电,导致过早老化、热失控、爆炸危险等。因此,有必要对已淘汰的锂离子电池进行筛选,以将性能相似的锂离子电池重新组合在一起,以确保正常的工作并保持原有的安全性。

如何快速、准确地将不同来源的报废锂离子电池进行一致性筛选已成为锂离子电池梯次利用的关键和促进可持续发展的挑战。

1.3.2 梯次利用的特点

梯次利用的定义：梯次利用是指当产品达到其原始设计寿命时，通过其他方法对产品再次利用的过程。梯次利用的前提是需要对退役后的上一级产品进行一些必要的检测和分析，科学判断其剩余价值和重复使用的可能性，从而设计出满足使用要求的梯级产品并扩展产品的应用领域。

退役电池的梯次利用：锂离子电池的性能会随着使用次数的增加而下降。当锂离子电池的容量下降到额定容量的80%以下时，将不再满足电动汽车的性能需求，但剩余的80%容量仍可应用到对电池性能要求较低的场合，即进入梯次利用阶段，例如储能系统、低速电动交通工具等。当梯次利用后电池的性能进一步降低到不适合梯次利用的水平时，它将进入回收、拆除和材料资源回收再利用阶段。电池梯次利用的前提是需要对退化后的电池进行筛选，然后进一步组成二次产品再次利用。一般来讲，可以根据电池的容量进行梯次利用分析：当锂离子电池容量在80%~100%区间时，可以视为电池容量可以满足电动汽车的功率和行驶里程的要求；当锂离子电池容量在20%~80%区间时，锂离子电池容量可以满足某些场合的梯次利用性能需求；当锂离子电池容量在20%以下时，则应进行资源回收再利用。

1.3.3 退役电池的特点

废弃锂离子电池的特性：就目前的锂离子电池市场而言，与三元系锂离子电池相比，磷酸铁锂离子电池具有更长的循环寿命，其80%的循环寿命为2000~6000次循环。由于原材料的价格因素，磷酸铁锂离子电池的资源材料回收价值并不高。然而，其自身的容量保持率和电解液保持率均高于三元系锂离子电池，其可以进行更多的充放电循环，更安全，在一次使用淘汰后具有更高的使用价值。因此，磷酸铁锂离子电池更适合梯次利用。另一方面，磷酸铁锂离子电池的性能提升和成本降低的空间十分有限，因此磷酸铁锂离子电池也将更适合并先于三元系锂离子电池在储能行业的梯次利用。由于储能电池经常在较低的电流条件下工作，对电池产生的负荷也较低，因此废弃锂离子电池在二次使用后至少可以继续使用5年左右。废弃锂离子的梯次利用可以最大程度地发挥电池的剩余价值，延长电池的使用周期，降低储能系统的建设成本。

废弃锂离子电池的特性如下：①电池在一次使用后，电池性能表现为较大的不一致性。由于电动汽车使用者个体使用习惯的差异，以及地区使用工况和环境（温度等）的差异，每个电池包内的模组都会有不同程度的衰减，即便是同一厂家生产的同一批电池在使用过后还是会出现性能差异。②电池后续的循环寿命或日历寿命不易预测。废弃电池一次使用的情况很难获得，其后续的使用寿命将很难预测。废弃锂离子电池再利用的使用寿命会参差不齐，其中有很多电池甚至会无疾而终而立即失效。③退役动力电池参数的可追溯性一般较差，难以准确评估其再利用寿命（充放电次数）。④价格便宜。价格方面是废弃电池梯次利用的主要优势。在储能产业，电池的成本非常高，但是废弃的锂离子电池不但拥有良好的性能，还有较低的价格，相比于传统储能电池，废弃的动力锂离子电池拥有较大的优势。⑤性能良好。由于是从电动汽车上退役下来的锂离子电池，为满足电动汽车的使用需求，电池本身的性能便优于传统的储能用电池，即使淘汰后其性能为初始性能的 80% 以下。由于它是已淘汰的动力电池，因此通常没有保修期或只有较短的保修期（通常不超过 2 年）。

动力电池技术的进步和性能的提高利于动力电池梯次利用，电动汽车动力电池的相关标准化也有助于梯次利用。目前，整个行业标准和技术体系有待完善，国内 PACK 和 BMS 技术可以与动力电池结合得更加紧密。车厂对 BMS 技术和动力电池管理技术的要求越来越高，完善和提升技术水平是市场的客观需求，退役动力电池梯次利用企业与车企结合得越紧密，越能适应市场的需求。

锂离子电池行业的发展和性能的提高有利于废弃锂离子电池的梯次利用，电动汽车动力行业的相关标准化也促进了梯次的利用。目前，整个行业的标准和技术体系有待改进，国产的 PACK 和 BMS 技术可以与动力电池更加紧密地集成在一起。汽车制造商对 BMS 技术和动力电池管理技术的要求越来越高，不断提高技术水平是市场的客观需求。退休动力电池梯队利用公司与汽车公司的整合越紧密，它们就越能适应市场需求。

1.4　退役动力电池梯次利用的核心方法与技术

退役动力电池梯次利用的研究主要包括电池的拆解、电池参数快速估计（容量、内阻等）、退役电池的重组、退役电池的热管理和适合于退役电池梯次利用的安全电池管理系统。

1.4.1　退役动力电池梯次利用拆解技术

当前，电动汽车的生产成本高，对环境影响大。通过对退役电动汽车锂离子电池组进行回收拆解和再制造，可将可重复使用的电池模块作为固定式储能设备进行采购和重组，可极大地促进电动汽车的市场渗透，降低寿命周期成本和环境影响。对于逆向供应链中的电池再制造企业来说，拆解效率至关重要。然而，拆解规划存在计算复杂度高、求解效率低等问题。

目前拆解规划是一个热门的复杂的问题，拆解是报废退役产品再制造前最重要的预处理步骤，这个步骤涉及操作人员、拆解技术、产品质量和信息组成的网络。最优的拆解方案可以大大降低回收操作成本和环境影响，同时也提高了操作安全性和能源消耗。为了保证再制造的成功，拆解规划是近年来兴起的研究的热点问题。在文献中，人们提出了不同的方法来支持拆解。例如，假设报废产品在一个工位内完全拆解，回收得到需要的部分和重组。然而，完全拆解在这里并非总是必要的，而且很可能不具有经济效益。此时，部分拆解可以被允许获得最优的拆解水平和组件的寿命终止选项（重用、再制造和回收）。此外，在多个工位组成的拆解生产线上分配拆解任务也是必要的，单工位产品拆解灵活性高，而拆解线可以保证处理大量电气电子产品的高效率，使拆解任务更加规范，提高操作安全性和节能。此外，高效优化是拆解任务有序分配的关键，启发式优化和元启发式优化是常用的优化方法，其中元启发式方法更适合于求解大规模问题。

1.4.2 退役动力电池梯次利用筛选方法

电池容量参数的测试：退役电池的容量测试方法可分为库仑计数方法、基于模型的方法和基于历史数据的方法。库仑计数方法通过充电和放电来计算电池的容量，这种方法虽然测量准确，但是由于其需要对电池进行满充和满放操作，需要很长时间进行测试，所以它不适用于测量大量电池的容量。在此方面，Nong-Soon Ng 等人提出了一种基于放电深度（DOD）的改进库仑计数方法来估计剩余容量，测量速度有了很大提升。与库仑计数法相比，基于模型的方法的容量测试可以更好地反映电池的内部退化程度。基于模型的方法可以分为三种：等效电路模型、基于物理电化学模型和数据驱动模型。等效电路模型由于其简化的模型结构和易于识别而在实际应用中引起了人们极大的兴趣。Remmlinger 等人开发了具有双 R-C 的等效电路模型，它们代表充电和放电期间的端电压。Wladislaw Waag 等人提出了电流中断后电池电势的自适应估计，以实现准确的充电状态和容量确定。数据驱动方法的特点是无模型，该方法可以考虑导致电池退化的多种因素。与基于物理电化学模型的方法相比，无需模型相关的电化学知识即可进行估算。但是，数据驱动方法需要通过电池参数数据进行训练，并且数据的质量和数量决定了模型的准确性。新兴的数据驱动方法包括最小二乘、支持向量机（SVM）、人工神经网络（ANN）、粒子过滤器（PF）等。Verena Klass 等人提出了一种基于支持向量机模型和虚拟标准性能测试的方法。Xin Lai 等人提出了一种基于电压-时间放电曲线的反向传播神经网络模型。基于历史数据的方法相较于其他方法具有明显的优势，因为电池在退役之前，所有电池的信息均在电动汽车的 BMS 中记录下来。如果可以从 BMS 中得到电池的历史数据，对电池后续的循环寿命和容量变化的预测将有很大的作用。但是，对目前的退役电池市场来说，对历史数据的获取是非常有难度的，大部分情况下 BMS 的数据都是不可获取的，该方法实现起来有较大难度。近来，人们也已经通过 CT 方法和超声波检测检查电池以估计电池容量。表 1-1 展示了容量测试的几种测试方法和算法。

表 1-1 电池容量测试的几种测试方法和算法

方法名称	测试方法	算法
安时计数法	充电和放电	时间积分
基于模型法	等效电路模型	一阶电阻电容（RC）模型，二阶 RC 等效电路模型……
	基于物理电化学模型	单粒子（SP）模型，伪二维（P2D）模型……
	数据驱动模型	支持向量机（SVM），人工神经网络（ANN）……
基于历史数据法	获取电池使用历史数据	电动汽车的电池管理系统（BMS）
其他方法	工业 CT 扫描 超声探测	

容量估算领域朝着更短的测试时间和更准确的测试结果的方向发展，容量估算的测试时间和成本直接决定了废弃电池梯次利用的经济性和可行性。

1.4.3 退役动力电池梯次利用重组技术

电池一致性筛选评估：由于电压和电流限制，单个电池无法满足大多数应用中的功率和能量要求，因此电池单体需要串联和并联组成电池模组。然而，由于淘汰的锂离子电池制造的缺陷和使用过程中的不一致（例如，温度和电流的不均），同一包装中的电池的实际电压和电荷状态可能严重不同，电池的这种不一致将损害电池的耐久性和安全性。电池一致性分选技术是解决电池组不一致的现有技术。电池一致性分选是将电池整理为具有良好的均匀性，并将它们集成到相同的电池组中。高效的电池均匀性分类可以显著延长包装的寿命，提高能源效率，提高拓扑简单性和可靠性，降低均衡电路的成本。国内外对电池一致性分选都做了很多研究：An、Huang 等人使用电池容量和内阻作为分类标准，并通过仿真验证了等效电路模型分选的有效性。R. Gogoana 等人认为电池内阻的一致性在确保并联电池组的循环寿命方面有很大的贡献。Zhou、Zheng 等人引入了各种标准，包括容量、内阻增长、自放电率和库仑效率，研究了电池的这些差异对电池组的影响。Guo 等人采用电池的整个充/放电曲线的采样数据作为一致性评估指标，其结果表明，分类电池组的均匀性得到改善。Feng 等人总结了基于等效电路模型的模型参数的分类方法，表明了一阶 RC 模型的内阻和考虑接触内阻的等效电路模型（ECM）主导锂离子电池包的一致性。He 等人通过跟踪和监视模块内部每个单元的温度状态，依据温度差判断电池模块中单个电池的一致性。电池的一致性是电池成组的前提条件，也是废弃电池在二次使用中的安全保证，必须有效提高组内电池的一致性。

1.4.4 退役动力电池梯次利用安全管控方法

退役动力电池的热失控主要是由机械滥用、电滥用和热滥用三种方式所引发的，而隔膜失效导致的内短路是造成热失控的一个共性环节。为了方便内短路的检测与识别，通常采用内短路等效电阻来评价内短路的程度，如图 1-10 所示。

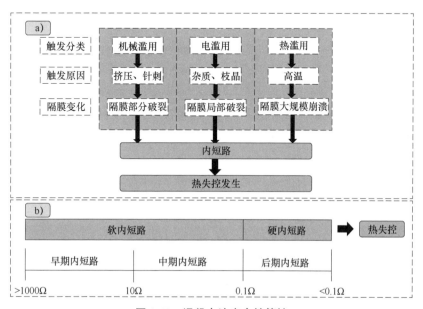

图 1-10　退役电池安全性管控

当前各类文献中对内短路进行检测的主要研究方法有以下几种：

1）基于参数的不一致性的内短路检测法，该方法主要有两种实现途径：一种是将电池的特性参数与其自身的历史数据进行比较，以确定内短路；另一种是水平比较一个电池组中每个电池的特征参数，以确定内短路。

2）基于模型的内短路检测法。

3）基于电池自放电现象的内短路检测法。

4）基于电池剩余充电容量的内短路检测法。

5）基于机器学习的内短路检测法等。

当前常见的内短路检测手段是利用参数的不一致性，水平比较一个电池组中电芯间电压等参数的相对差异来判定内短路是否发生，该方法常用于对出厂参数相同的新电池组进行内短路检测。而一些老化电池如退役电池，其成组结构往往已被拆解打散，难以找到一致性比较的参考对象；此外，即使出厂参数相同的老化电池也会有较为明显的性能分化。为了能够对退役电池组等进行准确的内短路检测，需要将电池内较为敏感的指标视为检测内短路的指标，通过递归最小二乘算法对电池进行在线参数辨识，用这些指标的突变来判定内短路的发生。针对电池老化影响辨识结果精度的问题，本书将着重探讨极化内阻用于退役电池梯次利用的热安全性管控。

参 考 文 献

[1] 马紫峰，林维明. 电动汽车动力电源研究现状与展望［J］. 电源技术，1994（3）：39-42.

[2] 赵新兵，谢健. 新型锂离子电池正极材料 $LiFePO_4$ 的研究进展［J］. 机械工程学报，2007，43（1）：69-76.

[3] VERMA P, MAIRE P, NOVÁK P. A review of the features and analyses of the solid electrolyte interphase in Li-ion batteries［J］. Electrochimica Acta, 2010, 55（22）：6332-6341.

[4] KURFER J, WESTERMEIER M, TAMMER C, et al. Production of large-area lithium-ion cells：Preconditioning, cell stacking and quality assurance［J］. CIRP Annals -Manufacturing Technology, 2012, 61（1）：1-4.

[5] ARMAND M, TARASCON J M. Building better batteries［J］. Nature, 2008, 451（7179）：652-657.

[6] 梁广川. 锂离子电池用磷酸铁锂正极材料［M］. 北京：科学出版社，2013.

[7] ZHANG Z J, RAMADASS P. Lithium-ion battery systems and technology［C］// BRODD R J. Batteries for Sustainability. New York：Springer, 2013.

[8] SUBRAMANIAN V R, BOOVARAGAVAN V, RAMADESIGAN V, et al. Mathematical model reformulation for lithium-ion battery simulations: Galvanostatic boundary conditions [J]. Journal of the Electrochemical Society, 2009, 156 (4): A260-A271.

[9] 杨玉峰, 安琪, 刘佐达, 等. 我国锂离子电池能耗和排放水平实测及政策建议 [J]. 宏观经济研究, 2010 (12): 30-36.

[10] 徐源来, 徐盛明, 池汝安, 等. 废旧锂离子电池正极材料回收工艺研究 [J]. 武汉工程大学学报, 2008, 30 (4): 46-50.

[11] POLLET B G, STAFFELL I, JIN L S. Current status of hybrid, battery and fuel cell electric vehicles: From electrochemistry to market prospects [J]. Electrochimica Acta, 2012, 84 (12): 235-249.

[12] LAIN M J. Recycling of lithium ion cells and batteries [J]. Journal of Power Sources, 2001, 97-98 (4): 736-738.

[13] 李旸, 马钧. 动力锂离子电池二次生命周期商业运营模式 [J]. 农业装备与车辆工程, 2013, 51 (3): 38-41.

[14] NEUBAUER J, PESARAN A. The ability of battery second use strategies to impact plug-in electric vehicle prices and serve utility energy storage applications [J]. Journal of Power Sources, 2011, 196 (23): 10351-10358.

[15] 杨则恒, 张俊, 吴情, 等. 废旧锂离子电池正极材料 $LiFePO_4/C$ 的电化学修复再生 [J]. 硅酸盐学报, 2013 (8): 1051-1056.

[16] TASAKI K, GOLDBERG A, LIAN J J, et al. Solubility of lithium salts formed on the lithium-ion battery negative electrode surface in organic solvents [J]. Journal of the Electrochemical Society, 2009, 156 (12): 8076-8083.

[17] ABRAHAM D P, KNUTH J L, DEES D W, et al. Performance degradation of high-power lithium-ion cells: Electrochemistry of harvested electrodes [J]. Journal of Power Sources, 2007, 170 (2): 465-475.

[18] NAGPURE S C, BHUSHAN B, BABU S, et al. Scanning spreading resistance characterization of aged Li-ion batteries using atomic force microscopy [J]. Scripta Materialia, 2009, 60 (11): 933-936.

[19] MANTHIRAM A. Materials challenges and opportunities of lithium ion batteries [J]. Journal of Physical Chemistry Letters, 2011, 2 (5): 176-184.

[20] SMALLEY J F, GENG L, CHEN A, et al. An indirect laser-induced temperature jump study of the influence of redox couple adsorption on heterogeneous electron transfer kinetics [J]. Journal of Electroanalytical Chemistry, 2003, 549 (549): 13-24.

[21] KRUGER J, PENTZIEN S, CONRADI A. Cleaning of artificially soiled paper with 532nm nanosecond laser radiation [J]. Applied Physics A, 2008, 92 (1): 179-183.

[22] RAMONI O O. Laser surface cleaning-based method for electric vehicle battery remanufacturing

[D]. Texas: Texas Tech University, 2013.

[23] RAMONI M O, ZHANG H C. End-of-life (EOL) issues and options for electric vehicle batteries [J]. Clean Technologies & Environmental Policy, 2013, 15 (6): 881-891.

[24] 田彬, 邹万芳, 刘淑静, 等. 激光干式除锈 [J]. 清洗世界, 2006, 22 (8): 33-38.

[25] 威廉 M 斯顿. 材料激光工艺过程: 原书第 3 版 [M]. 蒙大桥, 张友寿, 何建军, 等译. 北京: 机械工业出版社, 2012.

[26] ZHANG J, WANG Y, CHENG P, et al. Effect of pulsing parameters on laser ablative cleaning of copper oxides [J]. Journal of Applied Physics, 2006, 99 (6): 064902-064902-11.

[27] 施曙东, 杜鹏, 李伟, 等. 1064nm 准连续激光除漆研究 [J]. 中国激光, 2012 (9): 58-64.

[28] NIE M, CHALASANI D, ABRAHAM D P, et al. Lithium ion battery graphite solid electrolyte interphase revealed by microscopy and spectroscopy [J]. Journal of Physical Chemistry C, 2013, 117 (3): 1257-1267.

[29] BLOISI F, BLASIO G D, ZONCHEDDU L V M. One-dimensional modelling of 'verso' laser cleaning [J]. Journal of Modern Optics, 2006, 53 (53): 1121-1129.

[30] 吕小三, 雷立旭, 余小文, 等. 一种废旧锂离子电池成分分离的方法 [J]. 电池, 2007, 37 (1): 79-80.

[31] 章恒, 刘伟嵬, 董亚洲, 等. 低频 YAG 脉冲激光除漆机理和实验研究 [J]. 激光与光电子学进展, 2013 (12): 114-120.

[32] WILSON J R, CRONIN J S, BARNETT S A, et al. Measurement of three-dimensional microstructure in a $LiCoO_2$ positive electrode [J]. Journal of Power Sources, 2011, 196 (7): 3443-3447.

[33] ANDERSSON A S, THOMAS J O. The source of first-cycle capacity loss in $LiFePO_4$ [J]. Journal of Power Sources, 2001, 97-98 (3): 498-502.

第 2 章

动力锂离子电池梯次利用拆解技术

2.1 国内外研究现状

世界范围内电动汽车使用的迅速增长将在未来几十年产生大量的报废产品,因此,将会有大量的废弃电气和电子设备需要处理。因此,有利于回收电动汽车某些部件(如电动汽车电池组)的行动,为研究创造了机会。

锂离子技术目前被认为是最适合和最有前途的电动汽车电池应用技术,主要是由于它具有高能量密度、长寿命、良好的充放电过程效率和轻量化等一系列优点。然而,它的市场价格仍然很高,因此,并不是所有试图以有竞争力的价格进入市场的电动汽车都可以使用它。此外,在锂离子电池的制造过程中,大量的温室气体被排放到大气中,对环境产生负面影响。这为研究提供了另一个机会:如何回收电动汽车锂离子电池组,以重复使用某些组件,从而防止其在未来对环境的破坏。锂离子电池通常由四大部分组成:正极、负极、电解液和隔膜。正极和负极由金属锂氧化物和锂化石墨制成;电解液由锂盐和有机溶剂制成;隔膜为微孔膜,允许锂离子通过孔。近几十年来,人们利用不同的化学方法开发出了各种锂离子正极材料:锂钴氧化物($LiCoO_2$)、镍钴铝氧化物(NCA)、锂镍锰钴氧化物(NMC)、锂聚合物($LiMnO_4$)和磷酸铁锂($LiFePO_4$)。目前,NMC是电动汽车锂离子电池组最受欢迎的技术,主要是因为其有较低的自热速率和较高的能量密度。

当电动汽车动力电池组的健康状态或功能状态不能满足容量或性能规格时,必须更换。报废的锂离子电池可以在多种情况下重复使用,例如电信基地、数据中心、智能电网、风能或太阳能发电厂。Heymans等人发现,退役电池作为家用储能系统具有更好的经济效益,并能减少温室气体排放。Silvia Bobba等通过建立动态库存和流动模型,描述电动汽车锂离子电池沿价值链的全生命周期步骤和过程,证明了二次生命电池可以降低电动汽车全生命周期成本和环境影响。Zhou等人通过研究剩余容量与循环次数的关系预测了废旧电动汽车动力电池的循环寿命。

电动汽车动力电池所经历的复杂多变的工作条件和使用寿命导致了退役电池在锂离子电池健康状态(如容量和阻抗)方面的不一致性。为了充分利用剩余容量,有必要对性能一致性最好的电池模块/电池单元进行快速分类和重组。电池模块是检查其再制造可行性的重要组成部分。拆解是模块分类前的一个关键步骤,会直接影响再制造效率和成本。

锂离子电池组通常由一个电池模块和一个电池管理系统组成,这些电池模块由多个单体电池组装而成。为了达到能源需求，电池被串联和并联，这取决于所需的容量和应用。一旦根据充电状态（SOC）、健康状态（SOH）和功能状态（SOF）对电池状态的估计反映出其相对于理想状态的性能的不可逆损失，则认为汽车应用的锂离子电池已达到寿命使用末期。这是在一定次数的充电循环后发生的，根据电池类型和操作条件的不同，充电循环的次数从 1000 次到 10000 次不等。此时需要对锂离子电池组进行退役回收，以便将其用于其他应用，如家庭的自动消费，支持可再生能源设施，作为不间断电源（UPS），或作为能源储备使用。通过这种方式，电池的寿命可以延长至 20 年，并可进行 8000 多次充电循环。随后，电池将达到其生命周期结束阶段，组件必须回收或处理。尽管电池的性能和耐久性主要取决于其充放电，但容量较低或不均匀退化的电池容易出现过充/放电，加速其寿命减少。因此，有必要平衡系统和控制单个电池的状态，以防止电池组的恶化。M. Alfaro-Algaba 等人以奥迪 A3 Sportback e-tron 混合动力汽车的锂离子电池为研究对象，如图 2-1 所示，根据电池的健康状态提出了不同的案例研究方案。结果证明了该模型的可行性和有效性，为锂离子电池包的回收过程提供了重要的见解。

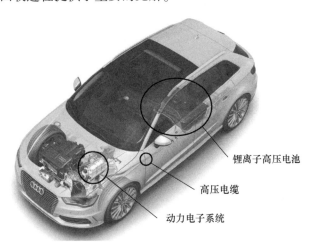

图 2-1　奥迪 A3 Sportback e-tron 混合动力汽车的电力系统

拆解是报废产品再制造前的一个重要步骤，也是产品回收过程中不可避免的一步。在产品或其部件的一部分可以重复使用、再制造或回收之前，产品必须部分或完全拆解。拆解规划是生成用于从整体装配产品中拆解零部件的制造计划的过程。在文献中，拆解过程已被广泛讨论。Zhou 等人和 Lambert 先前的研究对拆解理论以及解决拆解问题的不同方法进行了广泛的调查。Wegener 等人为电动汽车的拆解开发了一种规划方法。最近，Schwarz 等人的研究提出了使用基于方法时间管理系统的虚拟拆解工具来辅助电池拆解。拆解模式是解决拆解问题的重要决策。Celia 等人研究了关于奥迪 A6 电动汽车的锂离子电池拆解，以识别和标记电池系统的主要零部件、所需的拆解步骤和后续步骤之间的优先规则，如图 2-2 所示。根据 Zhou 等人的研究，有两种拆解模式：完全拆解和部分拆解。完全拆解集中于产品的全部拆解。它涉及将组件与组装好的产品完全分离。从字面上讲，完全拆解是将整个产品拆解或装配成单个零部件（在本书中，零部件被定义为产品的最小单元）。根据文献研究，完全拆解比部分拆解更昂贵，而且往往是不必要的，因为只回收整个产品中有价值的零部件往往可以获得最大的利润。除有价值的零部件外，对环境有严重影响的零部件或含有战略性材料的零部件必须移除。尽管如此，研究传统上集中在完全拆解上，所以将传统的研究重点从完全拆解转向部分拆解是至关重要的。

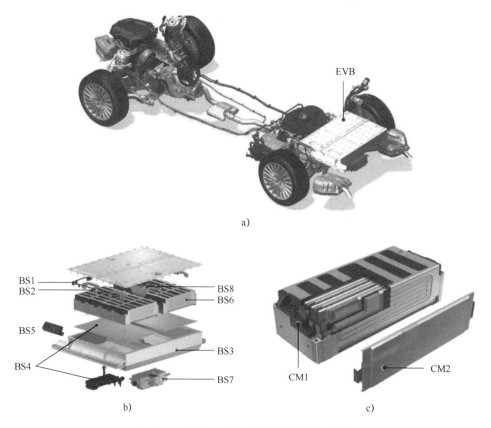

图 2-2 奥迪 A6 锂离子电池组的拆解图

a）电动汽车电池组（EVB）在电动汽车中的位置 b）电动汽车电池组（electric vehicle battery，EVB） c）电池模组和电池个体（BS6）

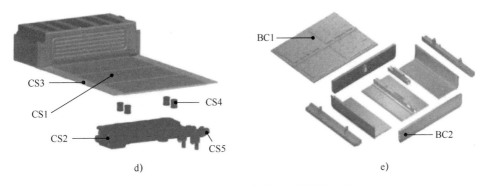

图 2-2 奥迪 A6 锂离子电池组的拆解图（续）
d）冷却系统细节（BS4） e）铝盖（BS3）

目前，研究人员对部分拆解的兴趣有所增加。最初，这种拆解模式主要用于从产品中检索特定组件。一旦成分被提取出来，拆解过程就结束了。目前，关于部分拆解的研究除了传统的经济考虑外，还包括环境方面的考虑。Feldmann 等人首先提出，拆解过程应在达到经济利润最优的拆解水平，即通常所说的"停止点"时完成。这个解决方案提出了"不拆解"和"完全拆解"之间的平衡。基于这种方法，其他作者在部分拆解方面做出了重大贡献：Smith 等提出了成本效益分析，利用特定的规则来寻找最优的拆解水平；Rickl 和 Camelio 提出了经济利润和环境影响之间的权衡；Rickli 和 Camelio 在获取部分拆解序列时考虑了回收产品质量中可能存在的不确定性；Percoco 和 Diella 提出了解决部分拆解规划问题的多目标决策技术；Wang 等人考虑了选择性拆解序列规划中的破坏性操作。

面对大规模的报废产品，一条拆解线比单一的拆解工位更合适。该拆装线虽然单工位灵活，但可保证较高的拆装效率。此外，在流水线上易于标准化操作，降低操作风险和成本。拆解线平衡是确定与零件相关的拆解任务，将任务分配给各个拆解工位，并在顺序工位上安排任务顺序。分解任务关系通常使用部分优先图来描述。生产线平衡的计算难度随零件数的增加呈指数增长。因此，为了降低计算复杂度，我们采用了预先定义的拆解任务优先图，将相关度高的零部件视为一个拆解任务。各工位的任务分配和排序决定了拆解线设计的评价指标。站间负荷平滑度和站数是传统的评价指标。拆线平衡中也应包括经济、环境和运行安全指标，因为回收工厂在寻求经济效益，并有减少对环境造成影响的压力，确保操作人员的安全。报废产品变质，会有使操作人员暴露于有毒物质或爆炸的危险。

拆解线平衡问题已被 McGovern 和 Gupta 在数学上证实为非确定性多项式

（non-deterministic polynomial，NP）问题。随着拆解任务数量的增加，计算时间呈指数级增长。求解拆解线平衡的常用方法有精确法、启发式法和元启发式法（又称"自然启发式算法"）。精确的方法需要穷举搜索，以在合理的时间内实现对小型实例的最优解。但是它的时间复杂度限制了它在大型实例中的应用。由于其组合性，数学规划技术的时间效率较低。因此，高效启发式方法和元启发式方法被广泛应用于求解实际问题。启发式方法的解搜索机制大多基于领域知识，并能快速收敛到近似解。求解拆解计划的启发式方法包括模糊层次分析法和基于权重的多准则决策法。与启发式方法相比，元启发式方法（自然启发式算法）不是为特定的问题而设计的，也不会陷入局部最优解。元启发式算法（自然启发式算法）在求解拆解线平衡问题中得到了广泛的应用，如遗传算法、人工蚁群算法、人工蜂群（artifical bee colony，ABC）算法、粒子群算法、模拟退火算法和禁忌搜索算法等。

2.2 拆解研究内容和技术路线

2.2.1 拆解的主要研究内容

本节以锂离子电池组拆装生产线为研究对象，研究其最优解的确定问题，以实现多个目标之间的权衡。

1）建立了考虑工位平滑性、周期时间、经济效益、运行安全性和能耗等因素的帕累托前沿解的数学模型。

2）模型目标之间的权衡决策可得到最优拆解水平和零部件的寿命选择。

3）提出了一种遗传烟花算法作为新的解搜索机制，通过调整全局和局部搜索来识别最优解。通过与文献中最著名的算法进行比较，证明了该算法的有效性。

4）以电动汽车锂离子电池组的拆解任务优先图为约束，保证了方案的可行性。

5）确定电动汽车包装的盈利能力、拆解效率和环境问题。

本章的其余部分组织如下：第 2.3 节讲述了拆解序列规划优化的理论。第 2.4 节提出数学公式模型，利用提出的元启发式遗传烟花算法，通过基于零件优先约束以获得帕累托解。第 2.5 节对锂离子电池组拆解流水线的设计进行了研究，并通过与文献中已有算法的性能比较，证明了该算法的有效性。

2.2.2 拆解规划技术路线

技术路线如图 2-3 所示，它构建了拆解序列规划：从拆解模式的选择，到拆解的建模，再选择合理的规划理论，接着选用合适的自然启发式算法进行实例分析和通过不同的算法之间对比，证明所选算法的优秀性。

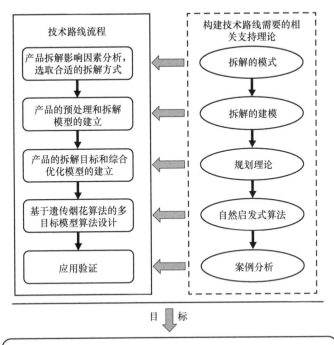

图 2-3　技术路线图

2.3　拆解序列规划优化理论

设计好的拆解序列有助于提高拆解效率，降低拆解成本。求解这一设计良好的拆解序列的方法被称为"拆解序列规划（disassembly sequence planning，DSP）"，它是一个非确定性多项式（non-deterministic polynomial，NP）问题。拆解序列规划问题是从装配序列规划问题中演变而来的，两者的相同之处都是通过对解决操作过程来进行优化，再求解拆解序列的问题。但是两者之间有很明显的区别。拆解不仅要考虑退役回收后的产品的不确定影响因素，而且还需要处理拆解过程中各个零部件之间的更加复杂的连接关系。通过两者所追求的目标来分析，装配序列规划需要集成各个零部件成为装配体，而拆解序列规划则是分解装配体至各个零部件，两者的追求目标完全相反。因此，拆解序列规划和装配序列规划在求解问题模型和求解问题方法上,都有着本质的区别。

拆解序列规划是在考虑拆解优先关系的情况下,对给定的退役回收产品确定最优拆解序列。如图 2-4 所示,拆解序列规划涉及三个步骤,即确定拆解模式、建立拆解模型、采用选定的规划方法。在拆解序列的所有步骤中,首要任务是确定适合退役回收产品的拆解模式。在确定拆解模式后,需要对退役回收产品进行拆解建模,以描述零部件或子组件之间的拆解优先关系。最后,利用规划方法从不同的解集中选择最优解。

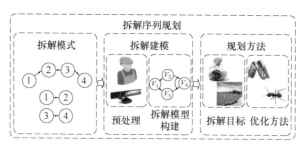

图 2-4 拆解序列规划流程

本节是针对并论述拆解序列规划问题的研究现状,考虑拆解序列规划遇到的问题,并对其进行分析和总结,详细介绍了拆解的模式、建模和规划方法,还着重介绍了拆解示意图的优缺点和使用条件。

2.3.1 拆解的理论基础概念

1. 拆解和规划

对于拆解序列规划,我们可以把拆解和规划分开来看待。

(1) 拆解

拆解是将一个完全的装配体或者机械装置的整体拆开并分解成零散的部件,是从整体到部分,由集成整体到零散部件的全过程。特别在退役回收产品的拆解环节里,拆解是对退役回收再制造产品的一个初步分解,获得再制造产品的零散部件,并对部件简单分类的生产活动。所以我们可以把拆解归纳为一个系统的状态过程,从起始的再制造产品或回收装置,逐步拆解其零部件以及它的子装配体,当拆解程度达到一定的程度时,立即结束拆解过程。

这里特别强调的是,拆卸不等同于拆解。拆解是对零部件的表达,是指在某一次操作过程中,把其中的一个零部件从装配体(或机械装置)中分离出来的一个操作,所以拆解是一个单一操作或者任务,不是一个过程,也没有状态变化。可以发现拆解的过程是由一系列的拆解操作或者拆解任务组成的。

（2）规划

规划的意思就是有组织地制定比较全面的计划或方案，是对计划或者方案整体性、长期性、基本性问题的思考和考量，由此来设计整套的行动的方案。因此，规划是融合多要素、多看法、多角度的发展计划或方案。在本节中，我们具体要考虑拆解的效率、拆解的安全性、拆解的能耗以及拆解的利润等拆解序列或者拆解方案。

通过上面的定义，我们可以把拆解序列规划理解为要对退役回收产品中的各个零部件逐一确定拆解顺序以及需要达到的拆解程度，这一拆解规划要满足我们预先提出的拆解目标。其中，拆解程度是表示产品被拆解后的完整程度，拆解的程度越高，那么表示获得的产品的零部件越多；拆解的程度越低，则表示获得的产品的零部件越少。

2. 拆解的影响因素

（1）拆解产品的结构特性

考虑到回收的退役产品在拆解线上可能完全相同，例如某一同一批次的退役电池组；也可能产品相同，但其品牌和结构特性不同，如规格不同的退役电池组；同时也可能是种类完全不同的退役产品，如退役汽车、废旧计算机、废旧冰箱。因此在进行拆解作业之前，需要掌握需要拆解产品具有的结构特性，才能有效地进行拆解序列规划，降低拆解的成本，从而提高拆解的收益。

（2）拆解产品的回收质量

由于退役回收产品的质量具有不确定性，考虑到有时产品外观和功能完好，而有时回收产品被损坏严重，同时同一产品中各个零部件的质量状况往往也有很大差别。因此，退役回收产品质量的不确定性程度，影响了拆解的效率，不确定性程度越高，拆解的效率越低。想要提高拆解的效率，需要对退役回收产品及其各零部件，预先就使用的状况进行统一分析。

（3）拆解的布局与速度

在装配序列规划中有不同的布局方式，如直线形布局、U形布局、单元式布局等。因此，对于拆解的布局，我们可以参考装配的布局方式，根据拆解产品自身的特点，选取合理的布局，通过这种方式可以提高拆解的效率。

拆解的速度也是需要考虑的一个重要问题。在拆解零部件的过程中，我们可以对产品的多个零部件同时进行拆解，各个操作过程没有干涉，这样的拆解方式我们称之为"并行拆解"；我们也可以对各个零部件逐一拆解，这样的拆解方式我们称之为"串行拆解"。前者可以有效提高拆解效率，节省时间，缺点是当零部件有相互干涉时，容易造成误操作，产生破坏。后者虽然可以有效拆解零部件约束较多的结构，但是拆解周期时间过长，影响拆解效率。

（4）操作人员熟练程度

在退役回收产品拆解中，由于拆解操作人员的熟练程度不同，得到的拆解作业时间也是不同的。因此，在不同熟练程度下，拆解作业时间有可能是不确定的、随机的以及动态的。同时，由于学习效应的存在，动态作业时间会更符合拆解的特点。此外，随着操作人员拆解经验的累积，所需拆解作业时间会逐渐减少。

（5）拆解零部件的优先关系

考虑各个零部件的优先拆解关系，是对拆解序列规划设计和优化过程中需要考虑的关键问题。在拆解的过程中，零部件的优先关系，会产生对不同零部件的优先拆解需求，这些拆解需求会影响到拆解的效率。例如，需要拆解零部件 i 和零部件 j，零部件 i 的优先关系高于零部件 j，此时只有先拆除零部件 i，才能拆除零部件 j，即便零部件 i 不被考虑拆解。

（6）拆解工作站任务分配

在拆解过程中，考虑对各工作站分配任务时，除了考虑各个零部件的拆解先后次序外，还需要考虑其他各种额外的因素，以此来提高拆解效率和拆解的统一性。

2.3.2 拆解的模式

在拆解序列规划的所有步骤中，选择合适的拆解模式是需要考虑的第一步，我们通过总结和分析，归纳出现有的拆解模式可以分为下面三组：①完全拆解和部分拆解；②非破坏性拆解和破坏性拆解；③顺序拆解和并行拆解。

1. 完全拆解和部分拆解

根据指标的不同，拆解有多种分类方式。首先，使用较多的是根据拆解程度划分，可以分为完全拆解和部分拆解。

（1）完全拆解

完全拆解是指在退役回收产品的拆解过程中，将所有的零部件从装配体上全部拆解下来，从而达到此产品的最大拆解程度。虽然完全拆解可以获得全部的零部件，但是实际的操作难度很大，而且还要考虑拆解的各个零部件的质量因素。即使各个零部件的质量能够满足顺利拆解的条件，完全拆解的成本往往也较大，对于整体的利润和回收价值都有很大的影响。一般情况下，完全拆解会被应用于对贵重产品的拆解。

（2）部分拆解

部分拆解是指在退役回收产品的拆解过程中，只对于某些特定的零部件进行拆解，不需要全部拆解的方法。因此，比起完全拆解，部分拆解更加灵活，操作性更好。在实际的生活中，考虑到成本的因素，很多退役回收产品都会进行部分拆解。因此，部分拆解也被称之为选择性拆解。

根据上述可以知道，完全拆解是指将退役回收产品分解为单个零部件，而部分拆解则不需要对产品进行完全分解。与部分拆解模式相比，完全拆解是被研究频率更高的拆解模式。完全拆解耗时较长，成本较高，适当时应考虑部分拆解，即回收价值较高的零部件或难以通过其他方式获得的零部件。

2. 破坏性拆解和非破坏性拆解

拆解也可以根据在拆解过程中是否会对零部件造成损伤的不同来进行划分，可以分为破坏性拆解和非破坏性拆解。

（1）破坏性拆解

在对退役回收产品的拆解过程中，没有非破坏的拆解约束或者由于某些特别的原因，因此对于产品产生了不可逆的损伤，这类拆解方式被称之为破坏性拆解。这类拆解方式一般应用于难以拆解或者部分零部件没有回收价值的退役产品，在实际拆解的过程中，我们需要尽量避免此类的破坏性拆解。

（2）非破坏性拆解

顾名思义，非破坏性拆解是指在拆解退役回收产品的过程中，不需要破坏产品零部件或使用暴力手段就可以进行的拆解方式。这种拆解方式确保了回收零部件的完整性和价值，这类拆解方式也是拆解序列规划的理想拆解过程，在实际中应用较多。

3. 顺序拆解和并行拆解

另外，根据拆解作业模式的不同，还可以把拆解分为顺序拆解和并行拆解。

（1）顺序拆解

顺序拆解是指在拆解的过程中，对退役产品的零部件逐一有序拆解，一般一个工作站只有一个操作人员，且在拆解线上按顺序进行，是简单的线性拆解过程。

（2）并行拆解

并行拆解是指在拆解零部件的过程中，可以对产品的多个零部件同时进行拆解，各个操作过程没有干涉，这里允许多个操作人员同时进行拆解作业。因此，这类拆解操作需要严格规划和协作分工，既需要保证各个操作人员之间不相互干涉，又要保证拆解的空闲时间利用和拆解效率的提高。

因此，在实际拆解序列规划中最常用的拆解模式是使用顺序拆解，每次从产品上拆解一个零部件（或成对拆解，例如拆解螺母和螺栓）。此外，并行拆解（即同时拆解几个零部件）可以更有效率，对于大型复杂的退役回收产品，与顺序拆解方式相比，使用该方法可以减少拆解时间。

此外，Smith 和 Hung 还对部分拆解和并行拆解的结合进行研究和应用，通过两者相结合，可以得到更加高效的拆解模式。

2.3.3 拆解的建模

在确定拆解模式之后，需要对退役回收产品进行拆解建模，以此来描述各个零部件或子组件之间的拆解优先关系。通过拆解的优先关系，来保证不可行的拆解序列被删除。其中，拆解建模的过程包括了预处理阶段和模型构建阶段，如图 2-5 所示。

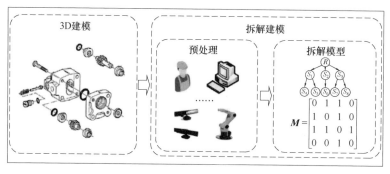

图 2-5 拆解建模过程

根据研究可以得知，预处理属于从产品的已知信息（例如计算机辅助设计（CAD）模型）中提取出不同零部件之间的优先级关系。预处理一般往往是手动执行的，由于人类具有强大的识别和推理能力，人工的预处理几乎适用于所有情况；然而，提取优先级关系，并手动生成拆解模型可能是一项烦琐的任务。当产品比较复杂时，手工预处理也是一个容易出错的任务，很容易导致生成不准确的模型。因此，应该考虑自动预处理来避免这些缺点。ElSayed 等采用了视觉处理和模式识别进行预处理。他们使用视觉处理来识别特定的组件和基于卷积/相关的二维（2D）模板匹配来比较提取的组件与给定的模板。此外，他们的技术不是全自动的预处理，因此模板必须提前手动提供。

预处理后，拆解模型的构建则是通过图形和矩阵等特定方法生成表示拆解优先级关系的模型。拆解模型可以大致分为四类：拆解树、拆解优先图、拆解与或图、拆解 Petri 网。

1. 拆解树

拆解树是将全部拆解任务列举出来，通过拆解任务设定的任务优先级，对拆解的任务一一拆解。图2-6是由Bourjault提出的圆珠笔案例，该拆解树从表示原始退役回收产品的根节点开始，分支节点表示产品的子组件，从拆解树的根部向分支不断蔓延，分枝的个数也随着蔓延逐渐增加，层次分明，表达清晰。如图2-6所示，R表示原始产品，S表示子组件，通过拆解（图2-6中的有向边）生成了不同的子组件。但是，当拆解产品本身是复杂装配体时，其子分支下方的拆解子序列可能会产生重复。因此，拆解树不能适用于复杂产品的拆解，而且拆解树本身也难以表达出拆解任务与各个零部件之间的关联，所以拆解树在实际应用中限制很大。

2. 拆解优先图

拆解优先图是拆解中一种直接有效的示意图，给出了零部件的优先关系以及描述了各个零部件之间的拆解任务优先顺序。图2-7给出了接触零部件和非接触零部件之间的拆解优先关系。同时，还可以在拆解优先图中添加选择约束集，提供进一步的结构关系信息，如果一个零部件与许多其他零部件有约束关系，那么该零部件就属于选择约束集，并且当其中一个零部件被拆除时，该零部件就可以被拆解。

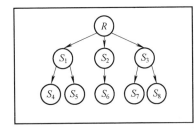

图2-6　Bourjault圆珠笔案例拆解树

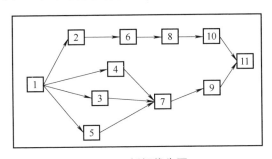

图2-7　拆解优先图

拆解优先图是由Gungor和Gupta首先根据装配序列规划的问题引入到拆解序列规划中的，尽管拆解优先图具有简单、有效和明显的特点，但是它本身还有着难以完整表达组件具体信息细节（如拆解时间、工具和方向）的限制。

3. 拆解与或图

拆解优先图和拆解树都不能完整地表达拆解任务与各自子零部件之间的联

系，会造成部分拆解信息（如拆解时间、工具等）的缺失。拆解与或图（AND/OR graph）用于描述零部件之间的结构关系，具有体系完整和表达信息丰富的特点。根据对约束关系的不同描述，利用该方法，可以清晰地描述不同零部件之间的结构关系。然而，不同零部件之间的关系不能简单地表示为"与"或"或"的关系，还应考虑接触零部件与非接触零部件之间的优先关系。同时，如果拆解产品的复杂程度增大，拆解的信息也会随之爆炸式增多，提高了绘制与或图的难度，也会产生组合爆炸的情况。因此，与或图不适合复杂的退役回收产品的拆解。这里以 Bourjault 圆珠笔为例，给出了拆解与或图，如图 2-8 所示。

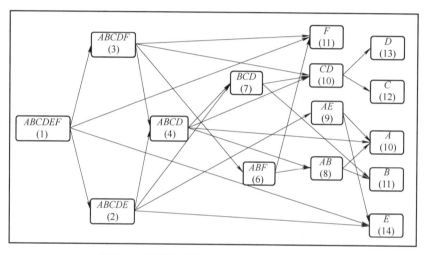

图 2-8　拆解与或图（Bourjault 圆珠笔案例）

4. 拆解 Petri 网

Petri 网模型是一种高能效、定量、图形化的处理离散事件的建模方法。Petri 网是由佩特里首先提出的，它是一种可以将数学模型与图像集成于一体的建模工具。从 20 世纪 60 年代被提出以来，首先应用在了计算机和自动化以及控制学科领域，适用于对事件状态变化过程的系统描述和数学建模。Gupta 以及 Zhou 等学者基于 Petri 网的特性，将它引入到拆解建模问题中，用来描述拆解过程中随着拆解操作的进行，子装配体的状态变化过程。Petri 网模型主要由库所、变迁、令牌和有向弧组成。

如图 2-9 所示，图中的圆圈代表了库所，象征了待拆解的产品；图中条状矩形代表了变迁，在这里表示了拆解任务；待拆解产品的信息和状态则存储在库所中，在模型中用令牌来表示；有向弧则是来表示模型变迁的状态，有两种有向弧分别代表输入函数和输出函数。由此组成的 Petri 网模型，既能生动形象地表示信息的流动方向，也能定性地计算各环节占用的资源，对拆解结构提供丰富的描述。

传统的 Petri 网模型方法存在生成示意图复杂、计算量大的缺点。当被拆解退役回收产品具有复杂的结构时，生成示意图可能是困难的，需要很长时间。因此，在传统的基础上目前还可以继续优化 Petri 网模型，使基于知识的推理和决策能够解决组合爆炸的问题。同时，还可以将 Petri 网与贝叶斯学习相结合来处理拆解过程中的不确定性，以减少决策不准确的影响。

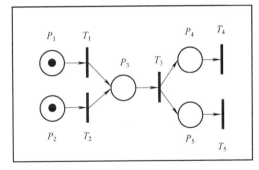

图 2-9 基于约束的 Petri 网拆解过程模型

2.3.4 规划方法

对于确定的退役回收待拆解产品，在确定了拆解模式和拆解模型后，需要利用规划方法从各种备选方案中寻找最优解。因此，这里可以从两个角度去进行规划，分别是拆解目标和优化方法。

1. 拆解目标

考虑最优的拆解方案的标准，例如需要低成本、低环境影响或高收益。因此在建立拆解模型后，需要对具体的拆解目标进行描述，使优化过程朝着特定的方向发展。通过总结，主要可以把拆解目标分为四种方式：拆解成本、拆解收益、环境指标和其他指标。

（1）拆解成本

拆解成本目标可以细分为拆解时间、拆解工具成本、人工成本、零部件编号、作业编号、拆解的间隔和维护程度。其中，拆解时间是拆解一个常规部件所需要的时间，但是由于受到其他因素的影响，实际拆解零部件的时间并不是一个固定值。而且，在实际操作中，零部件的实际拆解时间不仅取决于确定性时间要素，还取决于拆解过程中的不确定性。除了拆解时间，拆解工具成本也要考虑。工具成本是指用于拆解操作的工具成本，如焊枪、扳手、螺钉旋具的成本。当采用人工拆解来处理拆解过程中的不确定性时，人工成本成为考虑因素。其他影响拆解成本的因素有零部件编号、拆解的间隔、维护程度、平均维修时间（mean time to repair，MTTR）和操作编号。

（2）拆解收益

各个组件的拆解收益也是一个拆解目标。拆解收入也可以分为非破坏性拆解收入和破坏性拆解收入。因此，不同的破坏性拆解方法会导致不同的拆解收益，为了回收利用，可以考虑零部件的回收重量和回收价值。

（3）环境指标

环境指标也是一个需要被考虑的拆解目标。环境指标的目的是减少零部件和操作对环境的影响。前者涉及拆解零部件时的潜在危害，后者涉及拆解操作过程，例如清洗液或者能源的浪费。

（4）其他指标

此外，还有一些其他指标被应用在拆解目标中。例如，稳定性和可行性也被作为拆解的目标，即考虑到各个零部件连接在一起的稳定性（焊接、铆接或压铆等）。

目前的研究中，与经济因素相关的工作（拆解成本和收入）受到的关注最多。然而，考虑到环境因素的重要性，构建动态经济因子和环境因子也具有重要意义。环境指标作为一个重要的环境因素，还可以优化在拆解过程中的能源消耗，以促进可持续性。

2. 优化方法

优化方法是有效地寻找最优拆解序列的方法。确定给定目标下的最优拆解序列是一个非确定性多项式（non-deterministic polynomial，NP）完全问题，需要使用启发式算法。现有的拆解序列优化方法主要有自然启发式算法（nature-inspired heuristic algorithms，NIHA）、线性规划方法（linear programming methods，LPM）、基于规则的方法（rule-based methods，RBM）、随机模拟技术（stochastic simulation，SSI）等。

（1）自然启发式算法（NIHA）

NIHA源于自然现象，如蚂蚁觅食和蜜蜂觅食。这些算法可以解决组合优化问题。它们是最常用的寻找最优拆解序列的方法。

遗传算法是求解拆解序列优化问题中应用最广泛的一种方法，它源于进化和遗传学。首先将拆解序列编码成染色体，然后利用选择、交叉和突变算子寻找新的染色体。此外，在遗传算法中，它的缺点是很容易陷入局部最优解。因此，提出了混合遗传算法以提高解的质量。

粒子群算法也是一种求解拆解序列优化问题的常用方法。该方法在每次迭代中更新粒子的速度和位置。例如采用自适应粒子群算法，利用惯性权值和自适应变异率来避免过早收敛。为了避免局部最优解，使用交叉算子、移位算子和逃避方法来提高解的质量。

基于蚁群觅食行为的蚁群算法也被用于寻找最优拆解序列。根据信息素的浓度，蚂蚁移动到下一个允许的目的地。当解空间足够大时，蚁群算法很容易收敛到局部最优解。通过将信息素的浓度限制在一定范围内，提出了最大最小蚂蚁系统来避免早熟收敛。采用两阶段蚁群算法研究了蚁群算法的执行效率。利用第一阶段蚁群算法将基于复图的方法转化为简单的加权图，利用第二阶段蚁群算法寻找最优拆解序列。

利用免疫算法（IA）和 ABC 算法对 DSP 进行求解。采用选择算子和单亲变异算子保证了抗体的多样性和质量。也可以在算法中加入一个过渡规则来生成新的候选解，有助于更快地找到最优解。

（2）线性规划方法（LPM）

LPM 是求解约束极值问题的常用方法。二元线性规划方法（BLPM）是一种决策变量为 1 或 0.89 的 LPM。与整数 LPM 相比，该方法通过简化表示来提高效率。然而，用 BLPM 来解决复杂的 DSP 问题是很困难的。

（3）基于规则的方法（RBM）

Smith 等人使用规则来消除不现实的解决方案，并生成可行的拆解序列。该方法在部分拆解模式下，迭代检查 5 条规则，直到得到目标零部件，从而产生可行的拆解序列。在那之后，Smith 继续将 RBM 和遗传算法结合起来解决拆解序列问题。Smith 在拆解序列结构法（五矩阵法）的基础上，利用 RBM 和遗传算法，通过缩小搜索空间来寻找最优拆解序列，从而减少搜索时间。与其他方法相比，该方法增加了分量投影矩阵，减少了搜索时间。

（4）随机模拟技术（SSI）

SSI 是求解随机拆解过程中最优拆解序列的一种有效方法。采用蒙特卡罗模拟（MCS）方法得到随机拆解时间下的最优拆解序列。然而，该方法易受样本量的影响，且精度低、效率低。Tian 等人采用了两阶段的方法来解决这个问题。分解概率密度函数是通过时域或频域方法得到的。此外，还提出了神经网络来寻找具有随机拆解成本的最优拆解序列。

以上就是一些主流的优化方法，还有一些其他方法，在特定的情况下，我们也可以选取以便于更好地达到优化目标。目前，已经有很多案例使用优化方法来优化拆解序列，大多数的优化研究集中在提高解决方案的质量或效率上。然而，由于拆解过程中的不确定性，大多数的规划方法都是静态方法，得到的结果在实际中可能无法使用。为了使优化结果更适合于实际应用，发展拆解序列规划方法，选择合适的优化方法，以响应拆解的实际状态更新最优拆解序列是很重要的。

2.4 基于遗传烟花算法的拆解序列规划

多目标群体智能算法、多目标进化计算方法是群体智能、进化计算领域研究的一个重要分支。本节将研究采用多目标遗传烟花算法的框架并应用在拆解这一多目标优化问题求解中。

2.4.1 多目标优化问题

无论在科学研究还是在工程应用上，多目标优化问题都是很重要的研究课题。这不仅是因为许多现实世界中的优化问题涉及多个目标的同时优化，还有一些与多目标优化有关的问题也是难以回答的，如最优解，它不同于单目标的优化，通常有多个最优解。对于多个最优解，需要构造一个多目标优化问题的最优解集，以及评价由不同的优化方法所构造的最优解集的优劣。

1. 多目标优化基础理论

首先，先对有关多目标优化问题进行一定的阐述。

先给定决策变量 $X=(x_1,x_2,\cdots,x_n)$，它满足下列约束：

$$g_i(X) \geqslant 0 \quad (i=1,2,\cdots,k) \tag{2-1}$$

$$h_i(X) = 0 \quad (i=1,2,\cdots,l) \tag{2-2}$$

这里假设有 r 个目标需要被优化，而且这 r 个优化目标之间是互斥和矛盾的，此时，优化目标可以表示为

$$f(X) = [f_1(X), f_2(X), \cdots, f_r(X)] \tag{2-3}$$

寻求 $X^* = (x_1^*, x_2^*, \cdots, x_n^*)$，使 $f(X^*)$ 在满足约束式（2-1）和式（2-2）的同时达到优化。

因此，在考虑多目标优化问题时，针对互不相同的子目标函数，可能会有不同的优化目标，有的可能是最大化目标函数，也有的可能是最小化目标函数，通过归纳，有下列可能的情况：

1）所有目标函数都要求达到最小化。

2）所有目标函数都要求达到最大化。

3）部分目标函数最大化，部分目标函数最小化。

因此，为了目标函数处理的方便，一般来说，可以把各子目标优化函数统一转化为统一的形式，即全部最大化或者全部最小化。若是，将最大化转换为最小化，可以简单地用下列形式表示：

$$\max f_i(X) = -\min[-f_i(X)] \tag{2-4}$$

类似地，不等式约束

$$g_i(X) \leq 0 \quad (i=1,2,\cdots,k) \tag{2-5}$$

可以方便地转换为

$$-g_i(X) \geq 0 \quad (i=1,2,\cdots,k) \tag{2-6}$$

这样，任何不同表达形式的多目标优化问题都可以转换成统一的表示形式。一般情况下，统一为求总目标的最小化，即

$$\min f(X) = [f_1(X), f_2(X), \cdots, f_r(X)] \tag{2-7}$$

2. 基于 Pareto 的多目标最优解集

在多目标问题中求解，它的最优解通常被称之为 Pareto 最优解（Pareto optimum solution）。一般地，有下列几种情况，描述如下。

1）在针对一个多目标优化问题 $f(X)$ 时，它的最优解 X^* 可以定义为

$$f(X^*) = \underset{X \in \Omega}{\mathrm{opt}} f(X) \tag{2-8}$$

其中，

$$f: \Omega \to \mathbf{R}^r \tag{2-9}$$

式中，Ω 是满足式（2-1）和式（2-2）的通用解集，即

$$\Omega = \{X \in \mathbf{R}^n \mid g_i(X) \geq 0, h_j(X) = 0, (i=1,2,\cdots,k; j=1,2,\cdots,l)\}$$

这里，称 Ω 为决策变量空间（简称决策空间），向量函数 $f(X)$ 将 $\Omega \subseteq \mathbf{R}^n$ 映射到集合 $\Pi \subseteq \mathbf{R}^r$，$\Pi$ 是目标函数空间（简称目标空间）。

2）在针对一个多目标优化问题 $\min f(X)$ 时，称 $X^* \in \Omega$ 是最优解，若 $\forall X \in \Omega$，满足下列条件：

$$\bigwedge_{i \in I}[f_i(X) = f_i(X^*)] \tag{2-10}$$

或者，至少存在一个 $j \in I, I=\{1,2,\cdots,r\}$，使

$$f_j(X) > f_j(X^*) \tag{2-11}$$

Ω 为满足式（2-1）和式（2-2）的可行解集，即

$$\Omega = \{X \in \mathbf{R}^n \mid g_i(X) \geq 0, h_j(X) = 0, (i=1,2,\cdots,k; j=1,2,\cdots,l)\}$$

3）在针对一个多目标优化问题 $\min f(X)$ 时，设 $X_1, X_2 \in \Omega$，如果 $f(X_1) \leq f(X_2)$，则称 X_1 比 X_2 优越；如果 $f(X_1) < f(X_2)$，则称 X_1 比 X_2 更优越。

定义 $X^* \in \Omega$：若比 X^* 更优越的 $X \in \Omega$ 不存在，则称 X^* 为弱 Pareto 最优解；若 X^* 比任何 $X \in \Omega$ 都优越，则称 X^* 为完全 Pareto 最优解；若比 X^* 优越的不存在 $X \in \Omega$，则称 X^* 为强 Pareto 最优解。

其中，Ω 为满足式（2-1）和式（2-2）的可行解集，即

$$\Omega = \{X \in \mathbf{R}^n \mid g_i(X) \geq 0, h_j(X) = 0, (i=1,2,\cdots,k; j=1,2,\cdots,l)\}$$

根据上述几个情况可以看出，满足 Pareto 最优解的条件的解往往不止一个，而是一个最优解集（Pareto optimal set），这里用 $\{X^*\}$ 表示，这里可以定义如下：

针对一个多目标优化问题 $\min f(X)$，它的最优解集定义为

$$P^* = \{X^*\} = \{X \in \Omega | \exists X' \in \Omega, f_j(X') \leqslant f_j(X), (j=1,2,\cdots,r)\}$$

在多目标进化优化问题中，进化算法对每一代的进化种群进行计算，并寻找出当前的最优解（即种群里的最优个体），那么这个最优解称为非支配解（non-dominated solution）或非劣解（non-dominated solution set，NDSet）或非劣解集，通过多次迭代计算，不断使非支配解集向真正的最优解集靠近，最终达到收敛，即使 $\text{NDSet}^* \subseteq \{X^*\}$，此时算法结束，得到优化结果。

3. 基于 Pareto 的多目标优化算法的一般框架

在多目标优化问题里用到的多目标进化算法的基础是优化算法，也可以称之为进化算法，使用优化算法对多目标问题进行计算求解，以便于快速、高效地得到最优解。由于多目标优化算法的种类很多，其中采用的流程和技术差别很大，不能用统一框架来描述。这里为了方便理解，给出了其中一种基于 Pareto 的多目标优化方法的一般流程。

如图 2-10 所示，首先，先生成一个初始的种群 P，接着选定适合的优化方法（例如遗传算法），然后对种群进行优化操作（如交叉、突变、筛选），等到一个新的种群 R。此时，采用选定的筛选策略构造 $P \cup R$ 的非支配解集 NDSet，如果非支配解集的大小大于或等于额定数量，此时需要继续筛选出不合适的解，调整时既要满足大小要求，还要满足分布性要求。最后，判断算法是否满足终止条件，若满足终止条件则结束，否则将非支配解集继续代入下一轮优化。在设计多目标优化算法时，一般用迭代次数来控制算法的运行。

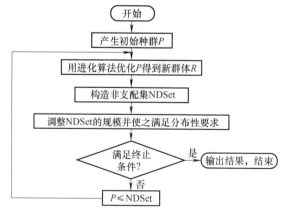

图 2-10　基于 Pareto 的多目标优化算法的一般流程

在多目标优化算法中，保留了上一代非支配解集，并将它投入到新一代的多目标的优化操作是非常重要的，在这个过程中既保留了上一轮优化操作得到的最优解，即最优个体，也省去了重复计算的操作，得到的新一代的非支配解集并不比上一代差，算法收敛的速度会加快。按照这种流程操作，算法优化就这样一代一代迭代下去，多目标种群的非支配解集，将不断地逼近真正的最优边界，最终得到满意的解集（不一定是最优解集）。

4. 多目标优化算法

近年来，多目标优化算法的研究得到快速发展，研究者们针对不同的实际问题，提出了各式各样的多目标优化算法。以下列出论文中常用的几种多目标优化算法。

（1）NSGA2

非支配排序遗传算法（non-dominated sorting in genetic algorithm 2，NSGA2）是 Deb 等人在 2002 年提出的一种多目标遗传算法。它是 Srinivas 和 Deb 早在 1995 年提出的 NSGA 的延伸和改进。在 NSGA2 的结构中，除了遗传算子、交叉算子和突变算子外，还定义并利用了两种专门的多目标算子和机制：

1）非支配排序：将种群排序并划分为前沿（F1、F2 等），其中 F1（第一个前沿）表示近似的帕累托前沿。

2）拥挤距离：这是一种对前线成员进行排名的机制，前线成员之间互相控制或被对方控制。这些排序机制与遗传选择操作符（通常是竞赛轮选择操作符）一起使用，以创建下一代的种群。

因此，在 NSGA2 算法中，可以将种群中所有个体之间的相互支配关系分层，第一层（Pareto 前沿）为非支配解集合，第二层是去掉第一层的个体后计算得到的非支配解集合，以此类推，直至满足最终种群优化的终止条件。

（2）SPEA2

强度 Pareto 进化算法 2（strength pareto evolutionary algorithm 2，SPEA2）是 SPEA 多目标进化优化算法的扩展版本，是 Zitzler 等于 2001 年针对 SPEA 存在的不足，对 SPEA 在适应度分配策略、个体分布性的评估方法以及非支配解集的调整等三个方面做了改进，提出了 SPEA2 算法。该算法利用 k 近邻（k-nearest neighbor，kNN）等机制和专门的排序系统对种群成员进行排序，并从当前种群和遗传操作（突变和交叉）产生的后代组合中选择下一代种群。SPEA2 是最著名和有用的多目标优化算法之一，并被广泛应用于处理现实世界、科学和工程应用中的问题。

（3）MOPSO

多目标粒子群优化算法（multi-objective particle swarm optimization，MOPSO）

由 Coello Coello 等人在 2004 年提出。它是一种将 Pareto 包络和网格制作技术相结合的多目标粒子群算法，类似于处理多目标优化问题的基于 Pareto 包络的选择算法。就像粒子群一样，粒子群中的粒子共享信息，朝着全球最佳粒子和它们自己的个人（本地）最佳记忆移动。然而，与粒子群算法（particle swarm optimization，PSO）不同的是，有多个标准来确定和定义最佳（全局或局部）。粒子群中的所有非支配粒子被聚集到一个称为存储库的子群中，每个粒子在这个存储库的成员中选择其全局最佳目标。对于个人（局部）最佳粒子，采用了基于支配和概率的规则。

（4）PESA2

基于 Pareto 包络的选择算法 2（Pareto envelope-based selection algorithm，PESA2）是一种多目标进化优化算法，采用遗传算法和基于 Pareto 包络的选择机制。PESA2 使用外部存档来存储近似的帕累托解。基于存档成员的地理分布创建的网格，从外部存档中选择父存档和变种存档。这与 MOPSO 算法中使用的机制非常相似。实际上，PESA2 是一种多目标遗传算法，它使用网格进行选择，并创建下一代。

2.4.2 基于拆解优先图的拆解模型

这里采用了基于拆解优先图的拆解模型，其中将应用到以下参数：

（1）参数

$i,j \in N$（i 和 j 为拆解任务，N 为拆解任务集合）；

s 为工作站，S 为工作站集合，$s \in S$；

k 为拆解次序，$k=2$ 表示第二个拆解；

T 表示时间，T_i 表示任务 i 的执行时间，t_s 表示工作站 s 的所有任务执行时间总和；

r_i 表示任务 i 执行获得的收益数；

c_i 表示执行任务 i 的成本；

A_{ij} 为拆解任务的优先关系矩阵，$A_{ij}=1$ 表示任务 i 优先于任务 j 执行，$A_{ij}=0$ 表示任务 i 与任务 j 无优先关系；

P_{ik} 表示任务 i 放在第 k 个拆解（当 $P_{ik}=1$）中；

AT 为拆解站中最长的时间或者最大的工作站时间；

CT 为允许的最大工作站时间；

u_0 表示单位时间拆解线成本；

e_0 表示单位时间拆解线能量消耗；

e_i 表示执行任务 i 的能量消耗。

(2) 决策变量

$x_i=1$，表示执行任务 i；$x_i=0$，则表示任务 i 不被执行；

$y_{is}=1$，表示任务 i 在工作站 s 上执行；$y_{is}=0$，则表示任务 i 在工作站 s 上不被执行。

1. 基于拆解优先图的多目标建模

多目标：

目标1：减少工作站的数量（number of workstations，NS）（工作站数量小，人员设备投入少）；

目标2：工作载荷的平滑度（smoothness index，SI）（每个工作站时间相差大，空闲时间长）；

目标3：操作的安全度（operation safety，OS）（危险操作越分散越不安全）；

目标4：消耗能量越少越好（energy consumption，EC）；

目标5：利润越多越好（profit，P）；

目标方程：

$$\min F = \min(\text{NS}, \text{SI}, \text{OS}, \text{EC}, -P) \tag{2-12}$$

(1) 工作站的数量

$$\text{NS} = \sum_{s \in S} \max_{i \in N}(x_i y_{is}) \tag{2-13}$$

(2) 工作站流畅度

$$\text{SI} = \sqrt{\sum_{k=1}^{\text{NS}} (t_s - \text{AT})^2 / (\text{NS})} \tag{2-14}$$

式中，t_s 为第 s 个工作站的所有任务时间之和；AT 为所有工作站中最长的工作时间，$\text{AT} = \max\{t_s\}$。

(3) 操作安全性

$$\text{OS} = \sum_{s \in S} t_s \cdot \max\{x_i y_{is} d_i\}, i \in N \tag{2-15}$$

式中，$t_s = \sum_{i \in N} T_i x_i y_{is}$；$T_i$ 表示任务 i 的拆解时间。

(4) 能量消耗

$$\text{EC} = \sum_{s \in S} \left(\text{AT} \cdot e_0 + \sum_{i \in N} x_i y_{is} e_i \right) \tag{2-16}$$

（这里 $e_0 = 20\text{kW}$、$e_i = 0$）

(5) 利润

$$P = \sum_{s \in S} \left[\sum_{i \in N} x_i y_{is}(r_i - c_i) - \text{AT} \cdot u_0 \right] \tag{2-17}$$

式中，$u_0 = 0.6e_0$。

2. 多目标模型的约束条件

多目标模型将有下列几个约束条件：

(1) 周期时间约束（cycle time constraint）

各个工作站的拆解时间不超过给定的周期时间（CT），实际周期时间（AT）为所有工作站拆解时间中的最大值，实际周期时间不超过给定的周期时间，即

$$AT \leqslant CT \tag{2-18}$$

(2) 优先约束

两个任务之间存在优先关系的拆解顺序，即

$$\begin{cases} \sum_{s \in S} y_{is} = 0, \forall i \in \{i \mid x_i = 0\} \\ \sum_{s \in S} y_{is} = 1, \forall i \in \{i \mid x_i = 1\} \\ \sum_{s \in S} s \cdot y_{is} \leqslant \sum_{s \in S} s \cdot y_{js}, \forall i,j \in \{i,j \mid (A_{ij} = 1) \wedge (x_j = 1)\} \end{cases} \tag{2-19}$$

式中，$i,j \in N$（i 和 j 为拆解任务，N 为拆解任务集合）；$x_i = 1$，表示执行任务 i；$x_i = 0$，表示不执行任务 i；$y_{is} = 1$，表示任务 i 在工作站 s 上执行；$y_{is} = 0$，表示任务 i 不在工作站 s 上执行；A_{ij} 为拆解任务的优先关系矩阵，$A_{ij} = 1$ 表示任务 i 优先于任务 j 执行；$A_{ij} = 0$ 表示任务 i 与任务 j 无优先关系。

(3) 任务分配约束

工作站内所有任务必须相邻，即在拆解顺序中，两个任务之间不允许有空位置：

$$\begin{cases} \sum_{k \in K} P_{ik} = 1, \forall i \in \{i \mid x_i = 1\} \\ \sum_{i \in N} P_{ik} \geqslant \sum_{i \in N} P_{ik+1}, \{k \mid 1 \leqslant k \leqslant C - 1\} \end{cases} \tag{2-20}$$

式中，P_{ik} 表示任务 i 放在第 k 个拆解（当 $P_{ik} = 1$ 时）中；C 表示拆解序列集合 K 中的元素个数。

(4) 拆解约束

危害性等级较高的任务必须拆解，危害性等级低和中等的任务可以拆解也可以不拆解，即

$$\begin{cases} x_i = 1, \forall i \in \{i \mid d_i = 3\} \\ x_i \leqslant 1, \forall i \in \{i \mid d_i = 1,2\} \end{cases} \tag{2-21}$$

(5) 任务数约束

每个工作站至少分配一个任务，不允许存在空站，即

$$\sum_{i \in I} y_{is} \geq 1, \forall s \in \{s \mid 1 \leq s \leq M\} \tag{2-22}$$

式中，M 为最大工作站数。

2.4.3 基于多目标的遗传烟花算法求解方法

1. 遗传算法简介

进化算法的基本思想来源于生物学家达尔文的物竞天择、优胜劣汰、适者生存的自然选择和自然进化的机理，其主要特点是种群在搜索策略和种群个体之间的信息交流，解搜索机制反映了群体中最适合的个体被选择并产生具有亲本特征的后代的自然选择，一般被应用在传统方法难以解决的复杂度高的非线性数学问题中，例如 NP 完全问题。其中，在 20 世纪 60 年代美国密歇根大学的 Holland 教授首先提出了遗传算法。他受到生物种群之间遗传和自然进化的自适应能力的启发，将生物遗传进化思想与人工智能启发自适应系统相结合，借鉴生物遗传系统里的机制，应用到人工自适应系统中，再利用种群搜索来进行筛选，完善了整个智能搜索算法。

图 2-11 所示为遗传算法的基本流程图。可以发现，遗传算法采用了编码解码技术和生物遗传操作来表现复杂的现象，遗传算法依靠染色体进行选择、交叉和突变来产生后代，它没有受到种群搜索空间的整体约束，不必要求诸如连续性、导数必须存在和单极峰等假设，能从离散的、多极值、含噪声的高维问题中以很大的概率找到全局最优解，这些操作允许搜索不同的解空间以避免局部最优。因此，遗传算法非常适用于大规模优化计算。

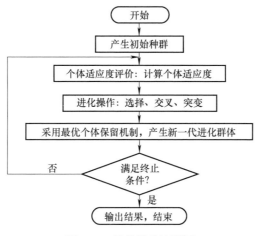

图 2-11 遗传算法流程图

在设计或应用遗传算法解决实际问题时,要注意下列几点:

1)需要选择合适的适度值函数,种群中个体适度值的计算方法,是由适度值函数决定的。

2)设计交叉概率时,交叉概率一般设计较大,如 0.9;而设计突变概率时,一般设计较小,如 0.005。

3)当需要生成新一代的种群时,必须将求解出的最优个体(即最优解)代入新种群,参加下一轮迭代进化。如果不采用上轮保留的最优个体,遗传算法多次迭代的解集是不收敛的。

4)在遗传算法中的终止条件主要有两种:第一种是完成了预先设定的迭代次数;第二种是种群的最优个体在连续多次迭代后没有变化或者种群的最优适度函数值没有改进,此时终止算法。

2. 烟花算法简介

烟花算法是由北京大学谭营教授首先于 2010 年提出的一种新型群体智能算法,谭营教授受到烟花在夜空中爆炸的启发,构思出了烟花算法的框架。本节介绍烟花算法的基本概念、组成和操作等,目的是对烟花算法进行系统的阐述,主要内容包括烟花算法的组成、实现、特征分析。

在烟花算法中,模拟了烟花在燃放时的爆炸方式,构建了独有烟花算法数学模型,烟花在爆炸中扩散出去,所以在这里引入随机变量和其他的选择策略可以构建成一种针对爆炸的并行爆炸点领域搜索方式,爆炸后还会生成火花,这些火花再继续爆炸,最终实现可以解决复杂问题的全局搜索方法。

针对一般的优化问题,通常可以将求解的优化问题转化为求解最小化目标函数的优化问题,即

$$\begin{cases} \min f(\boldsymbol{X}) \\ \text{s. t. } g_i(\boldsymbol{X}) \leq 0, \ i = 1,2,\cdots,m \end{cases} \tag{2-23}$$

式中,$f(\boldsymbol{X})$ 为目标函数;$g_i(\boldsymbol{X})$ 为约束函数;$\boldsymbol{X}$ 为 n 维优化变量。

烟花算法中,需要考虑烟花一条最基本的原则,即火花的质量好坏,也称之为适度值的评价。一般来讲,烟花算法中选定的适度值函数数值越小,那么此次爆炸产生的火花数量越多,而且爆炸幅度也越小,是优质爆炸;相反地,如果烟花算法中选定的适度值函数数值越大,那么此次爆炸产生的火花数量越少,且爆炸幅度越大,那么则是差的爆炸。

从图 2-12 可以看出,烟花的适应度值好的时候,烟花会爆炸生成更多的均匀且密度高的火花;当烟花的适应度值差的时候,烟花爆炸生成更少的不均匀且密度低的火花。在确定了爆炸的火花数目之后,需要计算烟花爆炸的幅度。

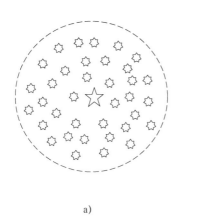
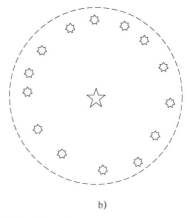

图 2-12 烟花产生爆炸的火花示意图

a) 优质爆炸火花　b) 差的爆炸火花

图 2-13 所示为烟花算法的基本组成框架。烟花算法最基本的框架由四部分组成,分别是:爆炸算子、变异操作、映射规则、选择策略。其中,烟花的爆炸强度、烟花的爆炸幅度和烟花的位移操作组成了爆炸算子。变异操作则由高斯变异构成。模运算规则、镜面反射规则和随机映射规则等操作组成了映射规则。算法中的选择策略,一般可以基于烟花种群中个体之间的距离选择或基于种群烟花个体随机选择。

烟花算法的组成中,最核心的操作部分是爆炸算子(即爆炸操作),这一操作是针对初始烟花或火花进行爆炸,从而生成新的火花,这里所生成的火花个数和爆炸幅度都需要由爆炸算子设定。因此,我们需要设定适度值函数来有效地控制种群中烟花爆炸的火花个数和爆炸的幅度大小。进行了爆炸操作后,再进行高斯变异实现变异操作。如果生成的部分火花落在不可行范围外(即不可行解),此时利用选定的映射规则将这部分火花映射到可行解的范围内。最后,利用筛选策略,选出新的需要的火花。

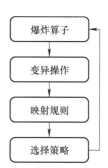

图 2-13 烟花算法框架

一般来讲,烟花算法的流程图如图 2-14 所示。可以看出,烟花算法和其他群体智能算法相比,流程基本相似,都是通过不断循环迭代产生新一代的种群。首先,种群初始化,生成初始种群或烟花。然后进行爆炸操作,即采用爆炸算子生成新的火花,再采用变异算子生成火花(变异操作),将不可行解利用映射规则映射成可行解。最后,通过选定的合适的选择策略,筛选出最优的火花或种群组成下一代的烟花群体。就这样逐一迭代下去，直至满足终止条件。烟花种群在优化过程中，不断地交换传递信息，群体对环境的适应性越来越好，从而得到全局的最优解的近似解。

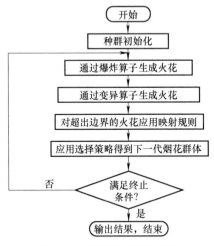

图 2-14　烟花算法的流程图

3. 遗传烟花算法的求解方法

拆解生产线平衡问题已被证明是一个 NP 完全问题。由于问题的组合性质，求解空间随问题规模的增加呈指数增长，在多项式时间内得到最优解几乎是不可能的。如上一节所述，部分拆解线平衡具有多目标、多约束的特点。选择的拆解任务数量不确定。穷举搜索方法不能在广阔的搜索空间中得到最优解。因此，元启发式方法被认为是最合适的替代方法。针对电动汽车电池组拆解生产线平衡问题，提出了一种遗传烟花算法（genetic fireworks algorithm，GFWA）。

遗传烟花算法的流程图如图 2-15 所示。该算法主要包括初始化、遗传操作、烟花算法操作和更新策略。基于遗传操作的结果执行烟花算法操作，直到达到最大迭代次数为止。劣种群过滤会到达更新后的种群，更新后的种群是算法的下一代。利用帕累托优势关系对分解解进行评价。

遗传烟花算法的基本流程：

步骤 1：参数初始化、种群初始化（根据编码规则随机生成指定数量的拆解序列，并根据解码规则将拆解任务分配给各工作站）；

步骤 2：创建一个空的解集 P；

步骤 3：创建空的非支配解集 NP；

步骤 4：在解集 P 中随机生成 p 个非劣解；

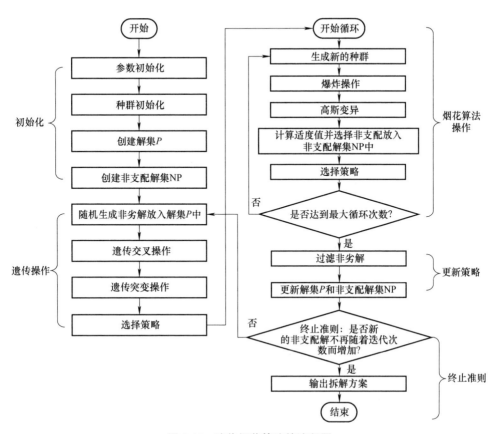

图 2-15 遗传烟花算法的流程图

步骤 5：执行遗传算法操作：交叉操作、突变操作、选择策略；
步骤 6：开始迭代；
步骤 7：对于 P 中每个个体 x_i 进行操作；
步骤 8：根据式（2-28）计算各个 x_i 的 S_i 值；
步骤 9：根据式（2-30）计算各个 x_i 的 A_i 值；
步骤 10：根据式（2-32）生成 x_i 的特殊火花；
步骤 11：根据方程式计算所有火花的适度值；
步骤 12：基于合适的解决方案更新非支配解集 NP；
步骤 13：从烟花和火花中选择 p 个解作为新一代的种群，其中每个解 x_i 的选择概率为 $R(x_i)/\sum_{j\in K} R(x_j)$；
步骤 14：满足最大迭代次数，则转到步骤 15；否则转到步骤 8；
步骤 15：过滤非劣解，更新 P 和 NP；

步骤16：如果终止条件满足，则算法停止；否则执行步骤5；

步骤17：输出最优解；

步骤18：结束。

种群初始化：人口初始化是通过编码和解码实现的。传统的编码方法是随机选择任务生成一定数量的拆解序列。传统的译码方法是将任务按拆解顺序随机分配给每个基站。因此，拆解序列和得到的最优解通常是不可行的。为了得到可行的解，编码和解码都必须满足所提出的约束条件。我们利用拆解零件的优先级提出了基于优先级的遗传算法的编码解码操作。所提出的表示过程可以被认为是由两部分组成：任务分配到工作站和任务在工作站内的操作顺序。编码将遵循拆解模型中的优先约束（式（2-19）），以及任务分配约束的危险消除约束（式（2-20）和式（2-21））。它可以保证拆解任务是在前人选择之前选定的，并将危害级别最高的零部件移除。解码是将序列中的任务分配给每个工作站。解码将遵循式（2-18）中的周期时间约束、式（2-20）中的任务分配约束、式（2-22）中的任务数约束。通过编码，一个分解序列由一个染色体来表示。染色体的长度表示任务的数量，染色体上的每个基因都是一个任务。通过解码，染色体中的任务被分配到一个工作站使用下一个合适的算法。当一个工作站的拆解时间大于周期时间时，将打开一个新的工作站。

为了有效地处理优先级约束，我们使用了基于优先级的编码方法。用基因的位置来代表任务节点，用基因的值来代表任务节点的优先级来构建候选任务序列。根据所提出的编码方法，首先随机生成初始染色体，如图2-16所示，每个染色体的位置称为一个基因。每个基因都会利用装配网络中节点的优先级。

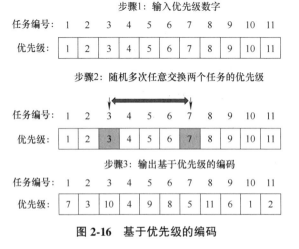

图2-16 基于优先级的编码

本节的遗传烟花算法采用两点映射交叉，交叉主要有四个步骤：

1）在一个亲本染色体上随机选取两个点，另一个亲本染色体作为参考。

2）将这两点之间的染色体片段中的基因与参比亲本中的基因进行映射。

3）以参比亲本中基因的等级作为这两点之间染色体片段中基因的等级，染色体上的另外两个片段没有改变。

4）参考父母染色体重复相同的步骤产生另一个子染色体。同时，交换操作中亲本中的基因的秩交换满足优先矩阵。因此，子染色体是可行的解。交换操作主要用于突变，其中一个父代染色体中的两个随机基因被选择。这些基因在母体染色体上的位置被交换，从而产生一个子代突变基因。

遗传算法操作部分中主要是交叉操作和突变操作，分别按照图 2-17 和图 2-18 进行操作。操作如下：

（1）交叉操作

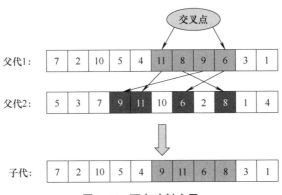

图 2-17 两点映射交叉

（2）突变操作

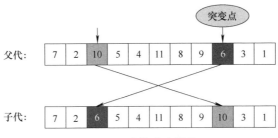

图 2-18 交换突变操作

烟花算法的操作部分主要包含下列几个要点：适应度值函数的选择和计算、烟花算法中的爆炸操作的参数定义和烟花算法的选择策略。具体如下：

(1) 适应度值函数

适应度函数值计算策略有多种，考虑到 Pareto 的非支配设定，这里采用的是 SPEA2 算法中经常用到的基于 Pareto 前端的策略。具体来说，针对种群 P 和非支配档案 NP 里的每一个个体，需要先按式（2-24）计算它的支配强度，即

$$s(x_i) = |x_j \in P \cup NP | x_i > x_j | \qquad (2\text{-}24)$$

式中，>表示的是帕累托支配关系。

随后进行基础的适应度值计算，公式为

$$r(x_i) = \sum_{(x_j \in P \cup NP)(x_j > x_i)} s(x_j) \qquad (2\text{-}25)$$

需要注意的是，这个适应度值要越小越好，表明解的优秀性。在适应度值 $r(x_i)$ 的基础上，再加上一个解集中解的密度值 $d(x_i)$，就构成了最终的适应度函数 $f(x_i)$，即

$$d(x_i) = \frac{1}{\delta_k(x_i)} \qquad (2\text{-}26)$$

$$f(x_i) = r(x_i) + d(x_i) \qquad (2\text{-}27)$$

式中，$\delta_k(x_i)$ 表示的是 x_i 到它的第 k 个近邻的距离；k 的值一般取群体数量 $P \cup NP$ 的二次方根。

(2) 烟花算法的爆炸操作

烟花算法的爆炸操作主要包含了烟花产生火花的操作，其中需要计算单个烟花产生火花的个数和爆炸的强度。

1) 种群个体产生火花个数。

根据式（2-28），计算单个烟花产生火花的数量为

$$S_i = m \frac{Y_{\max} - f(x_i) + \varepsilon}{\sum_{i=1}^{N}[Y_{\max} - f(x_i)] + \varepsilon} \qquad (2\text{-}28)$$

式中，S_i 表示在种群所有的烟花中，第 i 个烟花个体爆炸生成的火花个数；m 这里是设定为一个常数值，表示单个个体能够产生的火花总数的最大值；$Y_{\max}$ 是当前种群中所有烟花个体的适度值中，最差的那个个体的适度值；$f(x_i)$ 为个体 x_i 的适度值；ε 这里是一个极小的固定常数值，可以防止出现分母可能为零的情况。

同时，在计算的过程中，为了防止种群中烟花个体爆炸生成的子体火花的种群数量过多或者过少，根据式（2-29），为每个种群中各个个体烟花设定了能够生成的火花数量的限制，即

$$\hat{s}_i = \begin{cases} \text{round}(am), & S < am \\ \text{round}(bm), & S > bm \\ \text{round}(S_i), & \text{其他} \end{cases} \quad (2\text{-}29)$$

式中，$\hat{s}_i$ 表示在种群所有的烟花中，第 i 个烟花个体爆炸生成的火花个数；round( ) 表示取整函数；a 和 b 为给定的常数。

2）种群烟花个体的爆炸幅度。

在爆炸操作中，根据式（2-30），计算各个烟花的爆炸幅度范围如下：

$$A_i = \hat{A} \frac{f(x_i) - Y_{\min} + \varepsilon}{\sum_{i=1}^{N} [f(x_i) - Y_{\min}] + \varepsilon} \quad (2\text{-}30)$$

式中，A_i 表示在种群所有的烟花中，第 i 个烟花个体爆炸生成烟花的爆炸幅度范围。表示种群中烟花个体爆炸生成的火花，将在这个计算出的爆炸结果范围内，随机产生一定程度上的位移，但是不能超过这个设定的范围；$\hat{A}$ 被设定为一个固定常数，表示爆炸可能的种群烟花的最大的爆炸幅度值；参数 $Y_{\min}$ 为当前种群中所有烟花个体适度值中，个体烟花中最好的个体适应度值；$f(x_i)$ 为个体 x_i 的适度值；ε 这里是一个极小的固定常数值，可以防止出现分母可能为零的情况。

3）种群烟花个体的位移操作。

种群烟花个体的位移操作是对烟花中的每一维进行位移，即

$$\Delta x_i^k = x_i^k + A_i \cdot \text{rand}(-1,1) \quad (2\text{-}31)$$

式中，rand(-1,1) 表示在 [-1,1] 内随机生成的均匀随机数。

本案例中的一个编码任务优先级是一个 n（$n=24$）维向量，随机选取 n 维中的前 z 维进行更新，这里优先级是离散的整数，所以设 $z = \text{round}[n \cdot \text{rand}(0,1)]$、$h = \text{round}[A_i \cdot \text{rand}(-1,1)]$。

4）烟花算法的变异操作。

本节的烟花算法中烟花个体的变异操作主要采用的是高斯变异，即用 x_i^k 表示种群中所有的烟花个体的第 i 个个体在其解的维度内第 k 维上的位置，高斯变异的计算公式为式（2-32），具体如下：

$$x_i^k = x_i^k g \quad (2\text{-}32)$$

式中，g 是服从如下均值为 1、方差为 1 的高斯分布的随机数，即

$$g \sim N(1,1) \quad (2\text{-}33)$$

(3) 烟花算法的选择策略

选择策略选用浓度原则，浓度原则是在烟花总数中根据各个烟花的距离或

者其他方法选择浓度较大的烟花，浓度原则的目的是可以增加种群的多样性，防止陷入局部最优解，浓度选择的公式为

$$R(x_i) = \sum_{j=1}^{K} d(x_i, x_j) = \sum_{j=1}^{K} \| x_i - x_j \| \tag{2-34}$$

式中，$d(x_i, x_j)$ 表示任意两个个体 x_i 和 x_j 之间的欧几里得距离；$R(x_i)$ 表示个体 x_i 与其他个体的距离之和。

个体选择采用轮盘赌的方式，每个个体被选择概率用 $p(x_i)$ 表示，即

$$p(x_i) = \frac{R(x_i)}{\sum_{j \in K} R(x_j)} \tag{2-35}$$

式中，$j \in K$ 是指第 j 个位置属于集合 K；集合 K 是爆炸算子和高斯变异产生的火花的位置集合。

由于初始种群的个数为 p，那么参与下一轮爆炸的烟花个数也应该为 p，先按照浓度原则，根据概率 $p(x_i)$ 从大到小选择 p 个火花参与下一轮爆炸。

2.5 动力电池包拆解分析

2.5.1 基于任务优先图来描述拆解线的关系

这里在拆解退役电池包（奇瑞某退役电动客车）的问题上做了实验，如图 2-19 所示。

图 2-19 奇瑞某退役电动客车电池包

本节以一个废弃的锂离子电池组为例作为研究对象，检验所提出的数学模型和遗传烟花算法的有效性。本节包括电动汽车电池组的描述、拆解方案的确定与分析，以及与文献算法的比较。选用的退役锂离子电池组由 $LiNi_xCo_yMn_{1-x-y}O_2$ 组成。$LiNi_xCo_yMn_{1-x-y}O_2$ 阴极的电化学性能和可制造性接近 $LiCoO_2$。然而，相比于 $LiCoO_2$ 电池，钴的重量百分比明显降低。因此，它在成本上更具竞争力，在市场上更受欢迎。包装尺寸为长1668mm，宽891mm，高201mm。额定电压为335V，额定容量为120Ah。电池组主要由三部分组成：锂离子电池、电池管理控制器和冷却系统。电池组有两种模块：一种是由5个串联子模块组成，另一种是由6个串联子模块组成。每个子模块由8个并行连接的单元组成，如图2-20所示。这些模块是电池组中最有价值的组件，是需要拆解和修理以重新使用或再制造的目标组件。所研究的电池包的拆解任务的优先级如图2-21所示，拆解优先矩阵如图2-22所示。拆包任务及相关组件见表2-1。

图2-20 电池包中单个模组

废旧锂离子电池包的拆解任务单：
1）拧开盖子上的螺钉，移开盖子；
2）拔掉从控1的接线，移开从控1；
3）拔掉从控2的接线，移开从控2；
4）拧下模组1~8上的螺帽，去掉上面的接线；
5）拧下模组1~8与底壳的螺帽；
6）拧下模组9~17上的螺帽，去掉上面的接线；
7）拧下模组9~17与底壳的螺帽；
8）拧下模组1~17上的螺帽；

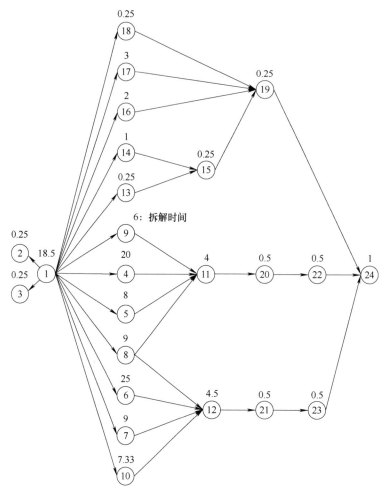

图 2-21 拆解任务优先级图

9）拧下模组 1 与 2~8 之间串联的铜接片（包括与主机之间、8 与 9 之间的）；

10）拧下模组 9 与 10~17 之间串联的铜接片（包括与主机之间、8 与 9 之间的）；

11）移走模组 1~8；

12）移走模组 9~17；

13）拔掉主控上的接线；

14）拧下主控与主机上的螺帽；

15）拆下主控；

任务	1	2	3	4	5	6	7	8	9	10	11	12	13	14	15	16	17	18	19	20	21	22	23	24
1		1	1	1	1	1	1	1	1	1	1			1	1		1	1	1					
2																								
3																								
4												1												
5												1												
6													1											
7													1											
8											1	1												
9												1												
10													1											
11																				1				
12																					1			
13															1									
14															1									
15																1								
16																1								
17																1								
18																1								
19																								1
20																						1		
21																							1	
22																								1
23																								1
24																								

图 2-22 拆解优先矩阵

表 2-1 电池包拆解信息表

拆解操作	相关组件	时间/min	利润（元）	成本（元）	危害等级
1	顶盖	18.5	71.7	9.3	1
2	控制器1和连接线	0.25	20	0.125	2
3	控制器2和连接线	0.25	20	0.125	2
4	连接线和电池模组1~8	20	0	10	1
5	螺帽和电池模组1~8	8	0	4	1
6	连接线和电池模组9~17	25	0	12.5	1
7	螺帽和电池模组9~17	9	0	4.5	1
8	螺帽、电池模组1~17和底壳	9	0	4.5	1
9	铜板和电池模组1~8	6	10.47	3	1
10	铜板和电池模组9~17	7.33	10.47	3.665	1
11	电池模组1~8	4	9892	2	3
12	电池模组9~17	4.5	13107	2.25	3
13	连接线及主控制器	0.25	20	0.125	1

(续)

拆解操作	相关组件	时间/min	利润（元）	成本（元）	危害等级
14	主控制器和主机	1	0	0.5	1
15	主控制器	0.25	20	0.125	2
16	螺帽、主机和底壳	2	0	1	1
17	铜板、主机和底壳	3	4	1.5	1
18	连接线和主机	0.25	0	0.125	1
19	主机	0.25	30	0.125	2
20	散热片1和电池模组1~8	0.5	−10	0.25	3
21	散热片2和电池模组9~17	0.5	−10	0.25	3
22	缓冲垫1和电池模组1~8	0.5	−5	0.25	2
23	缓冲垫2和电池模组9~17	0.5	−5	0.25	2
24	底壳	1	121.27	0.5	1

16）拧下主机与底壳的螺帽；

17）拧下主机与底盖之间的铜板联接片；

18）拔掉主机接线；

19）移开主机；

20）移走散热片1（模组1~8下的）；

21）移走散热片2（模组9~17下的）；

22）移走缓冲垫1（模组1~8下的）；

23）移走缓冲垫2（模组9~17下的）；

24）移走底壳。

2.5.2 结果与分析

本节是为了评估遗传烟花算法（GFWA）的性能和其他算法的对比差劣。这里在拆解退役电池包（奇瑞某退役电动客车）的问题上做了实验，并和现有的四种算法做了大量的对比实验，实验结果表明，GFWA得到的结果明显优于其他算法得到的结果。

验证和开发遗传烟花算法的合理性和优越性，本节通过在Windows 10系统，计算机的硬件配置为Intel® Core™ i5-9400 CPU @ 2.90GHz，8.00GB内存，采用MATLAB 2018a软件开发了遗传烟花算法的实验程序，将MATLAB算法程序应用到拆解退役电池包的算例上，验证了所提出的遗传烟花算法的优越性和求解性能。

在实验中,将 GFWA 与其他四种基于帕累托(Pareto)前沿的四种多目标进化算法(MOEA)做了对比,见表 2-2。这四种方法分别是强度 Pareto 进化算法(SPEA2)、非支配排序遗传算法(NSGA2)、多目标粒子群算法(MOPSO)、基于 Pareto 的非支配排序遗传算法(PESA2)。对于所有算法非支配解档案的上限设为 30,最大迭代次数分别取 50、100、150、200、250、300,在不同的最大迭代次数里,每种算法重复运行 30 次,每次随机初始化。SPEA2、NSGA2、MOPSO 种群大小是 200,GFWA 和 PESA2 的种群设定为 100。实验参数和结果的评价标准包括如下几方面:

表 2-2 实验参数

算 法	种群大小	最大迭代次数	非支配解档案
强度 Pareto 进化算法(SPEA2)	200	5、100、150、200、250、300	30
非支配排序遗传算法(NSGA2)	200	5、100、150、200、250、300	30
遗传烟花算法(GFWA)	100	5、100、150、200、250、300	30
多目标粒子群算法(MOPSO)	200	5、100、150、200、250、300	30
基于 Pareto 的非支配排序遗传算法(PESA2)	100	5、100、150、200、250、300	30

(1)CPU 运行时间

五种算法的 CPU 运行时间对比如图 2-23 所示。

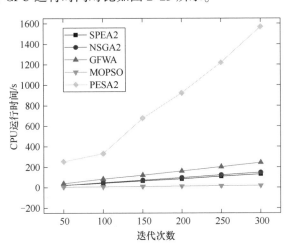

图 2-23 五种算法的 CPU 运行时间对比

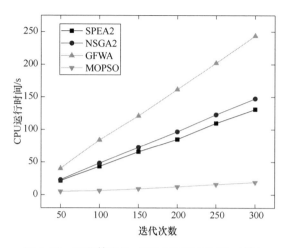

图 2-23　五种算法的 CPU 运行时间对比（续）

（2）超体积（Hypervolume，HV）

超体积（HV），意思是指解集空间的超体积容量。HV 指标的评价方法最早是由 Zitzler 等人提出的，它表示由解集中的各个解的个体与参考点解在目标空间中所围成的超立方体的体积大小。Hypervolume 指标评价方法是一种与 Pareto 一致（Pareto-compliant）的评价方法，也就是说如果一个解集 A 优于另一个解集 B，那么解集 A 的 Hypervolume 指标亦会大于解集 B 的 Hypervolume 指标。因此，Hypervolume 指标也可以同时评估占优解的收敛性和多样性。非占优解集的 Hypervolume 指标数值较大意味着该解集在收敛性和多样性的方面更加接近真实 Pareto 前沿，是较好的非占优解集。对多次运行结果的分析包括以下两步，首先计算出每次单独运行结果的 Hypervolume 指标，然后计算五种算法三十次迭代的平均值。公式如下所示：

$$\mathrm{HV}(X,P) = \bigcup_{x \in X}^{X} v(x,P) \tag{2-36}$$

HV 箱线图如图 2-24 所示，HV 迭代收敛如图 2-25 所示。

（3）反转的世代距离（inverted generational distance，IGD）

该指标用于计算真实 Pareto 前沿中所有解与求解算法获得的非占优解的平均欧几里得距离。IGD 值越小，表明非占优解集越逼近真实 Pareto 前沿并且分布更均匀，解集的收敛性和多样性更好。设算法求解算例获取的解集为 X，P^* 为真实 Pareto 前沿上均匀分布的点集，则 X 的 IGD 值计算公式如下：

$$\mathrm{IGD}(X,P^*) = \frac{\sum_{x^* \in P^*} d(x^*,X)}{|P^*|} \tag{2-37}$$

式中，$d(x^*,X)$ 表示解 $x^* \in P^*$ 到 X 中解的最小欧几里得距离；$|P^*|$ 表示 P^* 内解的个数。

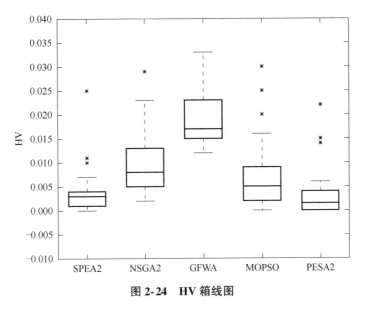

图 2-24 HV 箱线图

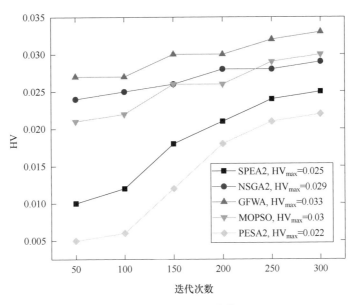

图 2-25 HV 迭代收敛

IGD 箱线图如图 2-26 所示，IGD 迭代收敛如图 2-27 所示。

使用 CPU 评价指标对每种算法得到的解进行评价。五种算法的 CPU 消耗时间如图 2-23 所示。由图 2-23 可以看出，其中 MOPSO 是运算最快、耗时最少的，GFWA 的 CPU 时间略高于 SPEA2、NSGA2，而 PESA2 消耗的时间远远大于其他四种算法。

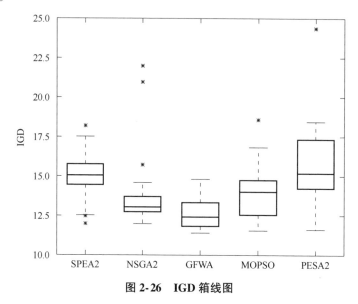

图 2-26 IGD 箱线图

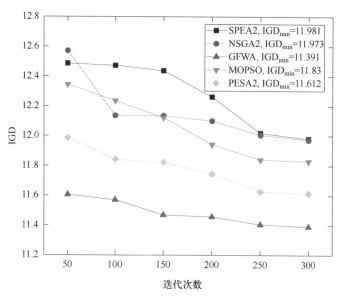

图 2-27 IGD 迭代收敛

再使用 Hypervolume 和 IGD 两个评价指标对每种算法得到的解进行评价。五种算法中两项指标的箱线图如图 2-24 和图 2-26 所示。由图 2-24 和图 2-26 可以看出，GFWA 在 Hypervolume 中没有异常值，而 SPEA2、NSGA2、MOPSO、PESA2 的异常值分别为 3、1、3、3。GFWA 在 Hypervolume 指标中的平均水平和稳定性相对优于其他四种算法。在 IGD 指标中，GFWA、PESA2 没有异常值，而 SPEA2、NSGA2、MOPSO 的异常值分别为 3、3、1。同样，GFWA 在 IGD 指标中的平均水平和稳定性也相对优于其他四种算法。在得到五种算法的 HV 的最大值时，分析 HV 和 IGD 随迭代次数的收敛性，如图 2-25 和图 2-27 所示。

从图 2-25 和图 2-27 可以看出，与其他四种算法相比，GFWA 在 Hypervolume 中收敛速度相对更快，最终收敛值最大。五种算法在迭代次数达到 250 次左右时开始趋于收敛，取 300 次迭代后的五种算法的 HV 最大值，分别为 0.025、0.029、0.033、0.03 和 0.022。同样，GFWA 在 IGD 中收敛更快，最终收敛值也最低。五种算法也是在迭代次数达到 250 次左右时开始趋于收敛，取 300 次迭代后的五种算法的 IGD 最小值，分别为 11.981、11.973、11.391、11.83、11.612。从以上分析可知，所提出的 GFWA 算法的性能优于四种比较算法。其原因有两个方面：首先，采用五条启发式规则提高了初始解的性能，使得所提算法收敛速度更快；其次，混合算法可以提高算法的搜索性能，从而得到更好的解。

此外，通过实验，所有算法求解得到的拆解方案中只有三种情况，即 NS = 5、6、7，其中五种算法的 NS、EC 和 P 三项指标非常相似，因此着重比较 SI 与 OS 这两个指标。五种算法在不同 NS 情况下的 SI 和 OS 对比如图 2-28~图 2-30 所示。

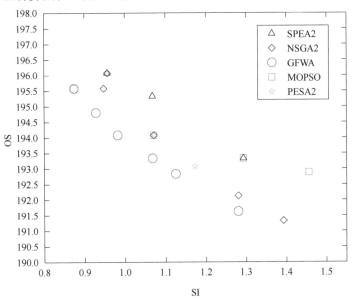

图 2-28　NS=5 时，五种算法 SI 和 OS 对比

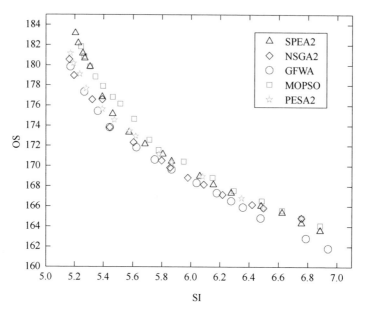

图 2-29 NS=6 时,五种算法 SI 和 OS 对比

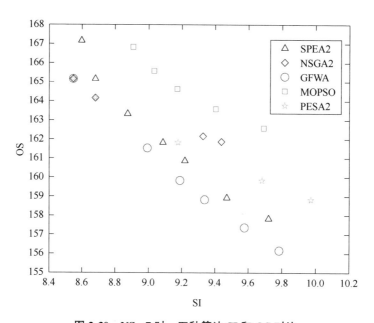

图 2-30 NS=7 时,五种算法 SI 和 OS 对比

通过图 2-28～图 2-30,我们发现 GFWA 算法的 SI 和 OS 所形成的解集位于帕累托前端,因此 GFWA 所形成的解要优于其他四种算法优化得到的解。我们

选取并分析了 GFWA 算法 300 次迭代后获取的非支配解集档案。去除劣解，共得到 26 个非劣解，即 26 个拆解方案。非劣解集结果见表 2-3。对各指标之间的关系分析表明，操作安全系数和利润与站数呈负相关关系，工作站流畅度和能耗与站数呈正相关关系。即当拆解任务所需要的工作站数量增加时，工作站中空闲时间变大，所获得的拆解利润越小，需要的能耗增大，但操作安全性得到增加。

表 2-3　GFWA 算法 300 次迭代非劣解集

SI	OS	NS	EC	P
0.875	195.58	5	41.67	23148.545
0.928	194.8	5	41.67	23148.545
0.982	194.08	5	42.5	23148.045
1.068	193.33	5	42.5	23148.045
1.125	192.83	5	42.5	23148.045
1.281	191.63	5	42.5	23148.045
5.170	179.83	6	50	23143.545
5.265	177.33	6	50	23143.545
5.360	175.43	6	50	23143.545
5.442	173.83	6	50	23143.545
5.623	171.83	6	50	23143.545
5.750	170.63	6	50	23143.545
5.865	169.66	6	50	23143.545
6.038	168.33	6	50	23143.545
6.178	167.33	6	50	23143.545
6.276	166.53	6	50	23143.545
6.356	165.9	6	50	23143.545
6.477	164.83	6	50	23143.545
6.787	162.83	6	50.66	23143.149
6.939	161.83	6	50.66	23143.149
8.548	165.16	7	58.33	23138.545

(续)

SI	OS	NS	EC	P
8.992	161.53	7	58.33	23138.545
9.188	159.83	7	58.33	23138.545
9.337	158.83	7	58.33	23138.545
9.576	157.36	7	58.33	23138.545
9.783	156.16	7	59.5	23137.845

26个拆解方案中只有三种情况,即NS = 5、6、7,对应的方案个数分别为6、14、6。因此从5站、6站和7站的方案中选择一个,对这三种方案进行分析,选择方案见表2-4,拆解顺序见表2-5。

表2-4 三种方案对比

No.	SI	OS	NS	EC	P
S_1	1.068	193.33	5	42.5	23148.045
S_2	6.038	168.33	6	50	23143.545
S_3	9.188	159.83	7	58.33	23138.545

表2-5 三种方案拆解顺序

方案编号	工作站	拆解顺序
S_1	1	$O_1 \rightarrow O_9 \rightarrow O_{14}$
	2	$O_5 \rightarrow O_8 \rightarrow O_{10}$
	3	$O_4 \rightarrow O_{11}$
	4	O_6
	5	$O_{19} \rightarrow O_{20} \rightarrow O_{22} \rightarrow O_3 \rightarrow O_{17} \rightarrow O_{18} \rightarrow O_{13} \rightarrow O_{15} \rightarrow O_2 \rightarrow O_7 \rightarrow O_{12} \rightarrow O_{21} \rightarrow O_{19} \rightarrow O_{23} \rightarrow O_{24}$
S_2	1	O_1
	2	$O_7 \rightarrow O_8$
	3	$O_5 \rightarrow O_{10} \rightarrow O_2 \rightarrow O_9$
	4	O_6
	5	$O_{12} \rightarrow O_4$
	6	$O_{16} \rightarrow O_3 \rightarrow O_{14} \rightarrow O_{17} \rightarrow O_{13} \rightarrow O_{15} \rightarrow O_{18} \rightarrow O_{19} \rightarrow O_{11} \rightarrow O_{20} \rightarrow O_{22} \rightarrow O_{21} \rightarrow O_{23} \rightarrow O_{24}$

(续)

方案编号	工作站	拆解顺序
S_3	1	O_1
	2	$O_5 \to O_8$
	3	$O_7 \to O_9$
	4	O_6
	5	$O_{10} \to O_{12}$
	6	$O_4 \to O_{11}$
	7	$O_{16} \to O_{17} \to O_{21} \to O_{23} \to O_{20} \to O_{22} \to O_2 \to O_{18} \to O_3 \to O_{14} \to O_{13} \to O_{15} \to O_{19} \to O_{24}$

由表2-4可知，S_2和S_3的SI指标分别是S_1的5.7倍和8.6倍，NS的增加会让操作流畅度变差。S_2和S_3的OS指标分别在S_1的基础上减少了12.9%和17.3%，NS的增加会让操作安全性变高。S_2和S_3的EC指标在S_1的基础上增加了17.6%和37.2%，NS的增加会让能耗变大。S_2和S_3的P指标在S_1的基础上减少了0.02%和0.04%，NS的增加会让利润变小。

该模型旨在减少工位数量、平滑度指标、能耗和危害，增加拆解利润，提出了多种新的拆解平衡方案，大大提高了拆解平衡方案的性能。通过GFWA得到的拆解方案较多，决策者需要根据其指标的优先级进行选择。

从实验结果来看，不管是解的质量，还是收敛速度和稳定性，GFWA都是比较好的。在GFWA中，质量好的烟花提供了优秀的局部搜索能力，而质量坏的烟花却保证了种群和搜索的多样性。另一方面，在算法中引入了遗传算法的操作也可以提高探索能力。此外，基于浓度原则的选择方式使得算法能够避免过早收敛到局部最优解。总的来说，GFWA很适用于拆解电池序列优化问题。

然而，GFWA也是有一些小小的不足。在GFWA中，每个烟花要生成2~20个爆炸火花，导致GFWA需要的函数评估次数显著大于其他几个算法，导致计算时间要偏大。所以在设置种群大小的时候，GFWA只能取相对其他算法较小的值。第二个缺陷是，GFWA中参数的设置相对于其他标准的算法被手动设置了更多次数。同时，遗传算法和烟花算法相结合引入了更多的参数，这导致了GFWA存在更多的参数从而不利于其更广泛的应用。

但是，GFWA作为一种新型的多目标群体智能算法，在实验中表现出了相对于其他算法的优势。同时，本实验采用GFWA，引入遗传算法的操作来增强算法的搜索能力和多样性，使用支配强度来评估个体的适应度并用来选择，实验的结果也显示了 GFWA 的优越性。

本节以奇瑞某一品牌的电动客车的退役电池组为应用对象，对提出的考虑多目标影响的复杂产品拆解序列方法进行应用及验证。针对拆解任务规划困难的特点，提出了一种基于关联零部件的拆解优先图拆解模型，再将考虑零件危险性的部分拆解方法引入到拆解线上，建立了多目标部分拆解线平衡模型。针对拆解线平衡的离散性和多约束特性，提出了一种多目标遗传烟花算法，以避免求解结果的不可行性。将所提出的模型和方法应用于奇瑞某一品牌的电动客车的退役电池组生产线，并与四种经典多目标算法进行比较，验证了所提算法的优越性。提出了多种新的拆解序列方案，大大提高了拆解序列平衡方案的性能。结果表明，所提出的模型和方法能够提高拆解生产线的性能。

虽然所提出的遗传烟花算法在收敛性和稳定性方面优于经典算法，但是该算法的局限性是需要对多个参数进行调整，对于参数自适应学习将在今后的工作中进行研究。在电池组拆解的情况下，工位数量的增加对工作站的平顺性有很大的负面影响。结果表明，该模型和算法具有应用于更大规模拆解规划问题的潜力。

参 考 文 献

[1] 张笑笑，王鸯鸯，刘媛，等. 废旧锂离子电池回收处理技术与资源化再生技术进展 [J]. 化工进展，2016，35（12）：4026-4032.

[2] 崔妍，付强，潘薇，等. 动力汽车用锂离子电池全生命周期标准体系建设研究分析 [J]. 标准科学，2016（12）：23-29.

[3] 薄振一，耿秀丽，何建佳. 面向绿色再制造的产品模块划分方案评价方法 [J]. 资源开发与市场，2019，35（10）：1225-1230.

[4] 李洪涛，郑惠博，王彪，等. 完善中国再制造标准体系，助推绿色再制造产业发展 [J]. 理化检验（物理分册），2019，55（6）：391-395.

[5] 李巍，张汉江，杨柳. 基于市场划分的再制造许可费对定价策略的影响 [J]. 中国管理科学，2020，28（6）：94-103.

[6] GU X Y, ZHOU L, HUANG H F, et al. Electric vehicle battery secondary use under government subsidy: A closed-loop supply chain perspective [J]. International Journal of Production Economics, 2021, 234: 108035.

[7] ALFARO-ALGABA M, RAMIREZ F J. Techno-economic and environmental disassembly planning of lithium-ion electric vehicle battery packs for remanufacturing [J]. Resources, Conservation and Recycling, 2020, 154: 104461.

[8] FAN E, LI L, WANG Z P, et al. Sustainable recycling technology for li-ion batteries and be-

yond: challenges and future prospects [J]. Chemical Reviews, 2020, 120.

[9] 林虹,曹开颜.2018年我国锂离子电池市场现状与发展趋势 [J].电池工业,2019,23 (4):216-223.

[10] VAN VELZEN A, ANNEMA J A, GEERTEN V D K, et al. Proposing a more comprehensive future total cost of ownership estimation framework for electric vehicles [J]. Energy Policy, 2019, 129:1034-1046.

[11] 杨红斌.用于新能源汽车的锂离子动力电池研究进展 [J].世界科技研究与发展, 2020, 42 (1):79-86.

[12] ORTEGON K, NIES L F, SUTHERLAND J W. The impact of maintenance and technology change on remanufacturing as a recovery alternative for used wind turbines [J]. Procedia CIRP, 2014, 15:182-188.

[13] XU X, HU W H, LIU W, et al. Study on the economic benefits of retired electric vehicle batteries participating in the electricity markets [J]. Journal of Cleaner Production, 2021, 286:125414.

[14] 刘玉娟.退役汽车变速箱拆解序列优化方法研究 [D].武汉:华中科技大学,2018.

[15] 吴宏伟.基于扩展随机Petri网的废旧产品拆解序列优化 [D].长春:吉林大学,2019.

[16] 闫顺.基于拆解信息模型自动化生成的拆解序列优化 [D].长沙:湖南大学,2017.

[17] TANG Y, ZHOU M C, ZUSSMAN E, et al. Disassembly modeling, planning, and application [J]. Journal of Manufacturing Systems, 2002, 21 (3):200-217.

[18] TIAN G D, ZHOU M C, CHU J W. A chance constrained programming approach to determine the optimal disassembly sequence [J]. Automation Science and Engineering, IEEE Transactions on, 2013, 10:1004-1013.

[19] LAMBERT A, GUPTA S M. Methods for optimum and near optimum disassembly sequencing [J]. International Journal of Production Research, 2008, 46, 2845-2865.

[20] 翟玉.一种基于元启发式算法的发电机组组合方法 [D].重庆:西南大学,2020.

[21] 郭世明.基于深度学习和元启发式算法的软件缺陷识别与定位 [D].杭州:杭州电子科技大学,2020.

[22] 王家,王洋,邓铁军,等.施工现场设施布局优化问题的新型启发式算法 [J].湖南大学学报(自然科学版),2020,47 (09):128-136.

[23] 张涵.基于元启发式算法的设施选址问题研究 [D].哈尔滨:哈尔滨工业大学,2020.

[24] 高驰.2021电动汽车百人会:聚焦新能源发展格局与产业变革 [J].汽车与配件,2021 (3):48-51.

[25] 蒋莹.把握产业变革机遇,创新引领新能源汽车加速发展 [J].中国发展观察,2021 (2):52-55.

[26] 刘晓洁,别玉娟,陈自兵.新能源汽车发展对制造工艺影响分析 [J].内燃机与配件, 2021 (6):208-209.

[27] 王旭. 新能源电动汽车关键技术发展现状与趋势 [J]. 汽车实用技术, 2021. 46 (7): 13-15.

[28] ZHOU G M, LI F, CHENG H M. Progress in flexible lithium batteries and future prospects [J]. Energy & Environmental Science, 2014 (7): 1307.

[29] ANDWARI A M, PESIRIDIS A, RAJOO S, et al. A review of battery electric vehicle technology and readiness levels [J]. Renewable and Sustainable Energy Reviews, 2017, 78: 414-430.

[30] GALLAGHER K, GOEBEL S, GRESZIER T, et al. Quantifying the promise of lithium-air batteries for electric vehicles [J]. Energy & Environmental Science, 2014, 7 (5): 1555-1563.

[31] HANNAN M A, HOQUE M M, HUSSAIN A, et al. State-of-the-Art and energy management system of lithium-ion batteries in electric vehicle applications: issues and recommendations [J]. IEEE Access, 2018, 6: 19362-19378.

[32] HEYMANS C, WALKER S B, YOUNG S B, et al. Economic analysis of second use electric vehicle batteries for residential energy storage and load-levelling [J]. Energy Policy, 2014, 71: 22-30.

[33] BOBBA S, PODIAS A, PERSIO F D, et al. Sustainability assessment of second life application of automotive batteries (SASLAB): JRC exploratory research (2016-2017) [C] //Final technical report: August 2018. 2018.

[34] ZHOU X Y, ZOU Y L, ZHAO G J, et al. Cycle life prediction and match detection in retired electric vehicle batteries [J]. Transactions of Nonferrous Metals Society of China, 2013, 23 (10): 3040-3045.

[35] LAI X, QIAO D D, ZHENG Y J, et al. A novel screening method based on a partially discharging curve using a genetic algorithm and back-propagation model for the cascade utilization of retired lithium-ion batteries [J]. Electronics, 2018, 7 (12).

[36] LIU Y, LINH D, SHUI L, et al. Metallurgical and mechanical methods for recycling of lithium-ion battery pack for electric vehicles [J]. Resources, Conservation and Recycling, 2018, 136: 198-208.

[37] CASALS L C, GARCÍA B, AGUESSE F, et al. Second life of electric vehicle batteries: relation between materials degradation and environmental impact [J]. The International Journal of Life Cycle Assessment, 2015, 22.

[38] MATHEW M, KONG Q H, MCGRORY J, et al. Simulation of lithium ion battery replacement in a battery pack for application in electric vehicles [J]. Journal of Power Sources, 2017, 349: 94-104.

[39] LI Y, SONG J, YANG J. A review on structure model and energy system design of lithium-ion battery in renewable energy vehicle [J]. Renewable and Sustainable Energy Reviews, 2014,

37: 627-633.

[40] VÄYRYNEN A, SALMINEN J. Lithium ion battery production [J]. Journal of Chemical Thermodynamics -J CHEM THERMODYN, 2012, 46.

[41] ZHOU Z, LIU J Y, PHAM D, et al. Disassembly sequence planning: Recent developments and future trends [J]. Proceedings of the Institution of Mechanical Engineers (Part B: Journal of Engineering Manufacture), 2018, 233 (4): 095440541878997.

[42] LAMBERT A J D. Disassembly sequencing: a survey [J]. International Journal of Production Research-INT J PROD RES, 2003, 41: 3721-3759.

[43] WEGENER K, ANDREW S, RAATZ A, et al. Disassembly of electric vehicle batteries using the example of the audi Q5 hybrid system [J]. Procedia CIRP, 2014, 23: 155-160.

[44] SCHWARZ T E, RÜBENBAUER W, RUTRECHT B, et al. Forecasting real disassembly time of industrial batteries based on virtual MTM-UAS data [J]. Procedia CIRP, 2018, 69: 927-931.

[45] GARRIDO-HIDALGO C, RAMIREZ F J, OLIVARES T, et al. The adoption of internet of things in a circular supply chain framework for the recovery of WEEE: the case of lithium-ion electric vehicle battery packs [J]. Waste Management, 2020, 103: 32-44.

[46] SMITH S, HSU L Y, SMITH G. Partial disassembly sequence planning based on cost-benefit analysis [J]. Journal of Cleaner Production, 2016, 139.

[47] FELDMANN K, TRAUTNER S, LOHRMANN H, et al. Computer-based product structure analysis for technical goods regarding optimal end-of-life strategies [J]. Proceedings of The Institution of Mechanical Engineers (Part B: Journal of Engineering Manufacture-PROC INST MECH ENG B-J ENG MA), 2001, 215: 683-693.

[48] RICKLI J, CAMELIO J. Multi-objective partial disassembly optimization based on sequence feasibility [J]. Journal of Manufacturing Systems, 2013, 32: 281-293.

[49] RICKLI J L, CAMELIO J A. Partial disassembly sequencing considering acquired end-of-life product age distributions [J]. International Journal of Production Research, 2014, 52 (24): 7496-7512.

[50] PERCOCO G, DIELLA M. Preliminary evaluation of artificial bee colony algorithm when applied to multi objective partial disassembly planning [J]. Research Journal of Applied Sciences, Engineering and Technology, 2013, 6 (17): 3234-3243.

[51] WANG H Y, PENG Q J, ZHANG J, et al. Selective Disassembly Planning for the End-of-life Product [J]. Procedia CIRP, 2017, 60: 512-517.

[52] HUANG J D, ESMAEILIAN B, BEHDAD S. Multi-Purpose Disassembly Sequence Planning [C]//Asme International Design Engineering Technical Conferences & Computers & Information in Engineering Conference, 2015.

[53] MCGOVERN S, GUPTA S. A balancing method and genetic algorithm for disassembly line bal-

ancing [J]. European Journal of Operational Research, 2007, 179: 692-708.

[54] LIU J H, WANG Y, Fuzzy analytical hierarchy process-based assembly unit partition for complex products [C] //ASME 2007 Inter-national Design Engineering Technical Conferences and Computers and Information in Engineering Conference. 2007, 6.

[55] REN Y P, ZHANG C Y, et al. Disassembly line balancing problem using interdependent weights-based multi-criteria decision making and 2-optimal algorithm [J]. Journal of Cleaner Production, 2018, 174: 1475-1486.

[56] WANG H, XIANG D, DUAN G H. A genetic algorithm for product disassembly sequence planning [J]. Neurocomputing, 2008, 71 (13): 2720-2726.

[57] SHAN H B, LI S, HUANG J, et al. Ant colony optimization algorithm-based disassembly sequence planning [C] //IEEE. International Conference on Mechatronics & Automation. New York: IEEE, 2007: 867-872.

[58] AZAB A, ZIOUT A, ELMARAGHY W. Modeling and optimization for disassembly planning [J]. Jordan Journal of Mechanical and Industrial Engineering, 2011, 5: 1-8.

[59] ALSHIBLI M, ELSAYED A, KONGAR E, et al. Disassembly sequencing using tabu search [J]. Journal of Intelligent and Robotic Systems, 2016, 82.

[60] KALAYCI C. Artificial bee colony algorithm for solving sequence-dependent disassembly line balancing problem [J]. Expert Systems with Applications, 2013, 40: 7231-7241.

[61] TSENG Y J, YU F Y, HUANG F Y I. A green assembly sequence planning model with a closed-loop assembly and disassembly sequence planning using a particle swarm optimization method [J]. International Journal of Advanced Manufacturing Technology, 2011, 57: 1183-1197.

[62] 任亚平. 废旧产品拆解序列规划问题建模与优化研究 [D]. 武汉: 华中科技大学, 2019.

[63] 王康. 多目标进化算法解集分布性评价指标及其应用 [D]. 湘潭: 湘潭大学, 2013.

[64] XU Y L, YAO B, PHAM D. Research on intelligent optimization algorithm for multi-objective disassembly line balancing problem [C]. ASME 2020 15th International Manufacturing Science and Engineering Conference, 2020.

[65] ZAENUDIN E, KISTIJANTORO A I. pSPEA2: Optimization fitness and distance calculations for improving strength pareto evolutionary algorithm 2 (SPEA2) [C]. ICITSI 2016. IEEE, 2016.

[66] MCDOUGALL R, NOKLEBY S. On the application of multi-objective parallel asynchronous particle swarm optimization to engineering design problems [C]. ASME 2009 International Design Engineering Technical Conferences and Computers and Information in Engineering Conference, 2009 (5).

[67] LI M Q, LIU X H, WANG K. IPESA-II: improved pareto envelope-based selection algorithm

II [C]. Proceedings of the 7th International Conference on Evolutionary Multi-Criterion Optimization (EMO 2013). Berlin: Springer, 2013: 7811.

[68] TAN Y. Fireworks algorithm: A novel swarm intelligence optimization method [M]. Berlin: Springer, 2015.

[69] 李俊英. 考虑装配资源影响的复杂产品装配规划研究 [D]. 成都: 电子科技大学, 2016.

[70] HWANG R, KATAYAMA H, GEN M. U-shaped assembly line balancing problem with genetic algorithm [J]. International Journal of Production Research -INT J PROD RES, 2008, 46: 4637-4649.

[71] ZHENG Y J, SONG Q, CHEN S Y. Multiobjective fireworks optimization for variable-rate fertilization in oil crop production [J]. Applied Soft Computing Journal, 2013, 13: 4253-4263.

[72] 李珂. Hypervolume 指标及其在多目标进化算法中的应用研究 [D]. 湘潭: 湘潭大学, 2010.

第 3 章

动力锂离子电池梯次
利用重组工艺

3.1　退役动力电池国内外研究现状

国内外对退役动力电池的研究主要包括电池的拆解、电池参数快速估计（容量、内阻等）、电池一致性分选评估计数、退役电池配套经济模式及环境影响和适合于二次使用的电池管理系统等。本章主要对电池的容量参数和电池的一致性筛选进行详细研究。

电池容量筛选研究现状和电池一致性筛选研究现状分别参见本书第1.4.2节和第1.4.3节。国内外对电池的一致性筛选大多是根据电池的参数指标进行，但很少有一种筛选方法可以将老化机理和老化程度相似的电池筛选到一组。

3.2　锂离子电池及其容量增量曲线

锂离子电池作为电动汽车的一种重要储能装置，是电动汽车的核心部件，本节介绍锂离子电池的原理和特性，并介绍一种锂离子电池的分析方法——容量增量曲线分析法，并研究倍率和老化对容量增量曲线的影响，为下一节的研究打下基础。

3.2.1　锂离子电池简介

1. 锂离子电池及工作原理

锂离子电池是指其中能够将锂离子可逆地嵌入和脱出的两种不同化合物用作电池的正、负电极的二次电池系统。充电过程中，在电池内部的 Li^+ 从正极化合物中提取出来经过电解液和隔膜并嵌入负极的晶格中，此时正极处于欠锂状态，并且负极处于富锂状态，在电池外部电子由正极经外电路流入负极，保持电平衡。放电过程中，在电池内部 Li^+ 从负极中移出流经电解液和隔膜并嵌入正极中，此时正极处于富锂状态，负极处于欠锂状态，在电池外部电子由负极流向正极，保持电荷平衡。电子和锂离子的不断迁移，使正、负电极进行氧化还原反应完成对电池的充放电工作。

通常，锂离子电池由以下组件组成：

（1）负极

在充电时发生还原反应，相反在电池放电时发生氧化反应。目前，负极主流技术材料是人造石墨。不过，碳负极储锂容量已经基本达到极限，上升空间有限。长期来看，硅碳复合材料有望成为负极材料的发展方向之一。

（2）正极

在充电时发生氧化反应，相反在电池放电时发生还原反应。锂离子电池的性能在很大程度上取决于正极材料。目前，主流的正极材料包括钴酸锂（$LiCoO_2$）、镍酸锂（$LiNiO_2$）、锰酸锂（$LiMnO_4$）、磷酸铁锂（$LiFePO_4$）、锂镍钴铝氧化物（$LiNi_{1-x-y}Al_xCo_yO_2$，NCA）和层状阴极材料（如镍钴锰酸锂 $LiNi_{1-x-y}Mn_xCo_yO_2$，NCM）。一般来说，正极材料应满足以下几方面的要求：①拥有较高的嵌入和脱出的锂电位，可以保证较高的电压；②能够容纳较多的锂，可以保证较高的电池容量；③具有稳定的电化学特性；④有一定的结构稳定性；⑤拥有较高的嵌入和脱出锂的可逆性；⑥材料价格便宜；⑦制作过程简单。

依照目前的新能源电池装机量来说，正极材料高镍的三元材料镍钴锰酸锂（NCM）和磷酸铁锂（$LiFePO_4$）是主流，随着比亚迪刀片电池技术的推出，磷酸铁锂正极材料大规模出现。由于受新能源汽车补贴更倾向于补贴高续航、高能量密度车型的影响，今后高镍的三元材料仍是正极材料的发展方向。

（3）电解液

为 Li^+ 运动提供了运输媒介。电解液是电池的重要组成部分，它在电池的正、负电极之间传输锂离子，是连接正、负极的桥梁，并且具有在正、负极界面生成固体电解质膜等重要作用。不仅如此，电解液也被誉为电池的"血液"，影响电池的比容量、阻抗、循环性能、倍率等性能和成本等。对于锂离子电池，电解质的作用不可低估。人们经常根据电解质的类型对锂离子电池进行分类。例如，根据电解质的状态，锂离子电池分为液态锂离子电池和固态锂离子电池。目前，电解液已经成为锂离子电池技术中最为成熟的品种，暂不存在技术路线的风险，其添加剂是技术关键。

（4）隔膜

隔膜为锂离子电池中一个重要的组成部分，其功能在于允许锂离子在正、负极之间快速移动，同时防止正、负极直接接触从而有效避免发生短路现象，达到充放电的目的。锂离子电池对隔膜材料有着很高的要求，首先要满足一般化学电源的基本要求，包括：①有一定的机械强度，保证在电池变形条件下不破裂；②具有良好的离子穿透性和较薄的厚度，以降低电池阻抗；③优良的绝缘性，以确保电极间不发生短路；④良好的安全性能，能够很好地抵抗化学及电化学的腐蚀；⑤良好的浸润性；⑥成本低，制作过程简单；⑦杂质含量少，性能均匀；⑧有特殊的热熔性，当电池发生异常时，隔膜能够在要求的温度条件下熔融，关闭微孔，变成离子绝缘体，使电池断路。目前，锂离子电池的隔膜材料主要是多孔性聚烯烃（聚丙烯隔膜、聚乙烯膜以及乙烯与丙烯的共聚物等），这些材料都具有较高的孔隙率、较低的电阻、较高的抗撕裂强度、较好的抗酸碱能力、良好的弹性及对非质子溶剂的保持能力。

锂离子电池在新能源汽车领域持续发挥着作用，相比于铅酸电池、镍镉电池和镍氢电池更具优势，它的优势主要表现在以下几个方面：

(1) 工作电压较高

工作电压一般在3.6V（如磷酸铁锂离子电池）左右，有时甚至高达4V以上（如三元系材料电池、锰酸锂离子电池等），远远高于其他二次电池，是其突出优点之一。

(2) 比能量大

虽然碳质材料代替金属锂能使材料的质量比容量和体积比容量下降，但锂离子电池在实际应用中金属锂一般过量三倍以上，因此，其实际体积比能量并没有明显下降，且明显高于其他二次电池。

(3) 自放电率低

锂离子电池化成后，可以在正、负极均被不同程度地钝化，有效降低电池因内部副反应产生的电量下降。

(4) 循环寿命长

锂离子电池通常都有良好的循环寿命，如磷酸铁锂离子电池在小倍率电流下工作循环寿命在2000次以上。并且电池经最初的几次循环后，循环效率接近100%。

(5) 无记忆性

锂离子电池电极材料的结构良好，副反应较少，可逆性强，充放电过程中不会产生记忆效应。

(6) 对环境污染小

锂离子电池中不含铅、镉、汞等有毒有害物质，其次电池的封闭性良好，不易泄漏，不会对环境造成过大污染。

基于上述优点，锂离子电池近年来得到了突飞猛进的发展，性能指标不断提高，负极材料已经由最初的石油焦发展到嵌、脱锂性能更加优异的中间相石墨微球和廉价易得的球状石墨材料；正极材料则由最初的$LiCoO_2$发展到最近的磷酸铁锂和三元材料，并正在向更高的能量密度迈进。在此基础上，锂离子电池正在向多样化、低成本、高能量密度和更安全的方向发展。

2. 退役动力电池基本参数

根据动力锂离子电池的容量来区分，动力锂离子电池容量在80%~100%区段时可满足电动汽车动力和里程需求；动力锂离子电池容量在20%~80%区段时可满足梯次利用；动力锂离子电池容量在20%以下时应进行资源回收。电池的容量可以直观地辨别目前电池处于哪一阶段，但单单容量数据还不够，影响退役电池一致性的参数还有电池的安全性、内阻、自放电率、循环寿命，这五项为退役电池的核心参数，其动态性能代表了退役电池的健康状态，直接影响退役电池梯次利用的适应性和经济性。下面简单介绍这几项性能指标。

(1) 容量

电池的容量是指在一定的放电条件下可以从电池获得的电量，单位常用安培小时（Ah）。通常是在恒定的电流下（如0.2C），电池实际能够放出的容量，电池在不同的放电条件下（如电流、温度和截止条件等）表现为不同的放电容量。在恒流放电时计算如下。

$$Q = \int_0^t I dt = It \tag{3-1}$$

式中，I为放电电流，单位为A；t为放电时间，单位为h；Q为容量，单位为Ah。

(2) 内阻

内阻是指电池在工作时，电流流过电池内部受到的阻力。包括欧姆内阻和极化内阻。其中：欧姆内阻包括电极材料、电解液、隔膜电阻及各部分零件的电阻；极化内阻包括电化学极化电阻和浓差极化电阻。内阻的一致性也是电池配组筛选的一项硬性指标。在并联模组中，不同内阻的电池流经它们的电流也会出现差异，大电流的电池由于负荷较大，会加速电池的衰减。

(3) 自放电

自放电指电池在搁置（开路状态下）过程中电量下降的现象，又称电池的荷电保持能力。一般而言，电池自放电主要受制造工艺、材料、储存条件的影响。电池在经串并联组成模组后，若模组内某些电池的自放电不同，则电池在搁置后，不同自放电率的电池会出现不同程度的电压降，在每次充电后都可能会出现过充或者未充满的单体电池，随着充放电的次数增加，电池性能会逐渐恶化。因此，电池自放电率也是电池梯次利用的关键参数。

(4) 寿命

寿命分为循环寿命和日历寿命两个参数。循环寿命指的是电池可以循环充放电的次数。即在理想的温湿度下，以额定的充放电电流进行充放电，计算电池容量衰减到80%时所经历的循环次数。对于退役电池来说，其寿命一般测算电池容量衰减到60%时，电池的循环次数。由于水桶效应的因素，一组电池的实际性能受容量最小的电池的影响，循环寿命相近的电池会更好地提高电池的利用效率。

(5) 安全性

退役电池的安全性能是电池能够梯次利用的前提。由于一次使用的电池在电动汽车上经过了成百上千次的循环，其内部参数和外部特性会有所改变，因此废弃的电池能否安全使用是首要考虑的问题。电池在进行梯次利用之前需要进行安全评估实验，如果测试合格则可以进行梯次利用。安全测试通常包括：短路实验、过充实验、过放实验、针刺实验、加热实验等。

3.2.2 容量增量曲线原理

1. 容量增量曲线

从理论上讲，电池在充电和放电过程中端电压的变化可以反映其电化学特性。端电压会间接反映电池充电和放电容量、内部电阻、充电和放电的平稳电位以及电极极化等参数随时间的变化。例如，充电和放电电压变化更相似的电池在电化学特性上将具有更好的一致性。然而，正常的充放电曲线观察到的信息十分有限，不能准确地分析出电池单体的正极和负极的电化学变化。鉴于上述原因，使用容量增量（incremental capacity，IC）曲线来进行分析。

图 3-1 展示了在 1.0C 和 25℃ 的条件下恒流充电的电池的电压-时间曲线，其曲线下颜色代表该处的容量增量。可以发现，在电压变化平缓的区域，电池的容量增量较大；相反，在电压增加较大的区域，电池的容量增量较小。这可以通过电池容量增量曲线的制作来解释。容量增量是通过在恒定电流充电下的

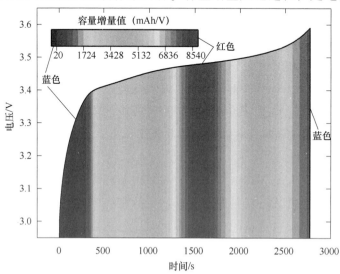

图 3-1 恒流充电下电池的电压-时间曲线（曲线下颜色代表该处的容量增量）

电压-容量（V-Q）曲线中单位电压增量计算对应的容量增量（dQ/dV）来获得的，即容量增量曲线是从 V-Q 曲线求导得出的，但实际上通常使用数值差（ΔQ/ΔV）代替（dQ/dV），在恒流充电或放电过程中，容量增量曲线与电压-时间曲线的导数（dV/dt）有关，如式（3-2）所示。所以容量增量值（IC）与该处的电压对时间导数呈负相关，即电压变化越平缓，容量增量值越大。这样容量增量曲线就可以把电池充电过程中的电压变化缓慢的电压平台（不易观察和分析）转换成容量增量曲线上的峰值（易于观察和分析）。

$$\mathrm{IC} = \frac{\mathrm{d}Q}{\mathrm{d}V} \approx \frac{\Delta Q}{\Delta V} = \frac{I\Delta t}{\Delta V} = \frac{I}{\Delta V/\Delta t} \tag{3-2}$$

式中，IC 为电池的容量增量值，单位为 mAh/V；Q 为充电期间的电池容量，单位为 mAh；V 为电池的电压，单位为 V；I 为充电电流，单位为 A；t 为充电时间，单位为 h。

图 3-2 显示了在 1.0C 和 25°C 的条件下充电的电池的电压-容量曲线（实线）和相应的容量增量曲线（虚线）。容量增量曲线可以观察到两个明显的峰 Peak A 和 Peak B，这两个峰分别对应于电池石墨负极的相变反应。对于石墨负极，在典型的容量增量曲线中，会有 5 个峰，但是只有在充电电流极小的情况下才能够观察到。容量增量曲线上的每个峰都有其独特的形状、强度和位置，代表电化学变化。容量增量曲线峰的位置和形状的任何变化都是对电池老化程度的响应。在典型的容量增量曲线分析中，高电压侧的容量增量峰与电池内部活性锂离子总量的

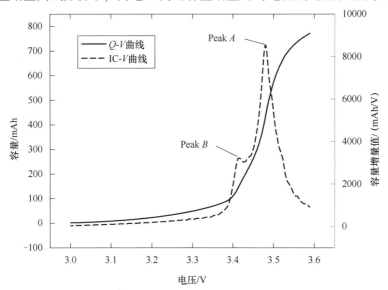

图 3-2　电池在恒流充电条件下的电压-容量曲线（实线），容量增量曲线（虚线）

减少和正、负极活性材料的衰减有关，而低压侧的容量增量峰与电池的正、负极活性材料的减少有关。具体的曲线分析会在第 3.2.3 节详细介绍。

2. 曲线制作

由上述分析可知，要想得到容量增量曲线，只需要将电压-容量曲线进行求导即可，但实际应用中，进行数值求导后曲线会有很大的噪声信号，如图 3-3 所示。由于噪声信号的存在很难对曲线进行分析，需要对曲线进行进一步的滤波处理，滤除噪声信号。

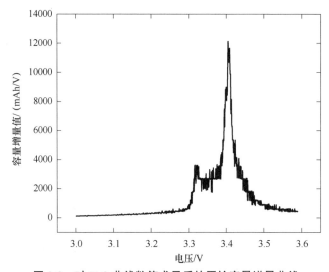

图 3-3　对 V-Q 曲线数值求导后的原始容量增量曲线

本章采用的滤波处理为 MATLAB 中的 smooth-loess（locally weighted regression）函数。loess 是一种用于局部回归分析的非参数方法，主要原理是将原始曲线划分为一定长度的小区域，再对这些小区间内的点进行多项式拟合，重复此过程，以不同的小区域获得加权的回归曲线，最后将这些回归曲线的中心连接起来，以形成完整的回归曲线。主要过程见表 3-1。

表 3-1　局部加权回归操作过程

步骤	操作
1	确定需要拟合点的数量和位置
2	以拟合点为中心，圈定周围 n 个点
3	通过权重函数计算这 n 个点的权重 w_i
4	通过加权线性回归进行二次多项式拟合
5	对所有待拟合点进行以上操作

其中，在计算权重之前需要对选定的小区域内的点到拟合点的距离做归一化处理，如式 (3-3) 所示，即找到最大距离后，对其他点进行归一化处理。

$$X_i = \frac{|x_0 - x_i|}{\Delta_{\max}} \quad (3\text{-}3)$$

式中，X_i 表示归一化后小区域内第 i 个电池距离拟合点的距离；x_0 表示拟合点；x_i 表示小区域内第 i 个点的坐标；$\Delta_{\max}$ 表示小区域中离拟合点的最远距离。

权重指的是离拟合点的距离越近权重就越大，所以可以使用式（3-4）做一个转化。

$$w_i(x_0) = (1 - X_i^3)^3 \quad (3\text{-}4)$$

式中，$w_i(x_0)$ 表示点 x_0 的权重；X_i 表示归一化后小区域内第 i 个电池距拟合点的距离。

指数可以选择二次（B 函数）或三次（W 函数），三次方对周围权值的降速更快，平滑效果更好。

之所以我们这里采取加权线性回归而不是普通的线性回归，是因为考虑到对拟合点，它附近的点的取值对拟合线的影响应该更大，远一些的点的影响更小，所以我们在定义损失函数的时候，应该优先降低附近的点与拟合直线的误差，这也就是我们对普通的最小二乘法要加上权重的原因，实际上这就是加权最小二乘法。

损失函数加上权重之后，我们在最小化损失函数时，就会更多地考虑权重大的点，希望它们更优，这样拟合出来的结果，自然就更加偏向权重大的点了，也就是说，距离拟合点更近距离的散点，对拟合直线的影响更大。

图 3-4 展示了某一电池经过滤波处理后的容量增量曲线（虚线）和未经处

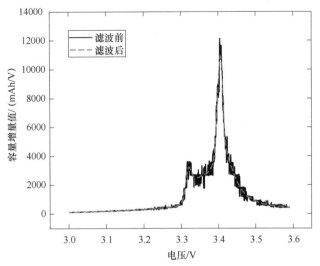

图 3-4　经过滤波处理后的容量增量曲线（虚线）和未经处理的原始曲线（实线）

理的原始曲线（实线）。经过滤波处理后曲线光滑度较好，无明显的噪声波动，易于对比和分析。

3.2.3 容量增量曲线特性实验

1. 充电倍率对容量增量曲线的影响

在恒流充电条件下，不同的充电电流会影响电池正、负极的电化学反应，从而会呈现出不同的电池端电压曲线。一般来讲，电池在低电流下工作时，锂离子可以在正、负极之间充分地嵌入/脱出，电池反应更加充分。相反在大电流工作条件下，电池两电极反应不够充分，导致电池性能发生变化。并且电池在大电流下充电会产生较大的极化内阻，电池充电的极化电压也会随之增大，此时电池会在未充满的情况下达到截止电压，影响电池充电容量。这些变化会在电池充电过程中的电压曲线变化体现出来。由于容量增量曲线可以反映出电池内部反应的变化情况，电池工作在不同的电流下会表现出不同的曲线特征。这些特征规律有助于容量增量曲线的选取和制作，因此有必要研究电池在不同电流激励下的容量增量曲线的变化。

为研究不同充电倍率下电池容量增量曲线的变化规律，取一枚电池进行不同电流下电池的充电实验。分别在 0.05C、0.2C、0.6C、1.0C 下对电池进行恒流充电，并控制电池的放电倍率相同，具体操作步骤见表 3-2。

表 3-2 电池在不同电流下的变化实验详细操作步骤

步　骤	操 作 细 节
1	电池静置 5min
2	200mA（大约 0.2C）恒流放电，直到电压达到电池放电截止电压 2.5V
3	电池静置 1h
4	50mA（大约 0.05C）恒流充电，直到电压达到电池充电截止电压 3.6V
5	电池静置 1h
6	200mA（大约 0.2C）恒流放电，直到电压达到电池放电截止电压 2.5V
7	电池静置 1h
8	200mA（大约 0.2C）恒流充电，直到电压达到电池充电截止电压 3.6V
9	电池静置 1h
10	200mA（大约 0.2C）恒流放电，直到电压达到电池放电截止电压 2.5V
11	电池静置 1h
12	600mA（大约 0.6C）恒流充电，直到电压达到电池充电截止电压 3.6V

(续)

步骤	操作细节
13	电池静置1h
14	200mA（大约0.2C）恒流放电，直到电压达到电池放电截止电压2.5V
15	电池静置1h
16	1000mA（大约1.0C）恒流充电，直到电压达到电池充电截止电压3.6V
17	每2s记录一次电压、时间和容量数据

图 3-5 展示了电池分别在 0.05C、0.2C、0.6C、1.0C 下的容量增量曲线。可以发现容量增量曲线随着电流的增加而发生了明显的右偏移现象。这表明电池相变电压的区间电压升高，对应的电池充电电压平台也提高了。这是由于随着电池充电电流的增加，分担在电池欧姆内阻上的电压增加，作用在电池上的开路电压减少的缘故。并且在大电流下电池的极化内阻也会增大，更进一步分担了端电压。

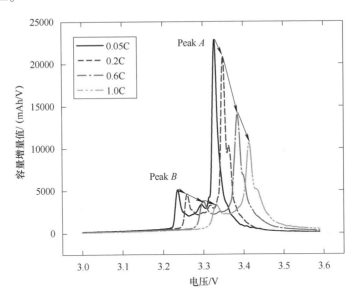

图 3-5 不同电流下电池充电的容量增量曲线变化

另一方面，容量增量曲线的两个峰（Peak A 和 Peak B）的高度均随着电池充电倍率的增加而降低，这是由于电池在大电流下，锂离子不能够充分地在正、负极之间嵌入/脱出，两电极反应不充分，造成电池在峰值位置单位电压增量所带来的容量增量减少；并且，在大电流下电极的相位变化的差异减小，相位还来不及充分变化电压就快速升高导致的。

同时我们注意到，Peak A 峰值变化更为明显，这表明锂离子嵌入负极的反应需要更长的时间，在大电流下锂离子来不及嵌入（或嵌入不充分）反应就接着进行了。容量增量曲线能够通过峰值和峰位的变化体现出电池内部变化特征，可以分析不同充电倍率下电池内部状态影响的差异。

▶ 2. 老化对 IC 曲线的影响

锂离子电池随着使用次数的增加，电池的容量也会不同程度地减少，并伴随内阻的增加。对于任何电池都一样，这是由于在每次充放电的循环中不可避免地会发生一些不可逆的副反应，这些不可逆副反应会改变电池内部组织结构、减少电池内部活性物质或增加其他杂质等。

电池本身是一个非常复杂的电化学系统，不同老化程度的电池内部发生的电化学反应也不同，其内部的老化可以从电池外部的电压的变化来分析。容量增量曲线可以反映出电池内部反应的变化情况，电池在不同老化程度和不同老化机理的情况下会表现出不同的曲线特征。

这些特征规律有助于对电池参数的估计以及对电池老化机理的识别，因此有必要研究电池在不同电流激励下的容量增量曲线的变化。

为研究不同循环老化程度下容量增量曲线的变化规律，取一枚电池进行循环老化的实验，即分别在 100 循环、200 循环、300 循环、400 循环和 500 循环后对电池进行一次标准的容量测试。为了加快电池的老化，对电流进行大电流的恒流充电和放电循环，具体操作步骤见表 3-3。

表 3-3 电池老化实验详细步骤

步　骤	操 作 细 节
1	静置 5min
2	2000mA（大约 2.0C）恒流放电，直到电压达到电池放电的截止电压 2.5V
3	静置 5min
4	2000mA（大约 2.0C）恒流充电，直到电压达到电池充电的截止电压 3.6V
5	重复步骤 1~4 100 次
6	对电池进行剩余容量测试
7	对电池进行 1.0C 的 IC 曲线测试
8	重复步骤 1~7 5 次
9	每 2s 记录一次容量和电压数据

随着电池老化，电池的容量和内阻发生了明显的变化，见表 3-4。随着电池循环次数的增加，电池的容量和内阻也相应降低，这与典型的电池老化表现相

符。相应的容量增量曲线也发生了明显的变化。图 3-6 为电池循环 500 次后的容量增量曲线变化。Peak A 有明显的减小迹象,在 Peak A 附近电池容量随电压增量的增加逐渐减小。因为 Peak A 与电池中活性锂离子量的衰减有关,该阶段峰的减少的主要原因是由于电池活性锂离子总量的减少造成的。虽然该阶段的减少与电池正、负极的活性材料的减少有关。但是由于 Peak B 的高度变化不太明显,证明了该电池正、负极活性物质的减少量很少,所以造成电池容量衰减的原因为活性锂离子总量的减少。

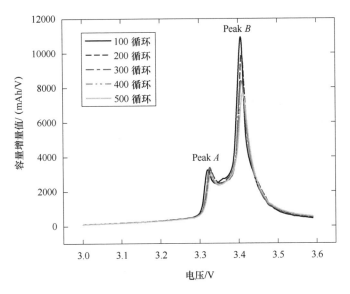

图 3-6 不同循环下电池的容量增量曲线

同时也观察到两个峰都向高电压侧偏移了一小段距离,这代表电池动力学上的性能衰减,体现为电池内阻的增加和充电过程电压平台的增高。这也从表 3-4 的内阻变化得到了验证。电池老化过程中,由于副反应和其他应力条件造成了电池活性材料和锂离子的消耗,导致电池容量下降。电池正、负极晶体结构钝化,如 SEI 膜增厚和电池正、负极结构变化导致了电池内阻的增加。

表 3-4 电池不同老化下的容量和内阻变化

循环次数	容量/mAh	内阻/mΩ
100	940.095	115.2
200	933.853	121.4
300	924.367	115.2
400	917.461	130.5
500	907.292	138.7

通过分析电池容量增量曲线在不同因素下电池外部特征变化,能够建立其

与电池内部化学变化的关系并分析电池状态。

本节首先对研究的对象——退役的锂离子电池的工作原理和基本参数进行了论述,对退役电池有了全面了解。其次,对贯穿全章的研究方法——容量增量曲线的原理和曲线的制作进行了详细描述,揭示了容量增量曲线上的每个峰的形状、强度和位置,都代表了电池内部电化学的变化情况,是一种非常有效的电池分析方法。最后,对容量增量曲线的倍率性能和老化性能进行了实验和分析,倍率性能实验指出制作容量增量曲线的电流不能过大(特征不明显),也不能过小(测试效率低下),并且在对老化性能的实验中表明,随着电池老化峰高度降低,并且向高压侧移动。本节结论为第3.3节和第3.4节的分析建立了理论基础。

3.3 基于容量增量曲线的退役锂离子电池容量和内阻估算

退役锂离子电池的剩余容量和内阻是退役电池的两项重要指标,针对锂离子电池剩余容量和内阻测量效率问题,本章提出了一种基于自适应神经网络遗传算法的锂离子电池剩余容量估算方法和基于容量增量曲线的直流内阻估算方法。本节主要介绍了电池剩余容量和内阻估算的具体实施过程,此方法体系中所涉及的数据处理算法和模型算法也是本节的研究内容。

3.3.1 锂离子电池参数测试

1. 退役电池参数及安全检查

本节使用了一批已退役的18650圆柱电池。电池的详细运行参数及规格见表3-5。总共有500节电池。测试前,对外观进行检查是必要的。因为若出现肿胀、软化、漏液、明显变形等现象,说明电池性能明显恶化。这种电池不适合第二次使用,应排除在外(可以继续拆解以进行资源回收)。经过检查,发现有一节电池有明显的变形,将其排除在外。剩下的499节电池被用于测试。

表3-5 电池信息

项 目	参 数	单 位
电池型号	18650圆柱电池	
大小	长:65±0.3 直径:18±0.3	mm
正极材料	磷酸铁锂(LFP)	
负极材料	石墨(C)	
标称电压	3.2	V
标称容量	1000	mAh
充电截止电压	3.6	V
放电截止电压	2.5	V
工作温度	充电:0±50 放电:-20±55	℃
数量	500	节

2. 电池剩余容量试验

容量作为本节的主要研究对象，有必要对退役电池的剩余容量进行提前标定。一方面剩余容量会作为 BP 神经网络训练集的输出，用来对建立的模型进行训练；另一方面在模型验证阶段，以实际剩余容量作为参考，验证模型的准确性。电池的剩余容量是指电池在充满电状态下释放的电量。电池的可用容量受到电流倍率、充放电的温度、放电深度等因素的影响。随着电池循环次数的增加，电池的可用容量将不断下降。新电池经过循环衰减得到退役电池，在循环衰减过程中会出现欧姆内阻增大、极化电压增大、容量减小、SEI 膜增厚、电解液分解等电池退化现象。同时，由于高充电电流率下极化电压高，需在低电流率条件下进行剩余容量测试。此外，二次利用电池的实际应用场景通常不需要过高的充放电电流。因此，设定 200mA（大约 0.2C）为测试电流。

实验中，先用恒流（CC）充电，再用恒压（CV）充电将电池充满电，再用恒流（CC）放电得到电池的剩余容量，重复 3 次，取平均值。具体测试步骤见表 3-6。

表 3-6 电池容量测试详细步骤

步骤	操作细节
步骤 1	静置 5min
步骤 2	200mA（大约 0.2C）恒流放电，直到电压达到电池放电的截止电压 2.5V
步骤 3	静置 60min
步骤 4	200mA（大约 0.2C）恒流充电，直到电压达到电池充电的截止电压 3.6V
步骤 5	转为恒压充电，直到充电电流下降到 50mA（大约 0.05C）
步骤 6	静置 60min
步骤 7	200mA（大约 0.2C）恒流放电，直到电压达到电池放电的截止电压 2.5V
步骤 8	静置 60min
步骤 9	重复步骤 4~8 三次，取三次的平均值作为电池的剩余容量

使用 8 通道测试仪，实验温度在 25℃ 左右。图 3-7 展示了电池测试系统的组成，图 3-7a 为电池测试仪和上位机计算机，图 3-7b 为正在测试的圆柱电池。

在排除异常情况电池后，剩余电池数量为 499，对外观良好的电池进行 200mA 电流率的静态容量试验，实验结果如图 3-8 所示，图 3-8a 为电池容量测试的具体结果，图 3-8b 为各个电池容量占初始容量的百分比。从容量分布的结果可看出，电池容量的平均值为 946.4mAh，标准偏差为 56.5mAh，最大容量为

1146.9mAh，最小容量为632.1mAh。而且，可以发现在退役的电池中，只有一节电池具有异常的电压值（开路电压为0V）。所有这些单体电池的异常率为1/500。几乎所有电池都保留了大量的剩余容量，大部分都超过额定容量的80%。这部分电池占正常电池总数的95.95%。另一方面，有一小部分电池的剩余容量还不到额定容量的60%，这部分电池占总电池的0.4%。虽然电池的标称容量为1100mAh，但仍有少数电池超过了标称容量（超过1100mAh），占电池总数的1.2%。其原因为电池在出厂时，其容量均会大于电池的标称容量，说明这几节电池容量几乎没有衰减。

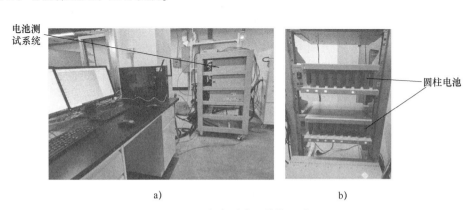

图 3-7 电池测试系统的组成

a) 电池测试系统　b) 电池测试仪器

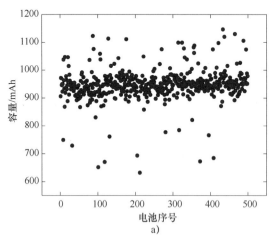

图 3-8 容量测试结果

a) 散点图

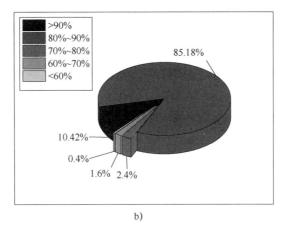

b)

图 3-8 容量测试结果（续）

b) 容量分布饼图

一般而言，同一批新电池的容量遵循正态分布，车辆退役后，电池的容量也大致遵循正态分布。对容量测试结果进行正态分布验证。图 3-9 是电池容量频数直方图及其正态分布拟合，能够观察到，与理想的正态分布相符度较差。图 3-10 为在 5% 置信区间的具有理想正态分布数据的电池容量的概率图。很明显在 5% 置信区间内，因为几乎所有点都在置信带之外，所以本节中的电池容量在 5% 的置信区间内不遵循明显的正态分布。这可能是因为来自不同的退役包装的电池，或这批电池在购买前就经过了初步的筛选，这都会干扰电池容量的正态分布。

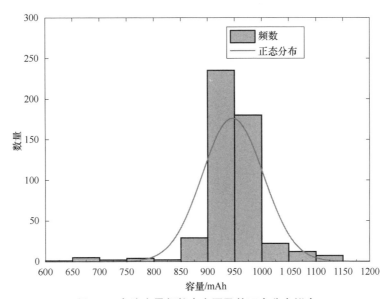

图 3-9 电池容量频数直方图及其正态分布拟合

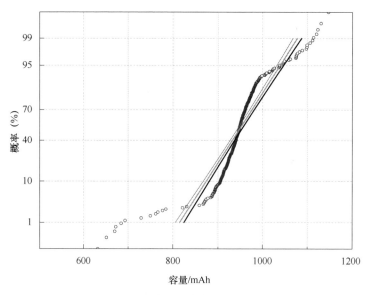

图 3-10　5%置信区间内的正态分布概率图

3. 直流内阻测试

电池内阻是电池性能的一个重要指标，通常可分为直流内阻（DCIR）和交流内阻（ACIR），本节主要对直流内阻进行测试和研究（交流内阻与直流内阻成正比）。直流内阻顾名思义就是给电池施加一个直流信号来测试电池内阻，一般通过在电池两端加一个电流脉冲，电池两端电压将发生突变，这时其直流内阻等于电压升降差与电流变化的商，即

$$R_{DCIR} = \frac{\Delta U}{\Delta I} = \frac{U_t - U_0}{I_1 - I_0} \tag{3-5}$$

式中，U_t 为 t 时刻电池的端电压，U_0 为电流变化前电池的端电压，单位为 V；I_1 为变化后的电流，I_0 为变化前的电流，单位为 A。

本实验的直流内阻采用武汉市蓝电电子股份有限公司测试系统自带的 DCIR 直流内阻检测程序（工步），设置电流 I_0 为 400mA，电流 I_1 为 1800mA，间隔时间为 200ms。

图 3-11 显示了 499 节电池的直流内阻分布情况。从直流内阻的分布情况可以看出，内阻均值为 99.4740mΩ，标准差为 29.4930mΩ，最小值为 55mΩ，最大值为 172.7mΩ。可以明显观察到内阻分为两个阵营，一个在 100mΩ 之上，其他在 100mΩ 之下，其原因与容量类似，该批电池可能来自不同的退役电池包。

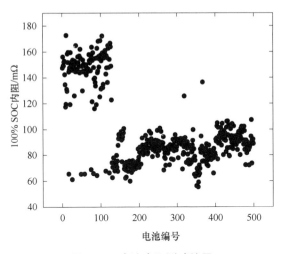

图 3-11　直流内阻测试结果

与容量的分析相似,同一批新电池的内阻遵循正态分布。车辆退役后,电池的内阻也大致遵循正态分布。对直流内阻测试结果进行正态分布验证。图 3-12 是电池直流内阻频数直方图及其正态分布拟合,能够观察到,与理想的正态分布相符度较差。图 3-13 为在 5% 置信区间的具有理想正态分布数据的电池内阻的概率图。很明显在 5% 置信区间内,因为几乎所有点都在置信带之外,所以本节中的电池直流内阻在 5% 的置信区间内不遵循明显的正态分布。这也验证了容量分析的结果,可能是因为来自不同的退役包装的电池,或这批电池在购买前就经过了初步的筛选。

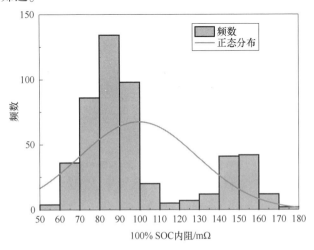

图 3-12　正态分布拟合

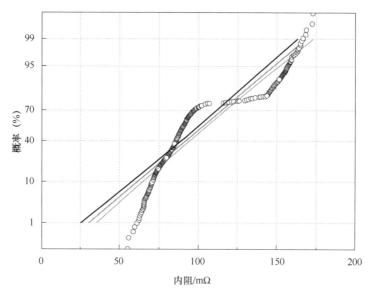

图 3-13　5%置信区间内的正态分布区间

3.3.2　基于 AGA-BPNN 的电池容量估算

本节主要介绍了容量增量曲线测试的实验步骤以及电池剩余容量的估算方法，详细介绍了 BP 神经网络及其优化（自适应遗传算法优化）方法。

1. 容量增量曲线测试实验

容量增量曲线作为本章的主要工具，其曲线的制作好坏关系到最终结果。容量增量曲线是当电池以恒定电流充电时得到的。在小电流下，电池的容量增量曲线特征明显，更能体现电池内部的电极反应，但是小电流下电池的测试效率会大打折扣。为了加速容量增量曲线的采集，充电电流从 200mA（约 0.2C）增加到 1000mA（约 1.0C），该电流下容量增量测试速度有明显提升，并且曲线特征也不会消失。记录电池充电过程的电压和容量数据，采样周期为 2s。容量增量曲线的实验具体过程见表 3-7。

表 3-7　容量增量曲线测试操作细节

步　骤	操　作　细　节
1	静置 5min
2	1000mA（大约 1.0C）恒流放电，直到电压达到电池放电的截止电压 2.5V
3	静置 20min

(续)

步骤	操作细节
4	1000mA（大约1.0C）恒流充电，直到电压达到电池充电的截止电压3.6V
5	步骤2的容量和电压数据每2s记录一次

2. 特征参数提取

从第3.2.3节的分析可知，不同老化程度的电池其容量增量曲线会有不同的变化，为建立曲线特征与电池容量老化的关系，有必要对曲线的一些特征进行提取，以形成特征和电池容量的定量关系。提取容量增量曲线的特征参数作为BP神经网络的训练输入，并将测得的容量用作训练输出以训练模型。特征参数具体提取过程如下：

容量增量如图3-14所示，为了便于分析，对图进行部分放大，图3-14b为图3-14a的局部放大图。此电池的容量增量曲线具有两个不同的峰，即峰A和峰B。峰A具有较大的电压值和较大的IC值。峰B具有较小的电压值和较小的IC值。显然，峰A是一个更明显的特征点，可以从峰A中提取更多的特征参数。为了便于特征参数的选取，在峰A附近取了一个电压为0.04V的区间，左参考点位于$V_{AL}=V_A-0.02V$，右参考点的电压值位于$V_{AR}=V_A+0.02V$。提取电压区间的容量差值$\Delta Q_{R-AL}=\Delta Q_2+\Delta Q_3$（$\Delta Q$表示容量增量曲线下的面积），和两个参考点相对于峰A的斜率k_1和k_2。观察峰B，发现虽然可以观察到，但是不明显，所以只取峰B的横坐标x坐标V_B和y坐标IC_B以及峰A和峰B之间的容量差$\Delta Q_{A-B}=\Delta Q_1+\Delta Q_2$作为特征参数。由于参数均为局部参数，考虑到曲线整体形状，提出曲线相关系数概念，相关系数计算如式（3-6）所示。曲线3.4~3.5V电压范围的相关系数r_{YS}被作为总体特性参数。

$$r_{YS}=\frac{\sum_{i=1}^{n}(y_1-\overline{Y})(s_i-\overline{S})}{\sqrt{\sum_{i=1}^{n}(y_i-\overline{Y})^2}\cdot\sqrt{\sum_{i=1}^{n}(s_i-\overline{S})^2}} \tag{3-6}$$

式中，y_i表示电池的IC特性矢量的第i维（第i个数据点）（该矢量由容量增量曲线的采样点作为元素组成）；n表示矢量的维数（所选IC的数据点的数量）；$\overline{Y}$表示电池的IC特性向量的平均值；s_i表示标准电池的IC特性向量的第i维；$\overline{S}$表示标准电池（1号电池作为标准电池）的IC特性向量的平均值。

提取9个特征参数（V_A，IC_A，ΔQ_{AR-AL}，k_1，k_2，V_B，IC_B，ΔQ_{A-B}，r_{YS}）作为BP神经网络的输入层集，测得的容量用作训练模型的输出层。

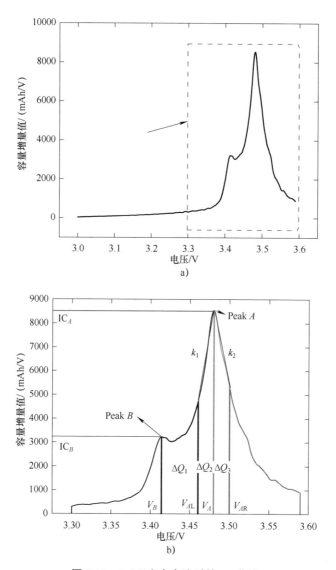

图 3-14 1.0C 充电电流时的 IC 曲线

a）容量增量曲线 b）局部放大图

3. BP 神经网络

反向传播神经网络（back propagation neural network，BPNN）是由误差反向传播算法训练的一种多层前馈神经网络。图 3-15 为 BP 神经网络的结构原理，包括输入层、隐藏层和输出层，其信息向前传播，误差反向传播，具有较高的自学习和自适应能力。BP 神经网络是一种可以通过对数据的训练和学习自动提取数据之间的"合理的规则"并自适应地记住学习内容的网络。

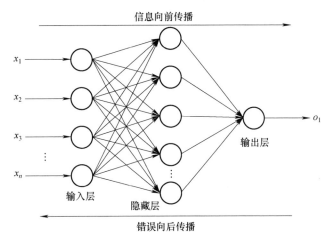

图 3-15　BP 神经网络结构图

4. 自适应遗传算法优化

本节提出的自适应遗传算法（AGA）在遗传算法上得到了改进。通过遗传参数的自适应调整，大大提高了收敛精度，加快了遗传算法的收敛速度。一方面，通过进化过程来自适应地调整交叉概率（P_c）。在进化的开始阶段，应选择较大的 P_c，这有利于维持种群的多样性。但是，在后期阶段，需要仔细搜索以防止最优解的破坏并加快收敛速度。同样，如果突变概率（P_m）过大，则对解具有破坏性，并且容易丢失所获得的最优解。如果 P_m 太小，则容易出现过早收敛现象。因此，自适应 P_m 通常随着迭代次数从大变为小。因此，初始的广泛搜索（大的 P_c 和 P_m）保留了种群的多样性，而迭代末端仔细搜索（小的 P_c 和 P_m）则可以防止最优解被破坏。P_c 和 P_m 计算如下：

$$P_c = P_{c0}{}^i \qquad (3-7)$$
$$P_m = P_{m0}{}^i \qquad (3-8)$$

式中，P_{c0} 是初始交叉概率；P_{m0} 是初始突变概率；i 是迭代次数。

另一方面，在遗传算法中，当种群收敛程度变化不大时，该算法既可以得到全局最优解，也可能收敛到的是局部最优解。当收敛到局部最优解时，最大适应度（f_{max}）和平均适应度（$\bar{f}$）之间的适应度（$f_{max} - \bar{f}$）会减小。因此，应适当增加 P_c 和 P_m，以增加总体的多样性并跳出局部最优解。另外，在遗传迭代过程中，适应性较差的个体应尽可能多地进行交叉和突变以产生新的个体，即 P_c 和 P_m 应该足够大。在本章中，将 f_{max} 和 $\bar{f}$（交叉个体的适应度）之间的差异

(f_{max}-$\dot f$) 以及 f_{max} 和 f（突变个体的适应度）之间的差异（f_{max}-f）用作测量标准。当 f_{max}-$\dot f$ 或 f_{max}-f 较大时，认为个体更可能发生交叉或突变，即 P_c 和 P_m 应较大。结合式（3-7）和式（3-8），P_c 和 P_m 计算如下：

$$P_c = \begin{cases} \dfrac{P_{c0}{}^i(f_{max}-\dot f)}{f_{max}-\bar f}, & \dot f \geq \bar f \\ P_{c0}{}^i, & \dot f < \bar f \end{cases} \quad (3\text{-}9)$$

$$P_m = \begin{cases} \dfrac{P_{m0}{}^i(f_{max}-f)}{f_{max}-\bar f}, & f \geq \bar f \\ P_{m0}{}^i, & f < \bar f \end{cases} \quad (3\text{-}10)$$

式中，f_{max} 是最大适应度；$\dot f$ 是交叉个体的适应度；$\bar f$ 是平均适应度；i 是迭代次数；f 是计算出的适应度值；P_{c0} 是初始交叉概率；P_{m0} 是初始突变概率。

5. 基于 AGA-BPNN 的电池剩余容量估计

AGA-BPNN 的实现主要分为两个部分：①AGA 对 BPNN 的初始权重和阈值的优化；②BPNN 神经网络训练模型、模型预测和模型验证。

（1）AGA 部分

如图 3-16 所示，AGA 步骤主要包括种群初始化编码、适应度计算、选择操作、交叉概率计算、突变概率计算、交叉和突变操作。通过上述步骤的不断发展，可以实现 BPNN 的参数优化。

步骤 a）初始化种群：BPNN 的权重值和阈值（包括输入层到隐藏层的权重值和阈值以及隐藏层到输出层的权重值和阈值）作为遗传基因被编码组成个体。

步骤 b）计算适应度：通过对个体解码获得 BPNN 的权重值和阈值，构成完整的 BPNN（BPNN 的详细步骤在 BPNN 部分中显示），BPNN 经过训练后输出容量结果。将输出与 BPNN 模型的实际值之差的倒数作为适应度值（适应度值越大，BPNN 效果越好）。适应度函数的计算如下：

$$f_i = 1 \Big/ \sum_{j=1}^{n}(|y_j - o_j|) \quad (3\text{-}11)$$

式中，f_i 是个体 i 的适应度；y_j 表示第 j 节电池的 BPNN 预测输出；o_j 是第 j 节电池的实际值；n 表示用于训练模型的电池总数。

步骤 c）选择操作：轮盘赌选择方法用于确定个体的选择概率。被选中的可能性如下：

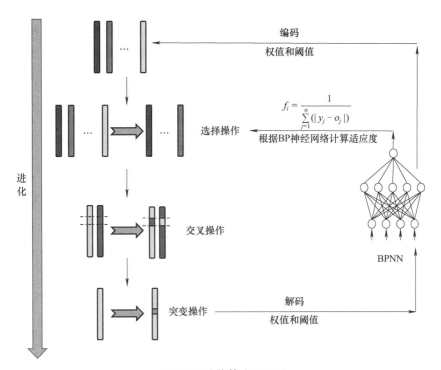

图 3-16 遗传算法原理图

$$p_i = f_i / \sum_{k=1}^{n} f_k \tag{3-12}$$

式中，f_i 是个体 i 的适应度；n 是种群中个体的总数；p_i 是选择的概率。

步骤 d）交叉操作：根据式（3-7）计算交叉概率，确定是否执行交叉运算。交叉操作为

$$a_{kj} = a_{kj}(1-b) + a_{lj}b \tag{3-13}$$

$$a_{lj} = a_{lj}(1-b) + a_{kj}b \tag{3-14}$$

式中，a_{kj} 代表第 k 个个体的第 j 个参数；a_{lj} 代表第 l 个个体的第 j 个参数；b 是 0 到 1 之间的随机数。

步骤 e）突变操作：根据式（3-8）计算突变概率。确定是否执行突变操作。突变操作为

$$a_{ij} = \begin{cases} a_{ij} + (a_{ij} - a_{\max}) \cdot f(g), r > 0.5 \\ a_{ij} + (a_{\min} - a_{ij}) \cdot f(g), r \leq 0.5 \end{cases} \tag{3-15}$$

式中，$a_{\max}$ 和 $a_{\min}$ 是变化的上限和下限；$f(g) = r_2(1 - i/I_{\max})^2$，$r_2$ 是随机数，i 是当前迭代数，$I_{\max}$ 是最大演化数；r 是介于 0 和 1 之间的随机数。

步骤 f) 判断是否达到截止条件。如果没有达到截止条件，跳至步骤 a) 继续迭代。

（2）BPNN 部分

BPNN 部分分为两个部分：模型训练和模型预测验证。

步骤 g) 模型训练：包括输入信号的正向传播和误差信号的反向传播，校正网络的权重值和阈值，并反复迭代直到误差满足要求。

步骤 h)：将电池数据输入到训练后的 BPNN 模型中以获得输出，并将输出与实际值进行比较以评估模型的准确性。总体流程图如图 3-17 所示。

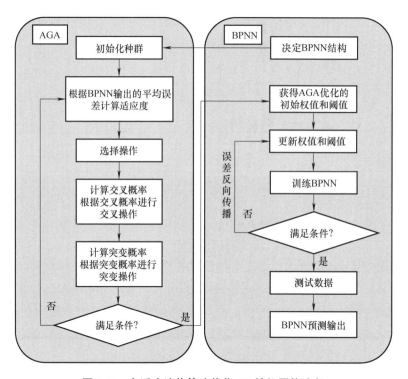

图 3-17　自适应遗传算法优化 BP 神经网络流程

将 460 个电池单体的数据作为训练集，其余 39 个电池单体的数据作为模型验证集。BPNN 的输入层有 9 个节点，隐藏层有 7 个节点，输出层有 1 个节点。图 3-18 和图 3-19 显示了 AGA-BPNN 的输出结果和相对误差。最大误差为 2.9776%，平均误差为 0.9192%，最小误差为 0.008%。AGA-BPNN 的估计输出可以准确反映实际的电池容量。对于这 39 个验证集，AGA-BPNN 的预测效果非常准确，总误差控制在 3% 以内。

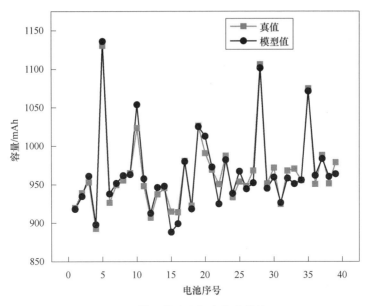

图 3-18 模型估计值与真值比较结果

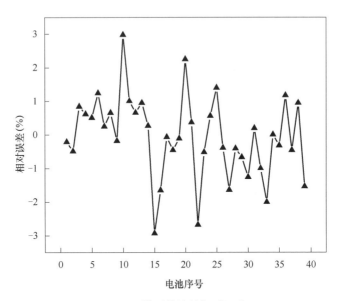

图 3-19 模型估计的相对误差

为了对算法进行评价,引入了未经改进的 GA-BPNN、BPNN 和 RBFNN(径向基函数神经网络,radial basis function neural network)算法进行比较。与 AGA-BPNN 相似,其他算法都使用相同的特征参数输入和输出。并且引出确定系数 R^2,以评估各个算法模型对目标的预测,R^2 计算如式(3-16)所示。R^2 的取值范围是 0~1，它表示目标变量的预测值和实际值之间的相关二次方的百分比。R^2 值为 0 的模型意味着它根本无法预测目标变量。而 R^2 值为 1 的模型可以完美地预测目标变量。从 0 到 1 的值表示特征可以解释模型中目标变量的百分比。

$$R^2 = 1 - \frac{\text{RSS}}{\text{TSS}} \tag{3-16}$$

式中，RSS 为残差平方和 [计算见式 (3-17)]，它反映了观测到的真实值 y_i 与预测值 $\hat{y}_i$ 之间的偏差；TSS 是总离差平方和 [计算见式 (3-18)]，它反映了实测值 y_i 和实测值均值 $\bar{y}$ 之间的偏差。

$$\text{RSS} = \sum_{i=1}^{n}(y_i - \hat{y}_i)^2 \tag{3-17}$$

$$\text{TSS} = \sum_{i=1}^{n}(y_i - \bar{y})^2 \tag{3-18}$$

式中，y_i 代表第 i 个数据点的真实值；$\hat{y}_i$ 表示第 i 个数据点的预测值；$\bar{y}$ 表示真实值的平均值。

四个算法的 R^2、RSS 及其他一些相对误差参数见表 3-8。其中，$e_{\text{train-mean}}$ 表示训练集的平均相对误差；$e_{\text{test-mean}}$ 表示测试集的平均相对误差；$\text{RSS}_{\text{train}}$ 表示训练集的残差平方和；RSS_{test} 表示测试集的残差平方和；$e_{\text{test-max}}$ 表示测试集的最大相对误差；R^2_{train} 表示训练集模型的确定系数，R^2_{test} 表示测试集模型的确定系数。

表 3-8 算法模型的结果对比

算法	$e_{\text{train-mean}}$ (%)	$e_{\text{test-mean}}$ (%)	$\text{RSS}_{\text{train}}$	RSS_{test}	$e_{\text{test-max}}$ (%)	R^2_{test}	R^2_{train}
AGA-BPNN	1.1563	0.9192	103540	5246	2.9776	0.9443	0.9349
GA-BPNN	1.3331	1.0808	142720	6631.2	3.6894	0.9296	0.9103
BPNN	1.2608	1.066	151400	6825.8	3.3774	0.9275	0.9048
RBFNN	1.2911	1.1148	127050	7284.8	3.7847	0.9226	0.9201

在这项研究中，e 和 RSS 的大小均显示为模型的实际值和预测值之间的差异。在这方面，AGA-BPNN 模型具有明显的优势，因为这些参数低于其他算法。AGA-BPNN 的 R^2 也优于其他算法，在测试集和训练集上分别为 0.9443 和 0.9349。因此，AGA-BPNN 模型可以比其他模型更好地实现容量的估计。同时，发现未经优化的 BPNN 性能最差，因此初始权重和阈值对 BPNN 模型的质量有很大影响。另一方面，RBFNN 的性能也很棒，其具有网络结构简单、易实现的优点，在本项研究也显示了对容量预测的巨大潜力。

▶ 6. 退役电池老化机理识别

容量增量曲线主要用于分析单节电池的退化，即同一节电池在不同阶段的退化。在废旧电池回收场景下，获得了不同批次电池的容量增量曲线，将容量增量曲线分析扩展到不同的电池的老化分析中。在容量增量曲线中，高压侧（峰 A）峰值强度可以反映库存锂的损失（loss of lithium inventory，LLI）程度和两电极活性物质的损失（loss of active material，LAM），而低压侧（峰 B）峰值强度与损失两电极的 LAM 有关。容量增量曲线峰值位置的偏移通常与电池动力学障碍（inhibited kinetics，IK）有关。为了揭示特征参数与容量衰减的相关性，将退役电池容量增量曲线的特征值和容量数据的相关系数 r 进行计算。相关系数 r 由式（3-19）计算：

$$r = \frac{\sum_{i=1}^{n}(x_i - \bar{x})(Q_i - \bar{Q})}{\sqrt{\sum_{i=1}^{n}(x_i - \bar{x})^2} \cdot \sqrt{\sum_{i=1}^{n}(Q_i - \bar{Q})^2}} \tag{3-19}$$

式中，x_i 为第 i 节电池容量增量曲线的特征参数；$\bar{x}$ 为 n 节电池特征参数的平均值；Q_i 为第 i 节电池容量；$\bar{Q}$ 为 n 节电池容量的平均值。

计算结果见表 3-9。计算 x 与 y 相关系数时，当 $r=1$ 时，x 与 y 为线性关系；当 $r=0$ 时，x 与 y 不相关；当 $r<0.3$ 时，x 与 y 弱相关；当 $0.3<r<0.5$ 时，x 与 y 中度相关；当 $0.5<r<0.8$ 时，x 与 y 强相关；当 $0.8<r<1.0$ 时，x 和 y 的相关性非常强。

为了便于分析，将各个参数与容量的直观关系汇聚成散点图，如图 3-20 所示。图 3-20a~e 分别为 V_A、IC_A、ΔQ_{AR-AL}、k_1、k_2 与电池容量的关系图。观察到 IC_A 和 ΔQ_{AR-AL} 两个参数在图中线性较强，这一点也从表 3-9 的相关系数的计算结果中得到了验证，IC_A 和 ΔQ_{AR-AL} 与容量的相关系数分别为 0.5639 和 0.7544，这表明它们与容量有很强的相关性。

IC_A 为峰值高度，ΔQ_{AR-AL} 为以峰 A 电压为中点的 0.04V 范围内容量增量曲线下面积。峰值强度可以由这两个特征参数来

表 3-9 特征参数与容量的相关系数

参数 x	相关系数 r
V_A	-0.1326
IC_A	0.5639
ΔQ_{AR-AL}	0.7544
k_1	0.4692
k_2	-0.3867
V_B	-0.1085
IC_B	0.3796
ΔQ_{A-B}	0.4199
r_{YS}	-0.0413

反映（IC_A 越大，ΔQ_{AR-AL} 越大，表明峰强度越大）。由于这两个参数与容量的相关性较强，因此峰 A 的强度可以在很大程度上反映出容量。

图 3-20f~h 分别为 V_B、IC_B、ΔQ_{A-B} 与电池容量的关系，它们与电池容量的关系并不呈现出明显的线性关系。这一点也从表 3-9 的相关系数的计算结果中得到了验证，V_B、IC_B 和 ΔQ_{A-B} 与容量的相关系数分别为 -0.1085、0.3796、0.4199。V_B 与电池容量之间的相关性较弱，这表明电池的 IK 对容量衰减的影响很小。IC_B 和 ΔQ_{A-B} 与容量的相关性是中等的。

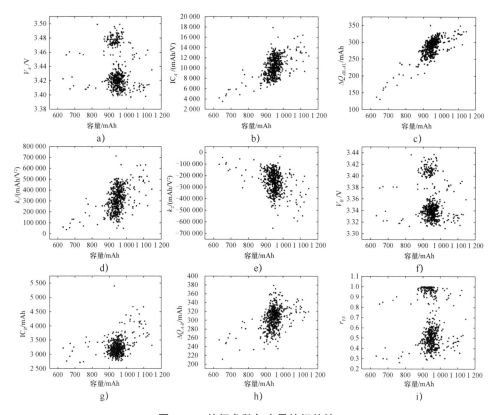

图 3-20 特征参数与容量的相关性

特征参数 r_{YS} 表示整个曲线的相似性。参考曲线是 1 号电池的容量增量曲线。r_{YS} 与容量之间的相关系数是 -0.0413，这是一个弱相关。r_S 的值与参考单元的状态有关，如果选择一个全新的单元格作为参考单元格，则 r_{YS} 和容量之间的相关性可能会有所不同。考虑到当前所有电池的初始状态未知，因此导致 r_{YS} 与容量之间的相关性较低。我们未来的工作将使用新电池的容量增量曲线作为参考。

k_1 和 k_2 与容量的相关系数分别为 0.4692 和 -0.3867，表明存在中等相关性。k_1 和 k_2 代表峰 A 的斜率，可以反映峰的强度。k 的绝对值越大，电池的化学反应越剧烈，同时峰 A 的强度也越大。基于以上所述，IC_A 和 ΔQ_{AR-AL} 与容量的强相关性表明，这批电池的容量衰减是由 LAM 和 LLI 引起的，但对峰 B 的分析得出结论：容量衰减与 LAM 无关。因此，这些电池容量衰减的主要原因很可能是 LLI 引起的，而受 LAM 影响较小。

V_A 和 V_B 与电池的 KI 有关，详细分析将在第 3.4 节中介绍。

图 3-21 显示了模型创建和应用的示意图，在模型创建的过程中可能需要很多时间，因为需要测试电池的实际容量，所以电池必须进行满充和满放整个测试过程，但是在模型应用过程中只需要电池恒流充电曲线的数据部分，为快速测试创造了电池可能性。本节提出的方法由于只需要电池在大电流下的部分充电曲线即可估算出电池的容量，所以该测试方法对比相同电流下的传统测试在测试时间上要少 60%~70%，为电池容量的快速筛选提供了参照。

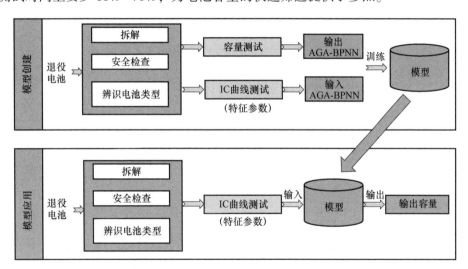

图 3-21　模型创建和应用的示意图

3.3.3　电池内阻估计

代表峰 A 和峰 B 位置的 V_A 和 V_B 与电池的动力学障碍（inhibited kinetics, IK）相关，而 IK 在电池上表现为内阻的变化，即 IK 与电池内阻的变化有关。因此，可以建立 V_A 和 V_B 与内阻的关系，借此来对电池的内阻进行估算。

内阻采用第 3.2.3 节测试的直流内阻 R_{DCIR}，直流内阻与 V_A 和 V_B 的散点图如图 3-22 所示。图中直流内阻与 V_A 和 V_B 均具有明显的直线关系。为了进一步分析，根据式（3-19）计算内阻分别与 V_A 和 V_B 的相关系数，结果见表 3-10。R_{DCIR} 与 V_A、V_B 的相关系数分别为 0.9819 和 0.9803。R_{DCIR} 与 V_A、V_B 高度相关，并且具有很强的线性关系。R_{DCIR} 与 V_A 和 V_B，可以用来对电池的直流内阻进行估算。

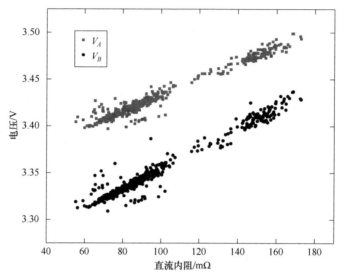

图 3-22　直流内阻与电压特征（V_A、V_B）的关系

由图 3-22 可以发现，电池的内阻与容量增量曲线的电压参数有很强的线性关系，对内阻和电压参数进行直线拟合，拟合函数为一次线性函数：

$$y = a + bx \quad (3-20)$$

表 3-10　特性参数与内阻的相关系数

参　　数	相关系数
V_A	0.9819
V_B	0.9803

式中，y 为电池的直流内阻；x 为电池 IC 曲线电压特征参数；a 为要拟合的常数项；b 为需要拟合的一次项系数。

最小二乘法（least square method）是一种常用的数学优化方法，在拟合一个函数时，通过最小化误差的二次方来确定最佳的匹配函数。分别将峰 A 电压 V_A 和峰 B 电压 V_B 作为自变量 x，电池的直流内阻作为 y，对曲线进行最小二乘直线拟合，拟合结果如图 3-23 所示，详细参数见表 3-11。

在本研究中，内阻的拟合的 R^2 分别为 0.9641 和 0.96112，两者均在 0.95 以上，说明该拟合结果可以很好地对目标进行预测。同时，V_A 相对于 V_B 拟合的 RSS 更小，且 R^2 更接近于 1，表明 V_A 更适合对电池的直流内阻进行估算。

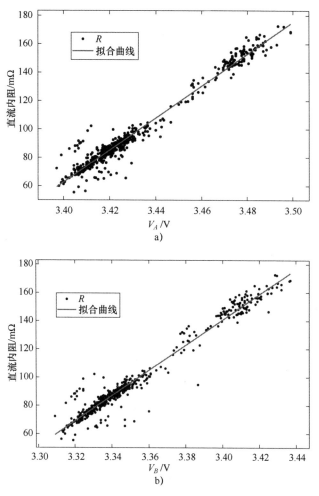

图 3-23 最小二乘直线拟合结果

a) V_A 拟合结果 b) V_B 拟合结果

表 3-11 详细拟合结果参数

拟 合 参 数	V_A 拟合结果	V_B 拟合结果
a	-3772.91	-2900.00
b	1128.10	894.32
RSS	15550.25	16841.75
R^2	0.9641	0.96112
相关系数	0.98189	0.96104

在图 3-22 中，V_A 和 V_B 与容量的相关性很差，皮尔逊相关系数分别为 -0.1326 和 -0.1085，相关系数很低，并且均为负相关。而由上面的分析可以看出，V_A 和 V_B 均与内阻有很强的相关性，所以内阻和容量的相关性也很低。图 3-24 为容量和直流内阻的相关性。

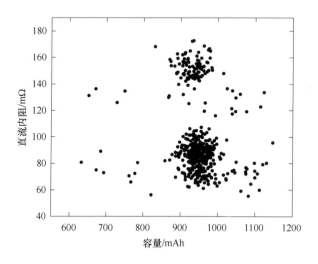

图 3-24 容量和直流内阻的关系

根据电池在第一次使用的情况，电池的容量衰减往往和电池的内阻增加是同时发生的。但是很难有一个定量的关系，在图中我们很难发现有明显的关系，计算皮尔逊相关系数发现，电池的剩余容量与电池内阻增加之间大致表现为电池内阻较低，相对而言电池剩余容量较高，但程度很小。

3.3.4 小结

本节建立了电池的容量和内阻的快速估算模型，并对电池的老化进行了分析。首先，通过实验手段获得了建立模型所必需的容量、内阻和容量增量曲线等数据。其次，用 AGA 算法对 BPNN 模型进行了改进，进而实现了对电池容量的估算。在与其他算法的对比中，模型 AGA-BPNN 表现出良好的性能，估算容量的最大误差仅为 2.9776%。并且由于算法需要的数据仅为容量增量的部分曲线，不需要将电池充满即可得到，大大提高了测试效率，相比于同倍率的传统测试方法测试时间下降了 60%~70%。在此基础上，通过容量增量曲线分析了大量废弃电池的老化机理，该批电池的老化主要与锂离子库存的衰减有关。最后，通过容量增量曲线的峰的横坐标实现了对电池直流内阻的拟合，拟合结果的系数在 0.95 以上，表现出良好的拟合效果，可在容量的估算中顺便估计电池的直流内阻。

参 考 文 献

[1] MCGLADE C, EKINS P. The geographical distribution of fossil fuels unused when limiting global warming to 2 degrees C [J]. Nature, 2015, 517 (7533): 143-187.

[2] CHIARI L, ZECCA A. Constraints of fossil fuels depletion on global warming projections [J]. Energy Policy, 2011, 39 (9): 5026-5034.

[3] ZENG X, LI M, ABD EL-HADY D, et al. Commercialization of lithium battery technologies for electric vehicles [J]. Advanced Energy Materials, 2019, 9: 1900161.

[4] FERELLA F, DE MICHELIS I, VEGLIO F. Process for the recycling of alkaline and zinc-carbon spent batteries [J]. Journal of Power Sources, 2008, 183 (2): 805-811.

[5] DEBNATH U K, AHMAD I, HABIBI D. Quantifying economic benefits of second life batteries of gridable vehicles in the smart grid [J]. International Journal of Electrical Power & Energy Systems, 2014, 63: 577-587.

[6] ALIMISIS V, HATZIARGYRIOU N D. Evaluation of a hybrid power plant comprising used EV-batteries to complement wind power [J]. IEEE Transactions on Sustainable Energy, 2013, 4 (2): 286-293.

[7] HEYMANS C, WALKER S B, YOUNG S B, et al. Economic analysis of second use electric vehicle batteries for residential energy storage and load-levelling [J]. Energy Policy, 2014, 71: 22-30.

[8] CUSENZA M A, GUARINO F, LONGO S, et al. Reuse of electric vehicle batteries in buildings: An integrated load match analysis and life cycle assessment approach [J]. Energy and Buildings, 2019, 186: 339-354.

[9] 张凤麒. 车辆用锂离子动力电池特性分析 [J]. 机电技术, 2021 (1): 48-52.

[10] HUA Y, ZHOU S, HUANG Y, et al. Sustainable value chain of retired lithium-ion batteries for electric vehicles [J]. Journal of Power Sources, 2020, 478: 228753.

[11] 钟雪虎, 陈玲玲, 韩俊伟, 等. 废旧锂离子电池资源现状及回收利用 [J]. 工程科学学报, 2021, 43 (2): 161-169.

[12] HUA Y, ZHOU S, CUI H, et al. A comprehensive review on inconsistency and equalization technology of lithium-ion battery for electric vehicles [J]. International Journal of Energy Research, 2020, 44 (14): 11059-11087.

[13] LIU X, AI W, MARLOW M N, et al. The effect of cell-to-cell variations and thermal gradients on the performance and degradation of lithium-ion battery packs [J]. Applied Energy, 2019, 248: 489-499.

[14] LAI X, QIAO D, ZHENG Y, et al. A novel screening method based on a partially discharging curve using a genetic algorithm and back-propagation model for the cascade utilization of retired lithium-ion batteries [J]. Electronics, 2018, 7 (12): 399.

[15] TIAN H, QIN P, LI K, et al. A review of the state of health for lithium-ion batteries: Research status and suggestions [J]. Journal of Cleaner Production, 2020, 261: 120813.

[16] UNGUREAN L, CARSTOIU G, MICEA M V, et al. Battery state of health estimation: a structured review of models, methods and commercial devices [J]. International Journal of Energy Research, 2017, 41 (2): 151-181.

[17] WANG Y, TIAN J, SUN Z, et al. A comprehensive review of battery modeling and state estimation approaches for advanced battery management systems [J]. Renewable & Sustainable Energy Reviews, 2020, 131: 110015.

[18] REMMLINGER J, BUCHHOLZ M, MEILER M, et al. State-of-health monitoring of lithium-ion batteries in electric vehicles by on-board internal resistance estimation [J]. Journal of Power Sources, 2011, 196 (12): 5357-5363.

[19] WAAG W, SAUER D U. Adaptive estimation of the electromotive force of the lithium-ion battery after current interruption for an accurate state-of-charge and capacity determination [J]. Applied Energy, 2013, 111: 416-427.

[20] DONG H, JIN X, LOU Y, et al. Lithium-ion battery state of health monitoring and remaining useful life prediction based on support vector regression-particle filter [J]. Journal of Power Sources, 2014, 271: 114-123.

[21] KLASS V, BEHM M, LINDBERGH G. A support vector machine-based state-of-health estimation method for lithium-ion batteries under electric vehicle operation [J]. Journal of Power Sources, 2014, 270: 262-272.

[22] LI H, ZHOU Z. numerical simulation and experimental study of fluid-solid coupling-based air-coupled ultrasonic detection of stomata defect of lithium-ion battery [J]. Sensors, 2019, 19 (10): 2391.

[23] SAW L H, YE Y, TAY A A O, et al. Computational fluid dynamic and thermal analysis of lithium-ion battery pack with air cooling [J]. Applied Energy, 2016, 177: 783-792.

[24] ZHENG Y, HAN X, LU L, et al. Lithium ion battery pack power fade fault identification based on Shannon entropy in electric vehicles [J]. Journal of Power Sources, 2013, 223: 136-146.

[25] AN F, HUANG J, WANG C, et al. Cell sorting for parallel lithium-ion battery systems: Evaluation based on an electric circuit model [J]. Journal of Energy Storage, 2016, 6: 195-203.

[26] GOGOANA R, PINSON M B, BAZANT M Z, et al. Internal resistance matching for parallel-connected lithium-ion cells and impacts on battery pack cycle life [J]. Journal of Power

Sources, 2014, 252: 8-13.

[27] ZHOU L, ZHENG Y, OUYANG M, et al. A study on parameter variation effects on battery packs for electric vehicles [J]. Journal of Power Sources, 2017, 364: 242-252.

[28] GUO L, LIU G. Research of lithium-ion battery sorting method based on fuzzy C-means algorithm [J]. Advanced Materials Research, 2012, 354-355: 983-988.

[29] FENG F, HU X, HU L, et al. Propagation mechanisms and diagnosis of parameter inconsistency within Li-ion battery packs [J]. Renewable & Sustainable Energy Reviews, 2019, 112: 102-113.

[30] ZHENG Y, HAN X, LU L, et al. Lithium ion battery pack power fade fault identification based on Shannon entropy in electric vehicles [J]. Journal of Power Sources, 2013, 223: 136-146.

[31] CHEN W. A review of materials and their future development trends forlithium ion battery anodes [J]. IOP Conference Series: Earth and Environmental Science, 2020, 546 (2): 022026.

[32] JI X, XIA Q, XU Y, et al. A review on progress of lithium-rich manganese-based cathodes for lithium ion batteries [J]. Journal of Power Sources, 2021, 487: 229362.

[33] 秦凯, 郑钧元, 杨良君. 锂离子电池电解液功能添加剂研究进展 [J]. 冶金与材料, 2020, 40 (4): 7-8.

[34] 穆德颖, 刘元龙, 戴长松. 锂离子电池液态有机电解液的研究进展 [J]. 电池, 2019, 49 (1): 68-71.

[35] 张子浩. 静电纺丝技术制备锂离子电池隔膜的研究现状 [J]. 绝缘材料, 2016, 49 (5): 1-6.

[36] 王鹏博, 郑俊超. 锂离子电池的发展现状及展望 [J]. 自然杂志, 2017, 39 (4): 283-289.

[37] 胡家佳, 许涛, 方雷. 锂离子电池自放电影响因素及测量方法研究 [J]. 电源技术, 2017, 41 (3): 495-497.

[38] JIANG Y, JIANG J, ZHANG C, et al. Recognition of battery aging variations for LiFePO$_4$ batteries in 2nd use applications combining incremental capacity analysis and statistical approaches [J]. Journal of Power Sources, 2017, 360: 180-188.

[39] MA Z, WANG Z, XIONG R, et al. A mechanism identificationmodel based state-of-health diagnosis of lithium-ion batteries for energy storage applications [J]. Journal of Cleaner Production, 2018, 193: 379-390.

[40] MA Z, JIANG J, SHI W, et al. Investigation of path dependence in commercial lithium-ion cells for pure electric bus applications: Aging mechanism identification [J]. Journal of Power Sources, 2015, 274: 29-40.

[41] 徐克成, 桂长清. 锂离子单体电池与电池组的差异 [J]. 电池, 2011, 41 (6):

315-318.

[42] 戴海峰,王楠,魏学哲,等.车用动力锂离子电池单体不一致性问题研究综述[J].汽车工程,2014,36(2):181-188.

[43] 王东梅,冯伟峰,白红燕,等.基于电压平台的电池聚类分选算法研究[J].电源技术,2016,40(5):994-996.

[44] 蒋兵,张宁,马琨岩.金属中气体元素对材料性能的影响及检测方法[J].科技致富向导,2013(14):344-348.

[45] 叶铃,雷迎科,陈悦,等.基于k-means算法的直扩信号信息及伪码序列盲估计方法[J].信号处理,2021,37(8):1533-1540.

第 4 章

动力电池梯次利用热管理工艺

4.1 锂离子电池热安全性现状

梯次利用在应用过程中的关键问题之一就是锂离子电池的热安全问题。根据锂离子电池的温度分布性进行冷却系统设计，可以提高冷却效率，保证电池工作在合适的温度范围内，在降低电池最高温度的同时，提高电池温度的均匀性，防止热失控的发生，从而成为研究的热点方向。

对于热管理系统的设计，可以通过可靠的电池模型进行热仿真，进一步通过优化电池散热参数进行优化，得到最佳电池散热方式，使电池的温度维持在一定的范围内。相比于实验方法，数值模拟能节省时间成本和经济成本。相比于常用的等效电路模型，伪二维模型具有较高的理论精度，但伪二维模型有大量互相耦合的偏微分方程，且涉及的参数众多，其中的参数测量往往时间成本和经济成本较高，因此对伪二维模型进行简化和参数辨识的研究尤为关键。

4.1.1 锂离子电池模型参数辨识研究现状

目前通常会采用非线性最小二乘法、遗传算法（genetic algorithm，GA）、高斯-牛顿法（Gauss-Newton method，GN）、神经网络、粒子群算法、粒子群优化（particle swarm optimization，PSO）等对电池模型进行参数辨识。例如，Ramadesigan等人采用GN，用电池1C放电数据研究了正、负极扩散系数（$D_{s,p}$、$D_{s,n}$）、液相扩散系数（D_e）和正、负速率常数（k_p、k_n）等5个不同的参数。Forman等人根据不同放电倍率下的充放电数据，通过GA确定了P2D模型的88个参数。Zhang等人提出了一种多目标优化方法，利用GA估计了25个参数。结果表明，在15℃、30℃及低放电倍率下的模拟结果与实验结果一致性良好。Rahman等人采用PSO，利用1C放电数据辨识了电化学模型中$D_{s,p}$、$D_{s,n}$、k_p、k_n四个参数。Jokar等人通过GA确定了9个电化学参数，即$D_{s,p}$、$D_{s,n}$、D_e、k_p、k_n，正、负极初始局部SOC（$\theta_{0,p}$、$\theta_{0,n}$）和正、负极极表面积（A_p、A_n）。结果表明，多种不同的放电倍率下模拟结果与实测结果都能保持良好的一致性。Kim等人利用深度贝叶斯和谐搜索（deep bayesian harmony search，DBHS）估算了包括正、负极固相体积分数$\varepsilon_{s,p}$、$\varepsilon_{s,n}$，正、负极初始固相锂离子浓度$c_{s,0,p}$、$c_{s,0,n}$，液相锂离子浓度和$c_{e,0}$，以及固-电解液界面（solid-electrolyte interface，SEI）膜内阻R_{SEI}在内的6个参数，并根据联邦城市运行工况（federal urban driving schedule，FUDS）和动态应力测试（dynamic stress test，DST）下的数据验证了模型的精度。Chu等人在PSO的基础上设计了4个测试，共8个步骤，确定每个步骤中不同的参数组。然后，将模型与城市道路循环工况（urban dynamometer driving schedule，UDDS）下的实验数据进行对比，验证了模型的精度。Chun 等人采用了长短期记忆网络（long short-term memory network，LSTM），以近乎最优和实时的方式实现对 P2D 模型中与电池老化相关的正、负极比表面积（$a_{s,p}$、$a_{s,n}$），正、负极电子电导率（σ_p、σ_n），SEI 膜厚度 H_{SEI}，归一化可用容量（normalized available capacity，Cap_{norm}）这 6 个参数的辨识。并利用批量归一化（batch normalization）、丢弃（dropout）和热重启随机梯度下降（stochastic gradient descent with warm restart），用于提高学习速度和正则化。利用辨识得到的参数模拟所得结果，与实验数据有较好的一致性，即使是在很短的时间间隔内获得的测量结果，寻找参数和恢复电压曲线的均方根误差也分别在 0.43% 和 26mV 以内。电池电化学模型的参数辨识研究情况见表 4-1。

表 4-1 电池电化学模型的参数辨识研究情况

研究人员	算法	辨识参数个数	辨识参数	环境温度
Ramadesigan 等	GN	5	$D_{s,p}$、$D_{s,n}$、D_e、k_p、k_n	25℃
Forman 等	GA	88	—	25℃
Zhang 等	GA	25	—	15℃，30℃
Rahman 等	PSO	4	$D_{s,p}$、$D_{s,n}$、k_p、k_n	25℃
Jokar 等	GA	9	$D_{s,p}$、$D_{s,n}$、D_e、k_p、k_n、$\theta_{0,p}$、$\theta_{0,n}$、A_p、A_n	—
Kim 等	DBHS	6	$\varepsilon_{s,p}$、$\varepsilon_{s,n}$、$c_{s,0,p}$、$c_{s,0,n}$、$c_{e,0}$、RSEI	25℃
Chu 等	PSO	24	—	25℃
Chun 等	LSTM	6	$a_{s,p}$、$a_{s,n}$、σ_p、σ_n、HSEI、Cap_{norm}	—

从表 4-1 可以看出，参数辨识的参数有所区别。另外，实际上，不同文献中参数辨识采用的工况有恒流放电工况、恒流充放电工况、动态工况等。同时利用的电化学机理模型也各有不同，有 P2D 模型、SP 模型、改进的 SP 模型等。通常利用的工况越复杂，辨识得到的参数相对越高，但相对更耗时。

在参数辨识前，通常会进行参数敏感性分析。参数敏感性越高，即参数变化对输出结果的影响更大，利用参数敏感性较高的参数进行参数辨识，目前常用的参数敏感性辨识方法可以通过改变仿真模型的参数，来观察其对输出结果的影响。另外，也可以通过如 Fisher 信息矩阵和 Cramer-Rao 边界，来进行模型的参数辨识。

近来，一些研究侧重于灵敏度分析和数据优化。Lin 提出了一种用于实时估计的数据选择/挖掘策略，旨在从随机在线流中识别和使用敏感数据点/段进行估计。这些研究在保证和提高电池状态和参数估计的质量方面取得了一定的进展。

4.1.2 锂离子电池冷却方式研究现状

锂离子电池的性能对温度很敏感。根据文献，锂离子电池性能最佳温度范围为 15~35℃，不同位置温差应在 5℃ 以下。如果电池温度超过一定范围或温差较大，就会出现如电池老化、性能下降和安全性变差等问题。一方面，温度较低时，电池容量降低，机械应力和热反应的非均匀性会增大，甚至会出现析锂风险。另一方面，温度较高时，虽然电池容量能获得一定提升，但高温下的安全和寿命问题更应引起注意。当温度逐渐升高到 100℃ 以上时，电池各组分会开始相互反应并产生大量的热量和气体。当温度超过 150℃ 时，会发生连锁反应引起热失控。另外，在放电过程中，随着温度的升高，温度分布不均匀性会增加。而且，电池局部高温会加速 SEI 膜的生长，导致更多的容量损失。

根据传热介质不同，电池常见的冷却方式可分为：空气冷却、液体冷却、相变材料冷却、热管冷却。

1. 空气冷却

空气冷却以空气为冷却介质将热量带走，达到散热的目的。空气冷却具有结构简单、附加重量小、成本低等优点，因此在早期的电动汽车中得到了广泛应用。但是由于空气冷却的换热效率相对较低，为了增强其散热效率、提高传热效率，需要在气流通道和电池两侧采用金属泡沫、散热片。

随着电动汽车对高续驶里程和高能量密度的要求，电池放热也越来越显著，对电池冷却换热效率的要求越来越高，电动汽车中的电池冷却策略已经逐步采用其他换热效率更高的冷却方式，或采用空气冷却与其他冷却方式相结合的方式。

2. 液体冷却

相对于空气冷却，液体冷却的换热效率更高，是当前应用最普遍的冷却方式。常见的冷却介质有水、水/乙二醇混合液、油和丙酮等。总的来说，液体冷却的换热效率较高，但由于需要泵、阀、冷却器和散热器，因此结构相对复杂并且重量较重。

目前，对液体冷却的工作大多都集中在冷却板内部流动结构的优化上。对于方形电池，冷却板容易与平面接触。Deng 等人设计了应用于电池热管理系统（battery thermal management system，BTMS）中的蛇形通道液冷板和直宽通道液冷板。对于直通道的情况，采用正交阵列法进行参数研究，分析了四个参数对热管理性能的影响。研究发现，通道数的影响最为明显，冷却液流速次之，管高的影响最小。Lee 等人提出了一种具有新颖通道结构的超薄微型通道冷却板。通过倾斜的直翅片的简单配置，可以破坏已经形成的流体动力边界层，以最小的额外压降损失增强传热能力。

对于圆柱电池，冷却表面难以与电池的曲面接触，因此，对其进行了优化。关于圆柱电池间接液冷的相关研究相对较少。Rao 等人先后提出了两种圆柱形 BTM 的冷却结构，即迷你通道液冷圆柱体结构和可变接触面、直迷你通道的铝制冷却块。一般来说，增加接触面积可以显著降低最高温度，但也会降低温度均匀性。

3. 相变材料冷却

相变材料冷却即利用相变材料（phase change material，PCM）相变过程中吸收或释放大量潜热，来维持温度保持在一定范围内，属于被动冷却。相变材料冷却是一种新型的冷却方式，具有结构紧凑、不消耗额外能量、冷却效率较高（尤其是在相变温度区间）、温度响应快等优点。另外，相对于其他冷却方式，相变材料容易成型，能够与电池表面紧密接触，因此均温性能好。但是，由于基于相变材料冷却的 BTMS 只是将热量储存起来，而 PCM 往往导热系数较低，因此无法有效地将储存的热量散发到外部环境，容易达到热饱和。

目前 BTMS 中使用最多的 PCM 是石蜡，石蜡具有高相变潜热、成本低、绝缘、无毒、无腐蚀性等优点。但石蜡导热系数仅在 $0.2W/(m \cdot K)$ 左右。为了进一步提高石蜡的导热性能，通常会将石蜡和膨胀石墨混合制成复合相变材料（composite phase change material，CPCM）。如图 4-1 所示，Wang 开发了一种基于石蜡-膨胀石墨复合相变材料（膨胀石墨质量分数为 5%）。结果表明，CPCM 改善了温度均匀性并降低了平均温度，此外定制的铝盒解决了电池组中的漏液问题。

除了膨胀石墨，通常石蜡 PCM 也会与多孔材料或高导热性材料结合，以此来进一步提高 PCM 的散热性能。多孔材料有泡沫铜、泡沫镍和铜网等。例如，Situ 等人以两层铜网作为石蜡和膨胀石墨 CPCM 的骨架，进一步增强了 CPCM 的导热性和强度。此外，一些碳材料，如碳纤维和碳纳米管等，由于稳定的性能和相对较高的导热性，也会被添加到 PCM 中以增加散热性能。例如，Babapoor 等人将碳纤维添加到石蜡 PCM 中以增强其传热性能，并研究了碳纤维的质量分数和碳纤维长度对 CPCM 传热性能的影响。实验结果表明，石蜡 PCM 与质量分数 0.46%、2mm 长的碳纤维的混合物，有着最佳的传热性能，能将电池最大温升最多降低 45%。此外其他策略，如金属翅片、二氧化硅和铝蜂窝板、铜纤维，也可以用来提高 PCM 的导热性能。

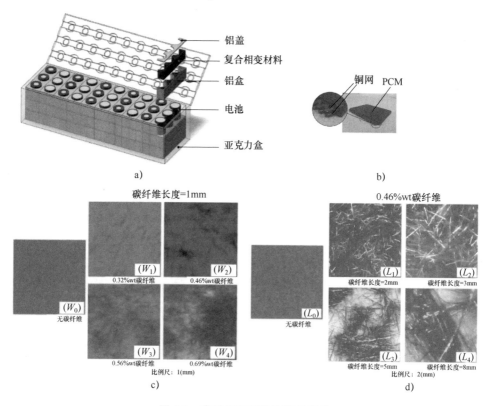

图 4-1 常见相变材料热管理策略

a) 石蜡-膨胀石墨　b) 石蜡-膨胀石墨+铜网　c) 石蜡-膨胀石墨+碳纤维（不同碳纤维质量分数）
d) 石蜡-膨胀石墨+碳纤维（不同碳纤维长度）

4. 热管冷却

热管冷却为热管中的冷却介质在毛细作用下从蒸发段到冷凝段的气-液相变过程，从而实现热量的传递。热管冷却换热效率高，与传统的液冷系统相比，可以使电池单体/模组温度均匀性更好，有着更简单的设计和更安全的系统（在高压区域没有泄漏问题）。但热管设计维护复杂，成本高。

Worwood 等人通过在轴心采用热管，在电池的顶部和底部采用圆片（spreader disc），来降低电池内部的热阻。结果表明，这种内置热管冷却的策略可以降低电池热阻达（67.8±1.4)%。但该方法导致了18650型和32113型电池的能量密度降低和电池质量增加的幅度最大可达6.0%和11.7%。为了避免能量密度降低，研究开始关注外置热管BTMS。Zhao等人采用了包括热管自然冷却、水平风机-热管冷却、垂直风机-热管冷却、结合恒温槽冷却和湿冷的热管冷却等五种冷却方式。结果表明，采用湿冷的热管性能最好，可将最高温度和3C放电倍率下最大温差分别控制在21.5℃和0.5℃以下。

热管是将电池产生的热量迅速传递，而要将热量迅速散发到周围环境中，通常会与空气冷却、液体冷却、相变材料冷却相结合。通常会将热管蒸发段与电池表面接触，冷凝段与冷却介质接触，以进一步提高冷却性能。例如，Huang等人设计了一种基于PCM/扁平热管的BTMS。沿着电池模组中五排电池间隙中间分别排布四个扁平热管。结果表明，电池的最高温度和温差分别可以控制在44℃和3℃以下。常见电池冷却方式的优缺点见表4-2。

表4-2 常见电池冷却方式的优缺点

冷却方式	空气冷却	液体冷却	相变材料冷却	热管冷却
优点	（1）结构简单，附加重量小 （2）成本低 （3）能有效排除有害气体	换热效率较高	（1）相变潜热大，换热效率较高 （2）均温性能好 （3）形状适应性好 （4）无附加能耗	（1）换热效率高 （2）均温性能好
缺点	换热效率低	（1）重量较大 （2）成本较高 （3）容易泄漏	导热系数低	（1）设计维护复杂 （2）成本较高

结合第4.1.1、4.1.2节，面对频发的热安全事故，退役电池梯次利用亟需有效的电池冷却方式。而对于电池冷却方式的设计，通常可以采用仿真进行辅助设计分析。另外，对于电池模型，P2D模型可以更为准确。相较于目前应用广泛的等效电路模型，P2D模型具有更高的理论精度，但模型更复杂，且参数测量的时间成本和经济成本较高，因此需要一方面对P2D模型进行简化，另一方面需要对P2D模型进行参数辨识。对于P2D模型的参数辨识，辨识针对的参数没有统一的标准。

4.2 锂离子电池机理模型

P2D模型和SP2D模型分别见本书第1.2.1节和第1.2.2节。下面介绍电化学-热模型。

(1) 电化学生热机理

由于本节中采用的为 18650 圆柱电池,考虑到极坐标下导热系数的各向异性,极坐标下电池的三维热模型的能量守恒方程可表示为

$$\frac{\partial(\rho_{bat}C_{p,bat}T_{bat})}{\partial t} = \frac{1}{r}\frac{\partial}{\partial r}\left(\lambda_r r \frac{\partial T_{bat}}{\partial r}\right) + \frac{1}{r^2}\frac{\partial}{\partial \theta}\left(\lambda_\theta \frac{\partial T_{bat}}{\partial \theta}\right) + \frac{\partial}{\partial z}\left(\lambda_z \frac{\partial T_{bat}}{\partial z}\right) + \dot{q} \quad (4\text{-}1)$$

式中,ρ_{bat}、$C_{p,bat}$、T_{bat} 分别为电池的密度、比热容和温度;r 为径向坐标;θ 为极角;z 为轴向坐标;λ_r、λ_θ、λ_z 分别表示圆柱电池在径向、极角和轴向的导热系数,单位均为 W/(m·K);q 为电池的生热功率,单位为 W/m³。

电池的生热项 q 一般可以认为由极化热和不可逆热构成,而不可逆热由极化热、欧姆热和混合热组成,即

$$q = q_r + q_p + q_o + q_m \quad (4\text{-}2)$$

可逆热 q_r 为电极与电解液表面的电化学反应热,与平衡电位温度导数(熵热系数)有关:

$$q_r = j_f T \frac{\mathrm{d}U}{\mathrm{d}T} \quad (4\text{-}3)$$

极化热 q_p 和欧姆热 q_o 均属于不可逆热。极化热 q_p 由过电位引起:

$$q_p = j_f \eta_{act} \quad (4\text{-}4)$$

欧姆热 q_o 可由焦耳定律求得

$$q_o = \sigma^{eff} \frac{\partial \Phi_s}{\partial x} \cdot \frac{\partial \Phi_s}{\partial x} + \kappa^{eff} \frac{\partial \Phi_e}{\partial x} \cdot \frac{\partial \Phi_e}{\partial x} + \kappa_D^{eff} \frac{\partial \ln c_e}{\partial x} \cdot \frac{\partial \Phi_e}{\partial x} \quad (4\text{-}5)$$

等式右端第一项表示电子欧姆热,第二项表示离子欧姆热,第三项表示离子迁移引起的欧姆热。

混合热 q_m 可以用下式求得

$$q_m = \frac{\partial}{\partial t}\left[-\frac{F}{2}\frac{\partial U_H}{\partial c_s}\int(c_s - \overline{c_s})^2 \mathrm{d}v\right] \quad (4\text{-}6)$$

式中,$U_H = U - T\frac{\mathrm{d}U}{\mathrm{d}T}$;$c_s$ 和 $\overline{c_s}$ 分别为固相锂离子浓度和平均固相锂离子浓度;$\int \mathrm{d}v$ 表示活性粒子内的体积积分。

另外,考虑表面的对流换热,电池表面的热边界条件:

$$q_{conv} = h(T_{amb} - T) \quad (4\text{-}7)$$

式中,q_{conv} 为热流密度,单位为 W/m²。

(2) 热物性参数

18650 圆柱电池的内部结构通常为卷绕结构,即正、负极集流体双面均涂敷

正、负极涂层（涂层通常含有活性材料、电解液、导电剂、粘结剂等）制作成正、负极极片，然后与两层隔膜间隔堆叠卷绕。图 4-2 所示为 18650 圆柱电池的内部结构示意图，从整个电池的厚度方向（或径向）上看，依次为负极涂层、负极集流体、负极涂层、隔膜、正极、正极集流体、正极、隔膜依次周期排布。忽略多层结构，电池的密度和比热容可以由下式近似求出：

$$\rho_{bat} = \frac{\sum \rho_{bat,j} V_j}{\sum V_j} \tag{4-8}$$

$$C_{p,bat} = \frac{\sum C_{p,j} V_j}{\sum V_j} \tag{4-9}$$

式中，j=n,s,p,n-cc,p-cc（分别代表负极涂层、隔膜、正极涂层、负极集流体、正极集流体）；$\rho_{bat,j}$、$C_{p,bat}$、V_j 为各层密度、比热容、体积。

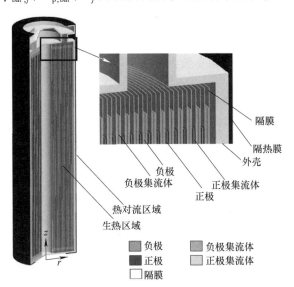

图 4-2 18650 圆柱电池热模型示意图

由于锂离子电池内部的层状结构，使得电池内部的导热系数具有各向异性。根据传热的基本原理，电池内部的导热系数可分为平行于电极板和垂直于电极板两种。θ、z 方向导热系数相等，与电极平行；r 方向表示电池厚度方向，垂直于电极。

4.3 模型参数辨识

锂离子电池机理模型中有大量参数，其中有些参数如正/负极扩散系数

($D_{s,p}$、$D_{s,n}$)、正/负极电子电导率(σ_n、σ_p)、正/负极初始局部SOC($\theta_{0,p}$、$\theta_{0,n}$)、正/负极固相体积分数($\varepsilon_{s,p}$、$\varepsilon_{s,n}$)、电解液的液相扩散系数和离子电导率(D_e、κ_e)等性能参数,会随着电池的老化发生变化。另外一些参数,如液相体积分数($\varepsilon_{e,p}$、$\varepsilon_{e,n}$)、正/负极反应速率常数(k_p、k_n),由于电池生产制造工艺的限制,即使是同一批电池,其取值仍不一致。因此这些参数难以通过厂商来直接估算,往往要通过参数测量或参数辨识的方式来获取。

而参数测量较为耗时,往往需要对电池进行拆解或制作半电池,且需要专门设备才能进行测试。例如,对于固相扩散系数,通常采用PITT(potentiostatic intermittent titration technique,恒电位间歇滴定法)、GITT(galvanostatic intermittent titration technique,恒电流间歇滴定法)、EIS(electrochemical impedance spectroscopy,电化学阻抗谱)、CV(cyclic voltammetry,循环伏安法)。对于电导率,可以采用直流法、交流阻抗法、直流极化法等方法电化学阻抗谱测量正、负极活性材料的电导率。

因此,寻求有效的参数辨识方法,一方面能避免对电池进行拆解或另外制作半电池,另一方面可以避免参数测量,从而节省时间成本和经济成本。

▶ 4.3.1 简化模型的验证

利用式(1-34)~式(1-43),可得式(1-33)中的反应过电位之差、液相电动势之差、平衡浓度之差、SEI膜压降之差,从而得到端电压随时间变化的表达式。在Simulink中建立SP2D模型,得到电压模拟值,并与实测电压值相比较,如图4-3所示。

验证建立的SP2D模型是否具有一定的精度,可以采用相关论文中的已有参数。电池负极为石墨,正极为锰酸锂,电解液锂盐为2mol/m³的$LiPF_6$(六氟磷酸锂),电解液溶剂为1:2EC/DMC(以1:2的体积比混合的碳酸乙烯酯/碳酸二甲酯混合物)溶剂。工况为1C恒流放电,放电时间为3110s。模型采用的相关参数见表4-3。将参数代入Simulink中建立的SP2D模型中,得到最终的端电压随时间变化的表达式。需要指出的是,其中的i_{app}为施加的电流密度,$i_{app}=\dfrac{I(t)}{A}$。另外,离子电导率κ与液相锂离子浓度有关。因此在计算负极、隔膜、正极区域的离子电导率时,首先计算了这三个区域的平均离子电导率(离子电导率在三个区域进行位置积分,并除以三个区域的厚度),然后代入离子电导率表达式中。同时,将参数代入COMSOL Multiphysics中,得出P2D模型的结果,作为参考值。将P2D模型、SP2D模型进行比较,验证SP2D模型的精度。

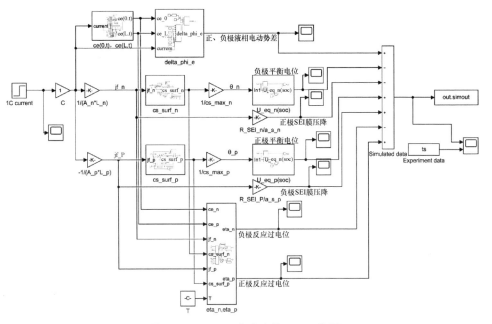

图 4-3 Simulink 中建立的 SP2D 模型

表 4-3 文献中的参数

参 数	单 位	负 极	隔 膜	正 极
L	m	100×10^{-6}	52×10^{-6}	183×10^{-6}
R	m	12.5×10^{-6}		8×10^{-6}
ε_e	1	0.503	1	0.63
ε_s	1	0.471		0.297
$C_{s,max}$	mol/m^3	26390		22860
$C_{s,0}$	mol/m^3	14870		3900
$C_{e,0}$	mol/m^3		2000	
D_s	m^2/s	3.9×10^{-14}		1×10^{-13}
D_e	m^2/s		7.5×10^{-11}	
σ	S/m	100		3.8
κ	S/m	$1.0793 \times 10^{-4} + 6.7461 \times 10^{-3} c_e - 5.2245 \times 10^{-3} c_e^2 + 1.3605 \times 10^{-3} c_e^3 - 1.1724 \times 10^{-4} c_e^4$		
k_s	mol/(m$^{2.5}$·s)	2×10^{-6}	2×10^{-6}	2×10^{-6}
i_{app}	A/m^2		17.5	

(续)

参　数	单　位	负　极	隔　膜	正　极
F	C/mol		96487	
t_+	1		0.363	
T	K		298.15	
R	J/(mol·K)		8.3134	

4.3.2 液相锂离子浓度验证

首先，分别从空间尺度和时间尺度两个维度验证液相锂离子浓度。

图 4-4a 所示为 P2D 模型和 SP2D 模型模拟得到的不同时刻浓度分布对比。由于对液相浓度进行了近似简化处理，SP2D 模型与 P2D 模型得到的液相锂离子浓度有所偏差。图 4-4b 所示为两模型模拟的液相锂离子浓度偏差。总的来说，靠近正、负极集流体处浓度之差较大，靠近隔膜位置处差值相对较小。在选取的几个不同时刻里，300s 时，其中负极集流体与负极交界面处（$x=0$）和正极与正极集流体交界面处（$x=L_n+L_s+L_p$）浓度差较大。1200s、2400s 时，正极与正极集流体交界面处（$x=L_n+L_s+L_p$）浓度差较大。

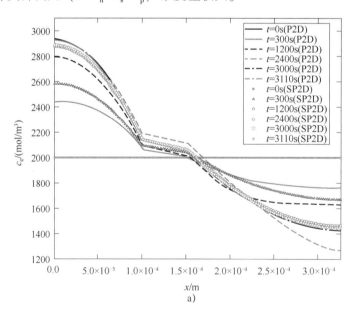

图 4-4　P2D 模型与 SP2D 模型模拟的不同时刻液相锂离子浓度（c_e）分布

a）液相锂离子浓度

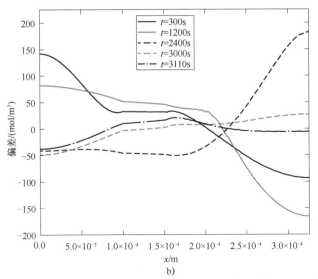

图 4-4 P2D 模型与 SP2D 模型模拟的不同时刻液相锂离子浓度（c_e）分布（续）

b）偏差

图 4-5a 所示为 P2D 模型和 SP2D 模型在四个交界面处液相浓度随时间变化趋势，其中 cc-neg、neg-sep、sep-pos、pos-cc 分别表示负极集流体与负极交界面（$x=0$）、负极与隔膜交界面（$x=L_n$）、隔膜与正极交界面（$x=L_n+L_s$）、正极与正极集流体交界面（$x=L_n+L_s+L_p$）四个位置处的液相锂离子浓度随时间的变化趋势。通过图 4-5b 可以更直观地看出两模型的液相浓度偏差。从时间尺度上看，

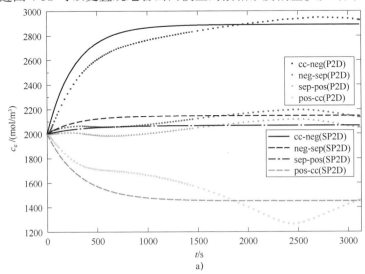

图 4-5 P2D 模型与 SP2D 模型模拟的四个交界面处液相锂离子浓度（c_e）随时间变化趋势

a）液相锂离子浓度

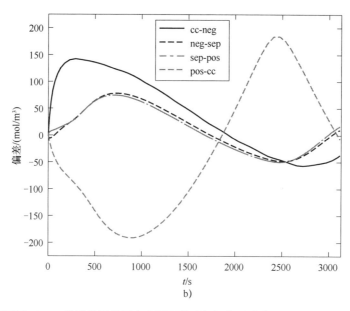

图4-5 P2D模型与SP2D模型模拟的四个交界面处液相锂离子浓度（c_e）随时间变化趋势（续）
b）偏差

在放电快结束时，四个位置的液相锂离子浓度均趋于一致，在放电结束之前两模型一直有一定差值，但都控制在一定范围内（最大差值为184mol/m³）。另外，在两个靠近集流体处的交界面处（cc-neg、pos-cc），两个模型的液相锂离子浓度之差更大；在两个更靠近隔膜的交界面处（neg-sep、sep-pos），液相锂离子浓度之差较小。

4.3.3 固相锂离子浓度验证

图4-6a和图4-7a分别为P2D模型与SP2D模型模拟的负极、正极表面固相锂离子浓度随时间变化趋势。可以看到，SP2D模型对负极、正极的表面固相锂离子浓度的模拟趋势一致，其中对正极表面固相锂离子浓度的模拟偏差更小。

如图4-6b所示，SP2D模型模拟的负极固相锂离子浓度在整个恒流放电过程中始终比P2D模型模拟值高。两模型负极固相锂离子浓度模拟值在放电初期会有一个较大的偏差，为252mol/m³。而经过一段时间后，负极表面固相锂离子浓度稳定下降，两模型的偏差也稳定在147mol/m³左右。

如图4-7b所示，SP2D模型模拟的正极固相锂离子浓度在整个恒流放电过程中始终比P2D模型模拟值低。类似正极，两模型正极固相锂离子浓度模拟值在放电初期会有一个较大的偏差，为-38mol/m³。而经过一段时间后，正极表面固相锂离子浓度稳定上升，两模型的偏差也稳定在-24mol/m³左右。

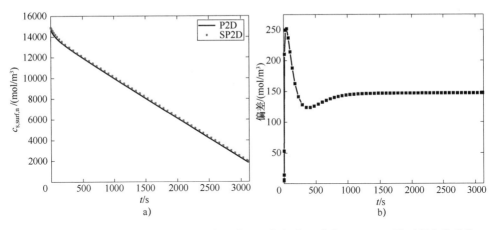

图 4-6 P2D 模型与 SP2D 模型模拟的负极表面固相锂离子浓度（$c_{s,surf,n}$）随时间变化趋势

a）负极表面固相浓度　b）偏差

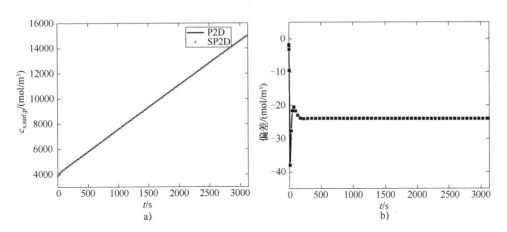

图 4-7 P2D 模型与 SP2D 模型模拟的正极表面固相锂离子浓度（$c_{s,surf,p}$）随时间变化趋势

a）正极表面固相浓度　b）偏差

▶ 4.3.4　电压验证

除了上述固相锂离子浓度和液相锂离子浓度等电池内特性，还可以从放电电压这一外特性上对 SP2D 模型进行验证。图 4-8a 和图 4-8b 分别为 P2D 模型、SP2D 模型模拟的放电电压曲线和两者的差值。可以看到，放电初始时刻两者差异较大，为 81.7mV。放电前期最大电压偏差为 51.4mV。放电末期，约 1500s 之后，电压偏差一直稳定在 20mV 以内。

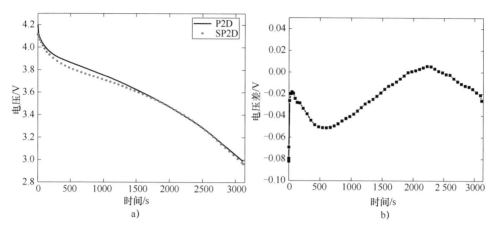

图 4-8　P2D 模型与 SP2D 模型的电压模拟曲线

a）电压模拟值　b）电压模拟值之差

4.3.5　基于锂离子电池简化模型的参数辨识

4.3.5.1　恒流放电实验

将三星 ICR-26JM 电池置于高低温试验箱中，如图 4-9 所示，高低温试验箱的温度设置为 25℃，同时利用蓝电测试系统对电池进行充放电实验，并通过上位机软件记录并导出实验数据。同时为了记录温度数据，我们采用了蓝电温度

图 4-9　恒流放电实验图

测试辅助通道,将通道的热电偶贴于电池表面,对各热电偶的辅助温度数据进行导出。

本次恒流放电实验,测试了高低温试验箱设置的25℃环境温度下,电池在0.05C、2C、3C三种恒流放电倍率下的电压和温度参数。具体步骤如图4-10所示,首先在静置1h后对电池进行1C恒流放电至2.75V。然后,再静置1h之后,对电池进行1C恒流-恒压充电,恒流充电截止电压为4.2V,恒压充电至电流小于0.02C,静置1h。再然后,对电池分别进行0.05C、2C、3C三种倍率下的恒流放电至2.75V。最后静置1h对电池进行1C恒流充电至3.8V,然后静置1h。

4.3.5.2 参数敏感性分析

参数敏感性为在特定工况下参数的变化对端电压或温度的影响程度。研究发现有些参数即使是在同一工况下,每次辨识得到的参数仍有差距。因此利用参数敏感性分析,可以分析电池的不同参数对在不同工况下对电池端电压的影响,若敏感性越大则说明越容易辨识。

在做参数敏感性分析之前,利用实验和参考文献获取电池的一些参数。首先,对于电池极片面积,对电池进行拆解,测量电池的正、负极极片面积。如图4-11所示为电池拆解结构图,圆柱电池由电池缠绕体、电池外壳、正/负极极

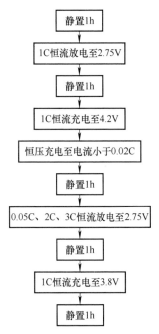

图 4-10 恒流放电实验步骤

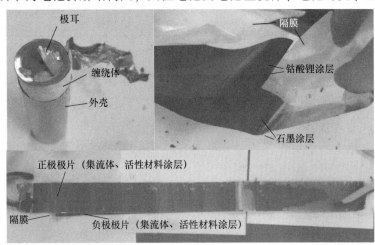

图 4-11 电池拆解

耳、安全阀等构成。其中电池缠绕体由正、负极极片和两层隔膜构成。正极极片由正极集流体（铝箔）和上下两层钴酸锂涂层构成。负极极片由负极集流体（铜箔）和上下两层石墨涂层构成。实验测得正、负极极片的宽度为5.9cm，正极极片上下涂层的长度均为63.3cm，负极极片上下涂层的长度分别为62.8cm和68cm。可以得到正、负极的极片面积分别为0.0747m^2和0.0772m^2。

另外，根据一些文献可以获取一些参数，这些参数被视为已知参数，见表4-4。

表4-4 已测参数及文献中参数

参 数	单 位	负 极	隔 膜	正 极
A	m^2	0.0772		0.0747
L	m	55.8×10^{-6}	88×10^{-6}	25×10^{-6}
R	m	5×10^{-6}		5×10^{-6}
ε_s		0.5052		0.55
ε_e		0.4382	0.45	0.3
$c_{s,max}$	mol/m^3	31389		56250（COMSOL）
$c_{e,0}$	mol/m^3		1200	
D_e	m^2/s		7.5×10^{-10}	
σ_e	S/m		0.93	
t_+			0.363	
F	C/mol		96487	
R	J/(mol·K)		8.314	
T	K		298.15	

此外，对于正、负极平衡电位进行设定。在第4.3.4.1节中，对电池在0.05C下对电池进行参数辨识时，可近似将0.05C下电压看作开路电压，因此电池初始电压只与正、负极平衡电位和电池的初始状态有关。而电池的初始电压模拟值不能与实测值一致，因此将根据第3.2.3节中0.05C下的电压模拟值对电池的正、负极平衡电位进行修正。负极开路电压在整个充放电过程中很小，只在放电末期电压会有迅速的抬升，故可根据特定负极材料参照参考文献确定负极开路电压表达式。正极材料的不同决定了电池整个放电曲线的变化情况不一致。正、负极平衡电位采用COMSOL中自带的插值函数，将其代入Simulink的一维lookup table中。然后将电池的实测0.05C电压减去仿真电压，再将仿真电压加上该差值，得到修正的正极开路电压。然后利用MATLAB的cftool对正极

平衡电位进行6阶高斯拟合，得到正极平衡电位的表达式为

$$U(\theta_p) = 4.296 \times \exp\{-[(\theta_p - 0.1117)/0.6278]^2\} +$$
$$1.472 \times \exp\{-[(\theta_p - 0.7011)/0.2911]^2\} +$$
$$0.2217 \times \exp\{-[(\theta_p - 0.6738)/0.08169]^2\} +$$
$$1.369 \times \exp\{-[(\theta_p - 0.8705)/0.1097]^2\} +$$
$$1.365 \times \exp\{-[(\theta_p - 0.9652)/0.06938]^2\} +$$
$$0.2453 \times \exp\{-[(\theta_p - 0.7504)/0.07058]^2\}$$

如图4-12所示为COMSOL中自带的负极平衡电位和修正的正极平衡电位差值函数曲线。

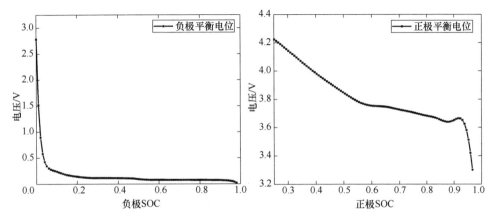

图4-12 电池的负、正极平衡电位

接下来进行参数敏感性分析。表4-5所示为进行敏感性分析的参数以及设定的范围。

表4-5 敏感性分析的参数

参　　数	单　　位	负　　极	正　　极
$c_{s,0}$	mol/m³	28500~30000	13000~14500
D_s	m²/s	1×10^{-14} ~ 1.1×10^{-13}	1×10^{-14} ~ 1.1×10^{-13}
k_s	m$^{2.5}$/(mol$^{0.5}$·s)	5×10^{-12} ~ 5.5×10^{-10}	5×10^{-12} ~ 5.5×10^{-10}
R_{SEI}	Ω·m²	0.004~0.054	0.001~0.011

首先在设定的参数范围内，对参数进行线性取值，观察参数的变化对电池端电压的影响。以图4-13为例，对$c_{s,0,n}$在28500~30000的取值范围内按间隔300依次取6个值，以及下一个参数取值得到的结果与上一个参数得到结果的差

值。图4-13b中的$c_{s,0,n}$ = 28800，即表示$c_{s,0,n}$ = 28800得到的电压与$c_{s,0,n}$ = 28500得到的电压的差值。差值大小也反映了敏感性大小。

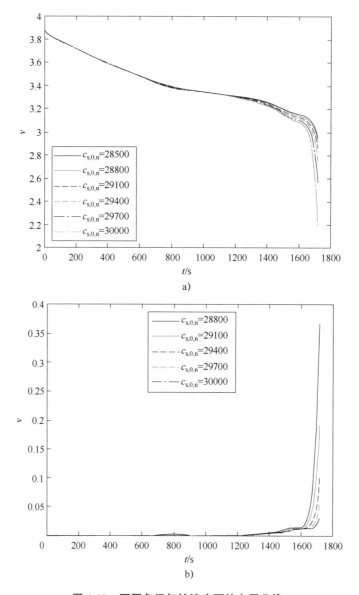

图4-13　不同负极初始浓度下的电压曲线

a) 不同负极初始固相浓度下电压曲线　b) 不同负极初始固相浓度下电压变化曲线

如图4-13和图4-15所示，$c_{s,0,n}$、$D_{s,n}$越大，端电压越大，在放电初始时刻影响甚小，在放电末期影响较大。这是由于在放电末期，如图4-16a所示，负极石墨的平衡电位在低 SOC 变化急剧。

另外，如图 4-14 和图 4-16 所示，$c_{s,0,p}$、$D_{s,p}$ 对放电末期电压的影响较大。这是由于在放电末期，如图 4-12 所示，正极钴酸锂的平衡电位在高 SOC 处变化急剧。而相比于 $c_{s,0,n}$、$D_{s,n}$ 这些负极的参数，$c_{s,0,p}$、$D_{s,p}$ 对放电初期电压也有一定影响。

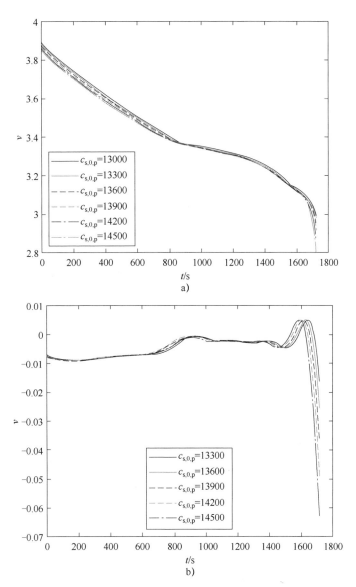

图 4-14 不同正极初始浓度下的电压曲线

a）不同正极初始固相浓度下电压曲线　b）不同正极初始固相浓度下电压变化曲线

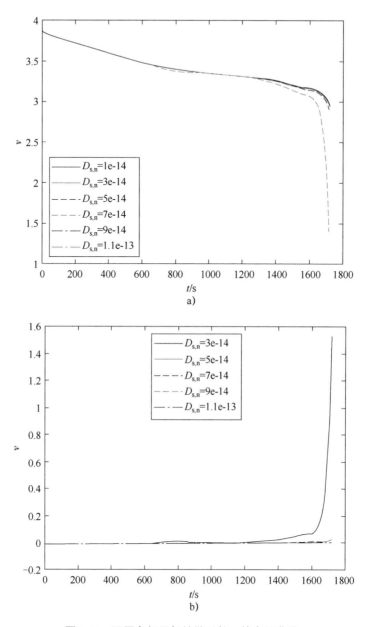

图 4-15 不同负极固相扩散系数下的电压曲线

a)不同负极固相扩散系数下电压曲线 b)不同负极固相扩散系数下电压变化曲线

如图 4-17 和图 4-18 所示,k_n、k_p 在整个放电过程中对电压均有一定影响,且从较低的反应速率常数参数敏感性较大,如 5×10^{-12} 变化到 1.5×10^{-11},电压变化较大。

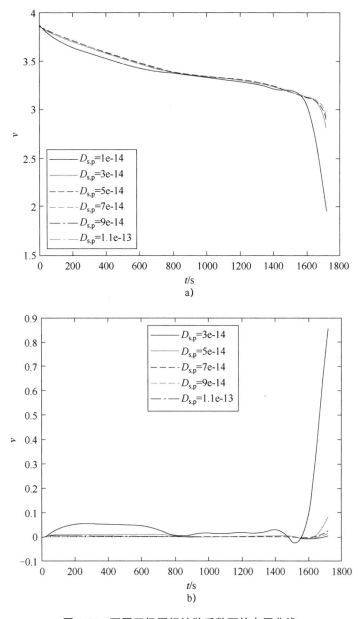

图 4-16 不同正极固相扩散系数下的电压曲线

a) 不同正极固相扩散系数下电压曲线 b) 不同正极固相扩散系数下电压变化曲线

如图 4-19 和图 4-20 所示,$R_{SEI,n}$、$R_{SEI,p}$ 在整个放电过程中对电压的影响为定值。从式 (1-32) 中也可以看出,由于局部体积电流密度 j_f 已经简化为定值,因此 $R_{SEI,n}$、$R_{SEI,p}$ 引起的压降也为定值。

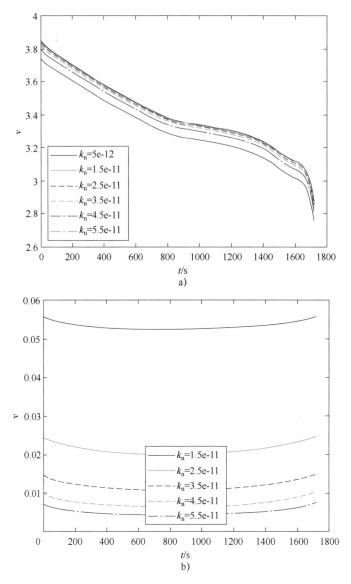

图 4-17 不同负极反应速率常数下的电压曲线

a) 不同负极反应速率常数下电压曲线 b) 不同负极反应速率常数下电压变化曲线

为了进一步量化敏感性,可以求取上述 8 个参数的不同 DOD 下的平均敏感性指数。将 Simulink 的采样时间设置为 4,首先根据每个参数的 6 个不同值求得电压曲线,然后求得 6 个电压曲线在每个时间点的取值。然后求得每个时间点上 6 个电压值的标准差,作为敏感性指数 (sensitivity index):

$$\mathrm{SI}(i) = \sqrt{\frac{1}{6}\sum_{j=1}^{6}(V_{i,j}-\overline{V_i})^2} \qquad (4\text{-}10)$$

式中，i 表示第 i 个采样时间点，同时也代表了不同的 DOD（放电深度，depth of discharge）；j 表示每个参数的第 j 个取值。

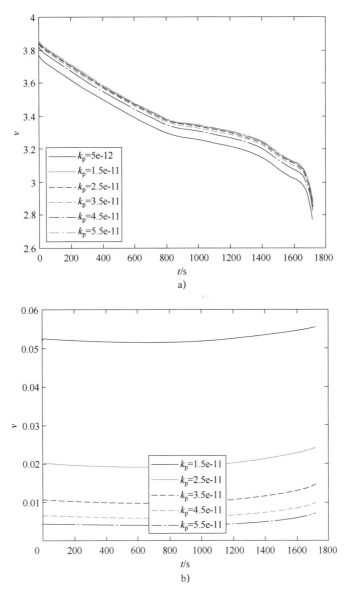

图 4-18 不同正极反应速率常数下的电压曲线

a) 不同正极反应速率常数下电压曲线 b) 不同正极反应速率常数下电压变化曲线

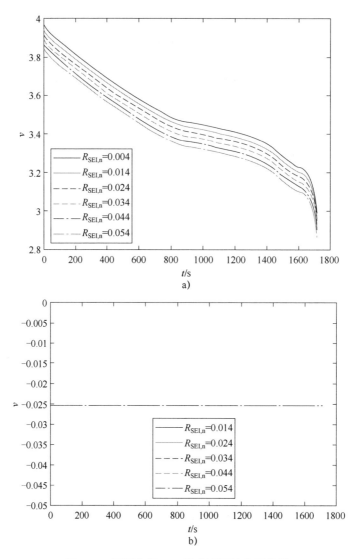

图 4-19 不同负极 SEI 膜内阻下的电压曲线

a) 不同负极 SEI 内阻下电压曲线 b) 不同负极 SEI 内阻下电压变化曲线

然后按照 DOD 将放电过程分为四个不同的范围：$0 \leqslant \mathrm{DOD} < 0.25$，$0.25 \leqslant \mathrm{DOD} < 0.5$，$0.5 \leqslant \mathrm{DOD} < 0.75$，$0.75 \leqslant \mathrm{DOD} < 1.0$。将这四个范围内所有的时间点上的标准差取平均值，得到这四个范围的平均敏感性指数（average sensitivity index）：

$$\mathrm{ASI}(1) = \underset{0 \leqslant t_i < 0.25 t_s}{\mathrm{mean}} [\mathrm{SI}(i)] \tag{4-11}$$

$$\mathrm{ASI}(2) = \underset{0.25t_s \leq t_i < 0.5t_s}{\mathrm{mean}} [\mathrm{SI}(i)] \qquad (4\text{-}12)$$

$$\mathrm{ASI}(3) = \underset{0.5t_s \leq t_i < 0.75t_s}{\mathrm{mean}} [\mathrm{SI}(i)] \qquad (4\text{-}13)$$

$$\mathrm{ASI}(4) = \underset{0.75t_s \leq t_i < t_s}{\mathrm{mean}} [\mathrm{SI}(i)] \qquad (4\text{-}14)$$

式中，t_i 表示第 i 个点的时间；t_s 表示放电总时间。

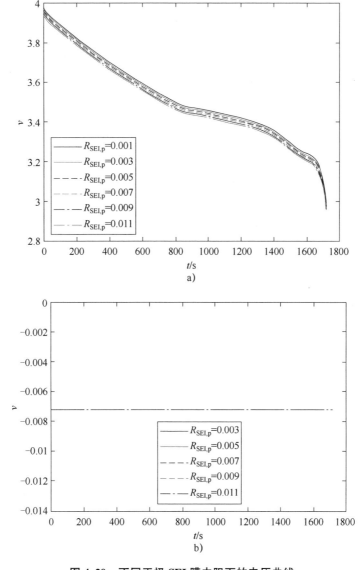

图 4-20 不同正极 SEI 膜内阻下的电压曲线

a) 不同正极 SEI 内阻下电压曲线　b) 不同正极 SEI 内阻下电压变化曲线

设置 0.05C 和 2C 放电倍率两种工况，对上述 8 个参数求取不同 DOD 下的平均敏感性指数。图 4-21 分别为 0.05C 和 2C 下的结果。在低放电倍率下，$c_{s,0,n}$、$c_{s,0,p}$ 的平均敏感性指数远高于其他参数。而在较高倍率下，其余参数的平均敏感性指数会相对较高。因此，可以利用 0.05C 放电工况来对 $c_{s,0,n}$、$c_{s,0,p}$ 进行参数辨识，然后利用 2C 放电工况来对 $D_{s,n}$、$D_{s,p}$、k_n、k_p、$R_{SEI,n}$、$R_{SEI,p}$ 进行参数辨识。

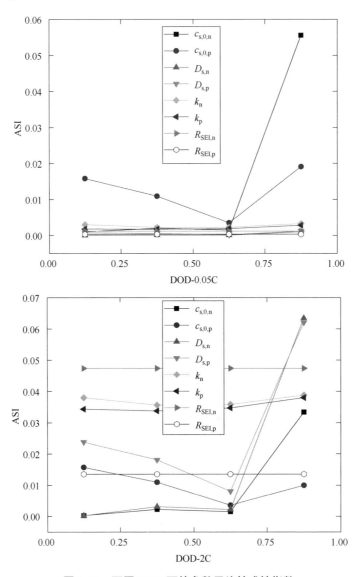

图 4-21　不同 DOD 下的参数平均敏感性指数

4.3.5.3 遗传算法的参数辨识

本研究采用遗传算法对 Simulink 中建立的 SP2D 模型中的参数进行参数辨识。利用谢菲尔德（Sheffield）遗传算法工具箱，遗传算法的步骤如图 4-22 所示。具体步骤如下：

1）建立初始种群，种群数量为 200，每个个体包含 $c_{s,0,n}$、$c_{s,0,p}$ 或 $D_{s,n}$、$D_{s,p}$、$k_{s,n}$、$k_{s,p}$、$R_{SEI,n}$、$R_{SEI,p}$。计算适应度函数值。

2）对种群进行选择、交叉、突变，突变概率设为 0.1，产生下一个种群。计算适应度函数值。

3）依次循环，直至算法迭代次数达到设定的最大迭代次数（50 次），输出最后一代种群中的最佳个体和相应的适应度函数值。

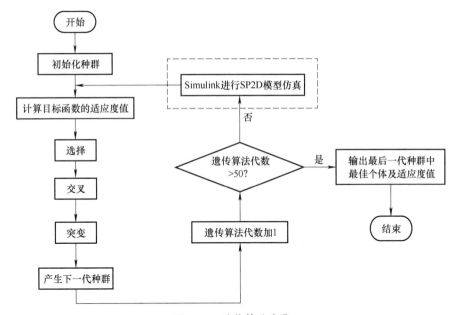

图 4-22 遗传算法步骤

适应度函数为每一代的种群个体，代入 Simulink 中进行 SP2D 模型计算得到电压曲线。然后在采用 2C 恒流放电下，取 SP2D 模型得到的电压数据与实测的电压数据之差的绝对值的最大值，然后取负数，即

$$-\max|V_{SP2D,i} - V_{Test,i}| \tag{4-15}$$

式中，$V_{SP2D,i}$ 为 SP2D 模型的电压模拟值；$V_{Test,i}$ 为实测的电压值。适应度函数值越大，说明模拟电压值与实测电压值的最大偏差越小。该遗传算法最终目标也是使得适应度函数值达到最大。

利用 0.05C 放电工况来对 $c_{s,0,n}$、$c_{s,0,p}$ 进行参数辨识，然后利用 2C 放电工况来对 $D_{s,n}$、$D_{s,p}$、$k_{s,n}$、$k_{s,p}$、$R_{SEI,n}$、$R_{SEI,p}$ 进行参数辨识。遗传算法中参数辨识设定的变化范围和最终得到的结果见表 4-6 和表 4-7。

表 4-6 遗传算法定义的参数范围

参 数	单 位	负 极	正 极
$c_{s,0}$	mol/m^3	29500~31000	13500~14300
D_s	m^2/s	$1\times10^{-14} \sim 1\times10^{-13}$	$1\times10^{-14} \sim 1\times10^{-13}$
k_s	$m^{2.5}/(mol^{0.5} \cdot s)$	$1\times10^{-12} \sim 1\times10^{-10}$	$1\times10^{-12} \sim 1\times10^{-10}$
R_{SEI}	$\Omega \cdot m^2$	0.02~0.2	0.005~0.05

表 4-7 遗传算法辨识得到的参数

参 数	单 位	负 极	正 极
$c_{s,0}$	mol/m^3	29505.68	14126.37
D_s	m^2/s	2.446×10^{-14}	4.580×10^{-14}
k_s	$m^{2.5}/(mol^{0.5} \cdot s)$	7.703×10^{-11}	6.962×10^{-11}
R_{SEI}	$\Omega \cdot m^2$	0.04211	0.03096

4.3.5.4 参数验证

首先在 Simulink 中对 0.05C 和 2C 恒流放电工况下的电压进行验证。如图 4-23 所示，可以看到在 0.05C 的低倍率下，SP2D 模型的拟合效果较好，将电压差的绝对值看作绝对误差，则最大绝对误差和平均绝对误差分别为 0.0407V、0.00872V。而在 2C 倍率下，如图 4-24 所示，SP2D 模型的拟合效果相对低倍率误差大一些，在放电初期和放电末期误差较大，但总体平均绝对误差依然在能接受的范围内，最大绝对误差和平均绝对误差分别为 0.1282V、0.0273V。

利用 P2D 模型对恒流放电下的温度进行验证。即在 COMSOL 中进行电池热仿真，得到 2C 和 3C 放电下电池表面的最大温升。与实验利用热电偶测得的表面三个测温点的最大温升进行对比验证。首先参照文献获取如表 4-8 所示的电池的等效比热容和导热系数。电池的等效密度用电池质量除以电池体积近似得到，为 $47g/(\pi\times0.009^2\times0.065)m^3 = 2.84\times10^3 kg/m^3$。此外，对于电池外壳采用 0.25mm 的 AISI4340 钢，密度、比热容和导热系数分别为 $7850kg/m^3$、$475J/(kg \cdot K)$、$44.5W/(m \cdot K)$。

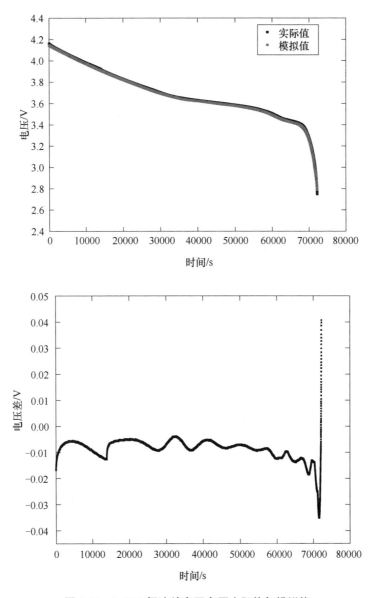

图 4-23 0.05C 恒流放电下电压实际值与模拟值

利用式（4-2）~式（4-5）得到 P2D 模型的热功率。其中计算不可逆热需要获取正、负极材料的熵热系数，这里采用 COMSOL 内置的取值，如图 4-25 所示。

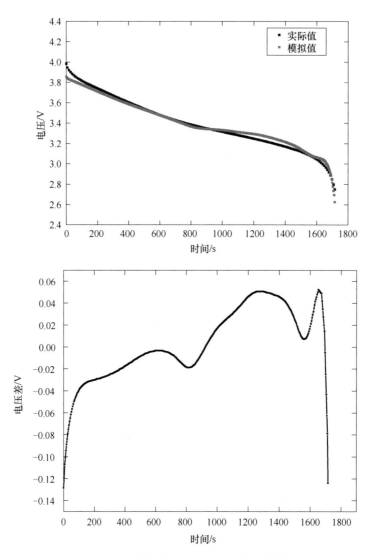

图 4-24　2C 恒流放电下电压实际值与模拟值

表 4-8　电池参数

参数	单　位	负极集流体	负极	隔膜	正极	正极集流体	电　池
比热容 c_p	J/（kg·K）	385	1437.4	1978.16	1269.21	875	式（4-9）
导热系数 λ	W/（m·K）	398	1.04	0.344	1.58	170	式（4-10）

然后将一维 P2D 模型的功率等效到三维热模型中。三维热模型中缠绕体的等效热功率的计算式为

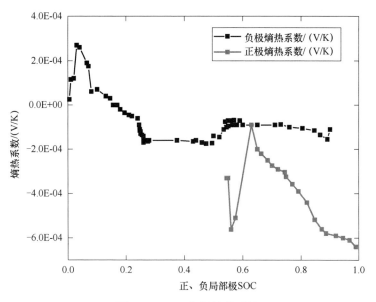

图 4-25 正、负极熵热系数

$$\text{comp2.liion.Qh} = \text{nojac}[\text{comp1.aveop1}(\text{comp1.liion.Qh})] \times \frac{0.0747 \times (L_n + L_s + L_p)}{1.5376 \times 10^{-5}}$$

式中，$0.0747 \times (L_n + L_s + L_p)$ 为正极极片面积乘以正、负涂层和隔膜的厚度之和，代表了正、负涂层和隔膜的体积；1.5376×10^{-5} 为 COMSOL 中测量工具测得的缠绕体的体积；comp1.aveop1（comp1.liion.Qh）为一维 P2D 模型中正/负极、隔膜区域的平均热功率，comp1.aveop1 为一维 P2D 模型中的对所有区域的平均算子。热模型里，电池表面的热通量边界条件设置为外部自然对流、垂直薄壁圆筒（圆柱直径为 18mm）。最终得到的结果如图 4-26 所示。

从图 4-26 中可以看出，2C 倍率下模型拟合效果都较好，最终温升误差为 0.95℃，而 3C 倍率下模型的拟合精度相对较差，最终温升误差为 1.7℃。可能的原因，一方面是参数辨识采用 2C 恒流放电工况而没有采用 3C 恒流放电工况；另一方面，电池正、负极材料熵热系数采用 COMSOL 默认值，因此不可逆热存在一定误差，因此温升曲线的斜率也会存在一定误差。此外，热物性的参数也会对模拟精度产生影响。

此外，可以看到实际表面最大温升的斜率变化比较平缓。而模拟表面最大温升，其斜率会在放电中期有一个较明显的变化。这是因为正极熵热系数会在正极局部 SOC 在 0.6 附近处有一个变化，会造成不可逆热的变化比较明显。因此要得到更为准确的正、负极表面温升变化趋势,需要准确测得电池的正、负极熵热系数。

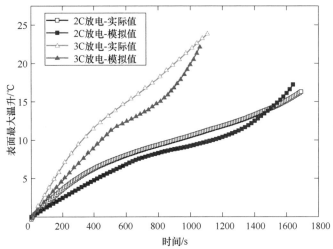

图 4-26　2C 和 3C 恒流放电下表面最大温升的实际值与模拟值

4.4　复合相变散热仿真及优化

利用第 4.3 节中对简化机理模型进行参数辨识得到的参数,在 COMSOL Multiphysics 中对电池进行相变热仿真。根据对相变散热的介绍,本研究采用石蜡(paraffin wax,PW)作为 PCM,膨胀石墨(expanded graphite,EG)作为基体材料,混合制成 CPCM。对于基于 PW/EG 的 BTMS 而言,石蜡的相变温度和膨胀石墨的质量分数是两个重要因素。

PCM 的最佳相变温度,是基于 PCM 的 BTMS 的实际设计的重要参数。而对于实时场景,PCM 的最佳相变温度还没有一个统一的结论。例如,Bai 等人认为在电池热管理系统中适用的 PCM 最佳相变温度范围为 35~40℃。Yan 等人通过实验详细比较具有不同相变温度的 PCM 系统,发现相变温度为 45℃时,BTMS 循环散热效果最佳。Azizi 等人总结了前人的工作,发现用于 BTMS 的石蜡相变温度范围通常为 40~50℃。

对于基于 PW/EG 的 BTMS 而言,EG 质量分数也是一个重要设计参数。一般来说,提高 PW/EG 复合相变材料中的 EG 质量分数,可以提高材料的导热系数,但材料的相变潜热和比热容却会下降。因此,EG 质量分数对 BTMS 散热效果的影响是由多个因素决定的,所以有必要分析 EG 质量分数对 CPCM 的散热性能的影响。

在第 4.4.4 节中对电池单体进行了相变散热的仿真。仿真综合考虑了上述两个设计参数,采用三种不同相变温度的石蜡和四种不同的 EG 质量分数,利用仿真方法对基于 PW/EG 的 BTMS 的散热效果进行研究,并在第 4.4.5 节结合实验进行验证。

4.4.1 相变散热

PW:本研究采用的石蜡购自上海希宇材料科技有限公司,共有熔点分别为 38℃、40℃、45℃的三种石蜡。石蜡具有成本低、高相变潜热、绝缘、无毒无腐蚀性等优点,因此广泛应用于基于 PCM 的 BTMS 中。

EG:本研究采用的膨胀石墨购自青岛腾盛达碳素机械有限公司,粒度 80 目,含碳量为 99%,膨胀倍数为 200~300。EG 是一种疏松多孔的蠕虫状物质,具有优异的导热性和吸附性,对石蜡等物质具有较强的吸附作用,因此也广泛用作基体材料。在基于 PW/EG 的 CPCM 中,EG 有两个主要作用:一方面,EG 相对 PW 具有较高的高导热性,因此可以提高 CPCM 的导热性,弥补 PW 作为相变散热材料导热性差的不足;另一方面,EG 有类似于"手风琴"的多孔结构,在毛细管力和表面张力的作用下,能很好地吸附于 PW,可以在 PW 发生固-液相变时包裹住液态 PW,为 CPCM 提供支撑作用,有效抑制 CPCM 在相变过程中发生泄漏。

相变散热材料共分为 12 组,即采用三种具有不同相变温度的石蜡材料(RT38、RT40、RT45)与膨胀石墨以三种不同的质量比例(0.04、0.06、0.08)进行混合制备,包括三种纯石蜡。这里需要指出的是,这里是采用 EG 和 PW 的质量比,而不是有些文献里 EG 占整个 CPCM 的质量分数。

图 4-27 所示为 CPCM 的详细制备步骤:

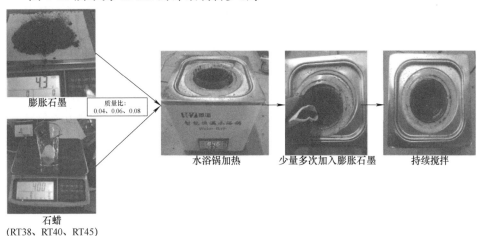

图 4-27　复合相变材料制备

1）利用天平，将膨胀石墨和三种不同相变温度的石蜡（RT38、RT40、RT45）与0.04、0.06、0.08三种不同的质量比进行称量。

2）在85℃恒温水浴环境下，首先将三种石蜡放入恒温水浴锅中融化，再向烧杯中少量多次倒入膨胀石墨，同时用玻璃棒搅拌充分，并在水浴锅中加热静置1h，使融化态石蜡充分吸收到膨胀石墨中。

4.4.2 复合相变材料成型

如图4-28所示，将CPCM包裹到电池表面的步骤如下：

1）首先利用电焊机将电池正、负极都焊上镍片，以便电压辅助通道鳄鱼夹夹持。将电池表面靠近正极极耳、中间、靠近负极极耳三个位置处贴上三个热电偶。

2）将亚克力模具用透明胶带固定住，同时在模具底部和四周涂抹石蜡模具专用脱模剂。如图4-29所示，模具由四边方框和带圆孔的底部组成。底部圆孔在模具的中心位置，尺寸为（18.5±0.15）mm，用作定位电池相对CPCM的位置。在亚克力模具底部贴上绝缘胶带。

3）将融化态的CPCM倒入模具中，迅速用玻璃棒戳一戳（尤其是四边的对角处），防止产生气孔等缺陷。

4）迅速将电池放入CPCM中，同时将底部的胶带撕掉，让电池穿过模具底部圆孔，使得电池定位在圆孔中。利用风机加速CPCM冷却成型。

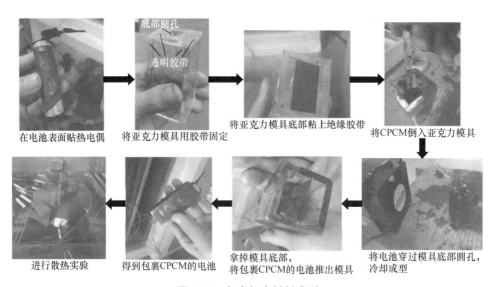

图4-28 复合相变材料成型

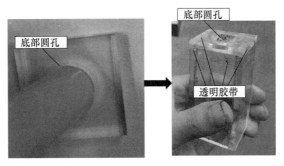

图 4-29 亚克力模具

5）揭开模具底部的透明胶带，拿掉模具底部，将包裹 CPCM 的电池推出模具，得到包裹 CPCM。将电池镍片连接电压测试辅助通道的鳄鱼夹，进行电池散热实验。

4.4.3 相变散热实验

本实验对制备的 12 组材料进行了温度测试，充放电工况设置如图 4-30 所示。

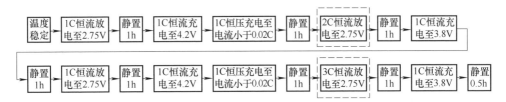

图 4-30 相变散热实验的充放电工况

1）待恒温箱温度稳定且电池表面温度稳定后，对电池进行 1C 恒流放电，直至电压降为 2.75V。

2）静置 1h 后，对电池进行 1C 恒流充电放电，直至电压为 4.2V，然后 1C 恒压充电直至截止电流降为 0.02C。

3）静置 1h 后，对电池进行 2C 恒流放电，直至电压降为 2.75V。

4）静置 1h 后，对电池进行 1C 恒流充电至 3.8V。

5）静置 1h 后，对电池进行 1C 恒流放电，直至电压降为 2.75V。

6）静置 1h 后，对电池进行 1C 恒流充电，直至电压为 4.2V，然后进行 1C 恒压充电，直至截止电流小于 0.02C。

7）静置 1h 后，对电池进行 3C 恒流放电，直至电压降为 2.75V。

8）静置 1h 后，对电池进行 1C 恒流充电至 3.8V，再静置 0.5h。

步骤3）和步骤7）即电池的 2C 和 3C 恒流放电测试，可得到电池表面在 2C 和 3C 恒流放电下的温度。

4.4.4 单体电池相变散热仿真

参照文献，对于石蜡的密度以及导热系数和比热容，有如下关系式：

$$\rho_{PW} = (1-\theta)\rho_{PWS} + \theta\rho_{PWL} \tag{4-16}$$

$$C_{P,PW} = \frac{1}{\rho_{PW}}[(1-\theta)C_{P,PWS}\rho_{PWS} + \theta C_{P,PWL}\rho_{PWL}] + L_{PW}\frac{\partial \alpha_m}{\partial T} \tag{4-17}$$

$$\lambda_{PW} = (1-\theta)\lambda_{PWS} + \theta\lambda_{PWL} \tag{4-18}$$

式中，下标 PW、PWS 和 PWL 分别表示石蜡、固相石蜡和液相石蜡，即 ρ_{PWS}、$C_{P,PWS}$、λ_{PWS} 和 ρ_{PWL}、$C_{P,PWL}$、λ_{PWL} 分别为固相石蜡和液相石蜡态密度、比热容和导热系数，其中 θ 表示石蜡相变过程中液相的体积分数，即

$$\theta = \begin{cases} 0 & T_{PW} \leq T_{PWS} \\ \dfrac{T_{PW}-T_{PWS}}{T_{PWL}-T_{PWS}} & T_{PWS} < T_{PW} < T_{PWL} \\ 1 & T_{PW} \geq T_{PWL} \end{cases} \tag{4-19}$$

即假设石蜡在相变过程中（$T_{PWS}<T_{PW}<T_{PWL}$）液相体积分数随温度线性变化。另外，可以看到相比密度和导热系数，比热容除了受液相体积分数变化的影响，还受到相变潜热 L_{PW} 的影响，而 α_m 是用来定义相变潜热对石蜡比热容的影响，相当于质量分数，即

$$\alpha_m = \frac{\theta\rho_{PWL}-(1-\theta)\rho_{PWS}}{2[(1-\theta)\rho_{PWS}+\theta\rho_{PWL}]} \tag{4-20}$$

EG/PW 复合相变材料的密度、比热容、导热系数、相变潜热为

$$\rho_{CPCM} = \varphi\rho_{EG} + (1-\varphi)\rho_{PW} \tag{4-21}$$

$$C_{P,CPCM} = \varphi C_{EG} + (1-\varphi)C_{PW} \tag{4-22}$$

$$\lambda_{CPCM} = \frac{\varphi\rho_{CPCM}}{\rho_{Gr}}\lambda_{Gr} \tag{4-23}$$

$$L_{CPCM} = (1-\varphi)L_{PW} \tag{4-24}$$

假设 EG/PW 复合相变材料的密度和比热容都可以按各自的体积分数进行等效计算，而相变潜热和导热系数分别由石蜡和石墨决定。φ 为 EG/PW 复合相变材料中膨胀石墨的质量分数。Gr 表示石墨，ρ_{Gr}、λ_{Gr} 分别为石墨的密度和导热系数。

相变温度和相变潜热为相变过程中的重要的热物性参数。本节利用美国 TA 仪器生产的 Q20 型号差示扫描量热仪（differential scanning calorimeter，DSC），

对石蜡进行相变温度和相变潜热的测量。差示扫描量热仪（DSC）基于差示扫描量热法，测量样品与参比物在程序控制温度下的热流差或功率差与温度的关系，能测定材料的玻璃化转变温度、相变温度、相变潜热、结晶度、比热容等热物性参数。这里采用的差示扫描量热仪的测温范围为-180~725℃，灵敏度为1.0μW；采用10℃/min 的升温速率，对三种不同熔点的石蜡样品从0℃加热至80℃。

图 4-31a、b、c 所示分别为 RT38、RT40、RT45 这三种不同熔点石蜡的热流随温度变化的曲线。利用 TA Universal Analysis 2000 软件对数据结果进行分析。利用工具栏的 Integral Peak Linear 工具对热流曲线进行线性峰值积分，即使用线性基线执行峰值积分，虚线线段即为基线。线性基线定义为在选定的起始点和结束点之间绘制的一条直线。这种峰值积分法适用于基线随时间呈线性变化时的情况。峰值积分得到的面积即为相变潜热，需要指出的是，积分的横坐标为对应的时间。对应基线起点和终点看作石蜡在加热过程中的相变起始温度和相变结束温度（有些文献中将斜率最大的点看作相变起始点）。首先，从三种纯石蜡的热流曲线图中可以看到三个相变峰。其中前两个相变峰对应石蜡固-固相变过程，这是由于石蜡通常是由多重烷烃混合制备而成，而第三个峰的面积最大，对应石蜡固-液相变过程。

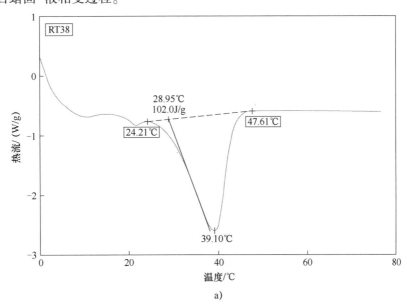

a)

图 4-31 三种不同熔点的石蜡的 DSC 曲线

a) RT38 石蜡热流曲线

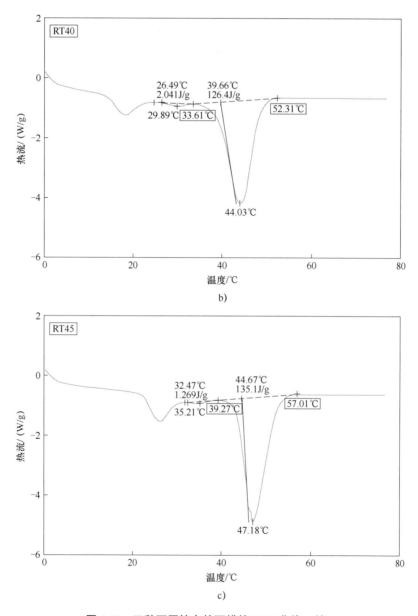

图 4-31 三种不同熔点的石蜡的 DSC 曲线（续）

b）RT40 石蜡热流曲线　c）RT45 石蜡热流曲线

图 4-31a 对应 RT38 石蜡热流曲线。由于本节中的电池相变散热实验是在 25℃恒温下、2C 和 3C 放电工况下进行的，因此石蜡温度为 25℃以上，因此 RT38 石蜡只会经历第三个相变峰对应的固-固相变过程。因此这里相变潜热取

第三个相变峰对应的面积，为 102.0J/g。相变起始温度和相变结束温度分别为 24.21℃、47.61℃。

图 4-31b 对应 RT40 石蜡热流曲线。类似地，石蜡在相变散热实验中会经历后两个相变峰对应的相变过程，相变潜热可以取为后两个相变峰对应的相变潜热之和，但由于第二个峰对应的相变潜热相对第三个相变峰很小，且在 COMSOL 操作中默认相变过程为一次相变，因此这里仍取第三个相变峰对应的相变潜热，即 126.4J/g。相变起始温度和相变结束温度分别为 33.61℃、52.31℃。

图 4-31c 对应 RT45 石蜡热流曲线。类似地，可以得到 RT45 石蜡的相变潜热为 135.1J/g，相变起始温度和相变结束温度分别为 39.27℃、57.01℃。

首先在第 4.2 节中已经建立了圆柱电池的电化学-热模型的基础上，进一步考虑电池包裹相变材料的热模型。结合第 4.4.2 节中所述的复合相变材料的模具尺寸，电池外包括 PW/EG 复合相变材料的尺寸如图 4-32 所示，外部长宽均为 28mm，高度为 60mm（模具厚度为 5mm）。热通量边界条件设置为自然对流边界条件。

图 4-32 复合相变散热示意图

对于纯石蜡的相变温度和相变潜热，第 4.4.3 节中已利用 DSC 测得。而对于石蜡和膨胀石墨的密度、比热容、导热系数等参数，参照文献中的数据，见表 4-9。

表 4-9 CPCM 散热相关参数

参　数	单　位	石蜡（液相）	石蜡（固相）	膨胀石墨
密度 ρ	kg/(m³)	791	771	11
比热容 c_P	J/(kg·K)	2150	2275	900
导热系数 λ	W/(m·K)	0.25	0.15	129
相变潜热 L	J/kg	102000	126400	135100

4.4.5 实验验证

利用第 4.4.3 节中 2C 和 3C 恒流放电测试，得到相变散热实验中电池表面最大温升（将三个热电偶中最大温升作为实测结果），与第 4.4.4 节中利用

COMSOL仿真得到的电池表面最大温升进行对比验证。图4-33、图4-34、图4-35所示分别为RT38、RT40、RT45三组相变散热得到的电池表面最大温升的实验值和模拟值。其中每一组，如RT38组，包含RT38-0、RT38-0.04、RT38-0.06、RT38-0.08四组，分别表示RT38石蜡与膨胀石墨按照0、0.04、0.06、0.08的质量比（膨胀石墨与石蜡的质量比值）的配比混合制备得到的复合相变材料。

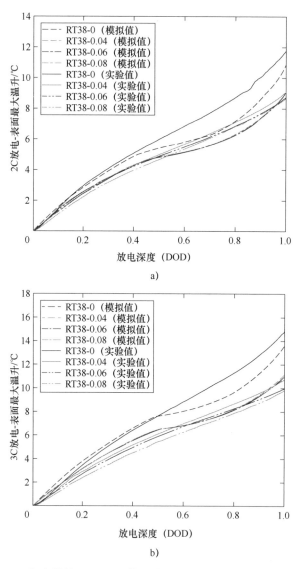

图 4-33　相变散热（RT38石蜡）表面最大温升的模拟值与实验值

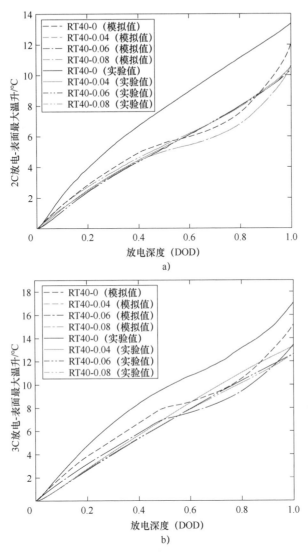

图 4-34 相变散热（RT40 石蜡）表面最大温升的模拟值与实验值

在放电终止时刻，对比模拟值与仿真值，RT38-0 组，2C 和 3C 恒流放电下，模拟值与实际值的误差为 -0.82℃、-1.28℃；RT38-0.04 组，误差为 0.076℃、0.38℃；RT38-0.06 组，误差为 0.35℃、1.04℃；RT38-0.08 组，误差为 0.40℃、1.18℃。

RT40-0 组，2C 和 3C 恒流放电下，模拟值与实际值的误差为 -1.33℃、-1.84℃；RT40-0.04 组，误差为 0.14℃、0.14℃；RT40-0.06 组，误差为 0.29℃、0.72℃；RT40-0.08 组，误差为 0.10℃、0.76℃。

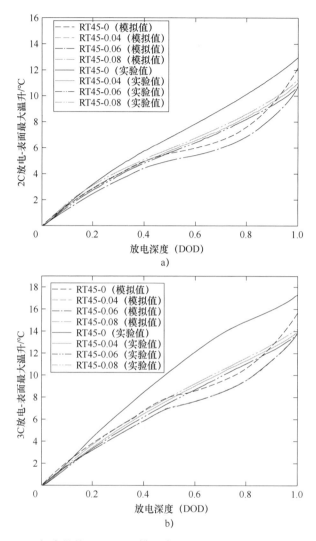

图 4-35 相变散热（RT45 石蜡）表面最大温升的模拟值与实验值

RT45-0 组，2C 和 3C 恒流放电下，模拟值与实际值的误差为 -0.75℃、-1.70℃；RT45-0.04 组，误差为 -0.23℃、-0.06℃；RT45-0.06 组，误差为 0.02℃、0.03℃；RT45-0.08 组，误差为 -0.48℃、-0.39℃。

总体来说，放电最终时刻的表面最大温升的模拟值与实际值的误差在可接受的范围内。但仿真结果中，膨胀石墨添加的质量比为 0.04、0.06、0.08，这三组的模拟结果相差并不大，但实际上却有一定差别（最大不超过 0.8℃）。一个可能的原因是，CPCM 在制备的过程中没有采用压缩工具压缩以排除空气，因此密度和相变潜热的取值有一定误差；第二个可能的原因是，忽略了温度对熔点的影响；第三个可能的原因，是 CPCM 成型过程中，电池的直径与模具底部孔径之间有一定误差，电池相对 CPCM 发生倾斜，因而表面温度会发生改变。

图 4-36 所示为放电最终时刻，电池内部最大温升和最大温差的计算域，即为被电池包裹的电池区域（因为未被包裹区域受外界对流换热的影响较大）。

图 4-37a、b、c 分别对应 RT38、RT40、RT45 的最大温升。首先，无论是 RT38、RT40、RT45，CPCM 的散热性能均比 PCM 好。另外，对比不同的石蜡组，发现 RT38 的散热性能要明显优于 RT40 和 RT45 这两组。对于 CPCM，膨胀石墨的质量比增加，CPCM 并不是一直呈增加的趋势。从 RT38-0.04 组到 RT38-0.06 组，再到 RT38-0.08 组，3C 放电最终最大温升呈小幅下降，而

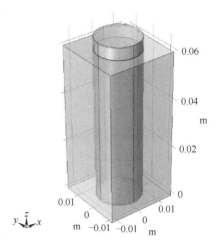

图 4-36　最大温升和最大温差计算域

2C 放电呈先下降后上升的趋势。从 RT40-0.04 组到 RT40-0.06 组，再到 RT40-0.08 组，最终最大温升呈先下降后上升的趋势，即 RT40-0.06 这一组散热性能稍好。从 RT45-0.04 组到 RT45-0.06 组，再到 RT45-0.08 组，最终最大温升同样也是呈先下降后上升的趋势，即 RT45-0.06 这一组散热性能比其余两组稍好。

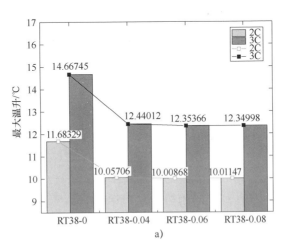

图 4-37　相变散热中放电最终时刻表面最大温升的模拟值

a) RT38 的最大温升

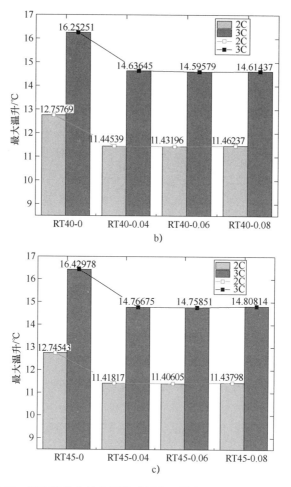

图 4-37 相变散热中放电最终时刻表面最大温升的模拟值（续）
b）RT40 的最大温升　c）RT45 的最大温升

类似地，图 4-38a、b、c 分别对应 RT38、RT40、RT45 的最大温差。首先，RT38、RT40、RT45 的 CPCM 的均温性能均比 PCM 差。另外，对比不同的石蜡组，发现 RT38 的均温性能要差于 RT40 和 RT45 这两组。从 RT38-0.04 组到 RT38-0.06 组，再到 RT38-0.08 组，2C 放电最大温差呈先上升后下降的趋势。3C 放电最大温差呈一直上升的趋势。从 RT40-0.04 组到 RT40-0.06 组，再到 RT40-0.08 组，最大温差呈先上升后基本不变的趋势，在 2C 放电的情况下，呈先上升后下降的趋势，即 RT40-0.06 这一组均温性能稍差。从 RT45-0.04 组到 RT45-0.06 组，再到 RT45-0.08 组，最大温差呈先上升后下降的趋势，即 RT40-0.06 这一组均温性能比其余两组稍差。

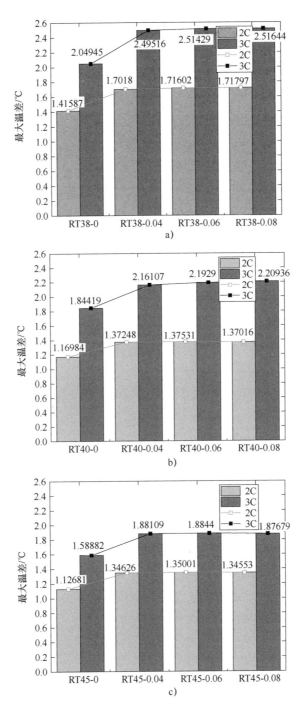

图 4-38 相变散热中放电最终时刻表面最大温差的模拟值

a) RT38 的最大温差　b) RT40 的最大温差　c) RT45 的最大温差

总的来说，不同组之间，最大温差的变化趋势与最大温升恰好相反。即最大温升越小，往往最大温差会稍大。首先，添加膨胀石墨可以明显改善散热性能，但均温性能却稍微变差。然后，RT38 的散热性能虽然要明显优于 RT40 和 RT45 这两组，但均温性能要差于其余两组。最后，针对 CPCM，质量比从 0.04 到 0.06，再到 0.08，最大温升的变化趋势在各组之间的变化趋势不明显。总的来说，膨胀石墨的质量比越大，则导热系数会增加数倍，从而改善散热性能。但由于膨胀石墨的比热容小于石蜡，且由于石蜡的质量分数的下降，也会导致相变潜热的降低。且由于导热系数增加，电池温度下降，会更晚经历相变过程，从而会使得相变过程的影响变小，从而影响散热性能和均温性能。因此在图 4-37 和图 4-38 中，各组 CPCM 的最大温升和最大温差不是随膨胀石墨质量比的增加而呈一直增加或减小的趋势。另外，对于 RT38、RT40、RT45，之所以会出现不同的趋势，是由于三种石蜡的相变温度和相变间隔不一致，相变过程开始的时间也不一致。

综上所述，可得出以下结论：

1）RT38 相对于 RT40 和 RT45，相变温度更低，因此会更早经历相变过程，且在放电结束时，会发生更充分的相变。因此 RT38 组的散热性能均好于 RT40 和 RT45；但均温性能却会稍微变差。

2）添加膨胀石墨能明显提高导热系数，因此能明显改善散热性能；但均温性能却反而会稍微下降。

4.5 基于仿真的电池模组散热参数优化

为了进一步提高散热效果，在 PW/EG 的基础上，利用泡沫铜对圆柱电池进一步包裹，得到基于 PW/EG-Cu 的复合相变散热系统。此外，相比第 4.4 节的单体散热，第 4.5 节中考虑了三行三列平行排布的电池模组散热。结合 COMSOL 中的优化模块，在保证电池模组的最大温升和单体电池间的最大温差分别小于 15℃ 和 3℃ 的情况下，对模组的相变散热中涉及的膨胀石墨体积分数、电池间距、泡沫铜厚度进行参数优化，在保证电池模组的最大温升和最大温差在一定范围内的同时，使得电池散热系统的总质量最小。

4.5.1 基于石蜡/膨胀石墨-泡沫铜的模组散热系统

在第 4.4.4 节对单体电池相变热分析的基础上，进行模组相变散热优化。为了进一步增强散热效果，在 PW/EG 的基础上，利用泡沫铜对圆柱电池进一步包裹，得到基于 PW/EG-Cu 的复合相变散热系统。在 COMSOL 中建立的模组复合相变散热系统模型如图 4-39 所示，电池组排列方式为三行三列平行排布，电池的生热速率均采用第 4.4.3 节中的单体电池采用的生热速率（即忽略电池组内不同单体电池的不一致性）。散热系统除了采用图 4-39 中的 PW/EG 复合相变材料以外，又在电池的表面和单体电池之间和电池的外围均采用泡沫铜。第 4.3.3 节的参数优化中主要针对三个参数：φ（EG 占 PW/EG 复合相变材料的质量分数）、d（电池间距）、t_{Cu}（泡沫铜厚度）。

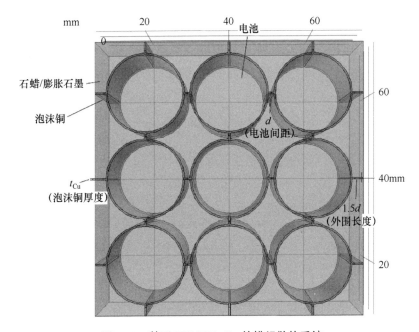

图 4-39　基于 PW/EG-Cu 的模组散热系统

相变材料采用第 4.4.1 节中 RT38 对应的 PW/EG 复合相变材料（RT38 的散热性能明显优于 RT40 和 RT45 对应的复合相变材料）。另外，电池的外围的长度为电池间距的 1.5 倍，使得电池外围的泡沫铜达到类似于翅片的效果。将对流换热系数取为 0W/（m²·K）。泡沫铜的密度、比热容、导热系数分别为 8940kg/m³、385J/（kg·K）、400W/（m·K），孔隙度为 0.98（泡沫铜的孔隙被 PW/EG 复合相变材料填充）。电池的充放电倍率设置为 4C。

4.5.2　单参数分析

首先分析 φ、d、t_{Cu} 这三个参数对电池模组的最大温升、单体电池间的最大温差的影响。对于三个参数的初始值取值,即 φ、d、t_{Cu} 分别取为 0.2、2mm、0.4mm。

如图 4-40 所示,在 d、t_{Cu} 分别为 2mm、0.4mm 的情况下,在 φ 不同取值(0.04、0.12、0.2)下,放电末期,电池模组的最大温升达到峰值分别为 17.333℃、17.823℃、18.696℃。电池模组的最大温差的峰值分别为 3.8432℃、3.1674℃、2.6975℃。当 φ 的取值从 0.04 增加到 0.12,再增加到 0.2 时,电池模组的最大温升逐渐增加,而模组间单体电池的最大温差逐渐减小。综合最大温升和最大温差,φ 取为 0.12。

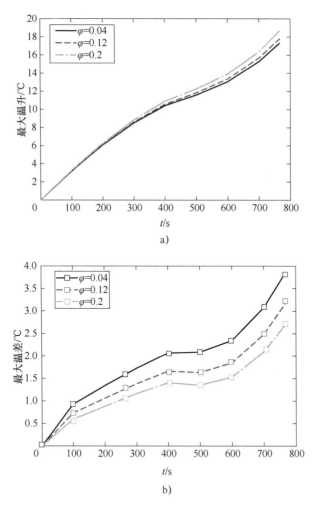

图 4-40 膨胀石墨体积分数对电池模组的最大温升/最大温差的影响

如图 4-41 所示,在 φ、t_{Cu} 分别为 0.2、0.4mm 的情况下,在 d 不同取值(2mm、7mm、12mm)下,放电末期,电池模组的最大温升达到峰值,分别为 18.696℃、13.108℃、10.72℃。电池模组的最大温差的峰值分别为 2.6977℃、2.7971℃、2.6433℃。当 d 的取值从 2mm 增加到 7mm,再增加到 12mm 时,电池模组的最大温升明显减小,而模组间单体电池的最大温差,在放电初期呈明显增加趋势,但在放电末期并无明显区别。根据最大温升,d 取为 12mm。

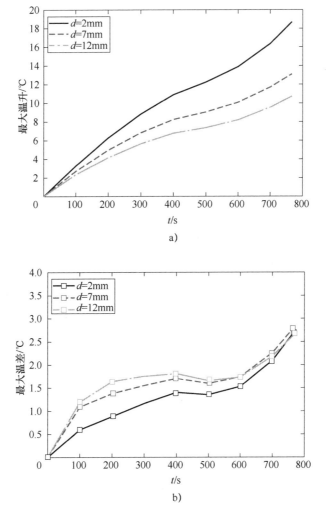

图 4-41 电池间距对电池模组的最大温升/最大温差的影响

如图 4-42 所示，在 φ、d 分别为 0.2、2mm 的情况下，在 t_{Cu} 不同取值（0.4mm、0.6mm、0.8mm）下，放电末期，电池模组的最大温升达到峰值，分别为 18.694℃、18.662℃、18.639℃。电池模组的最大温差的峰值分别为 2.7158℃、2.6231℃、2.5426℃。当 t_{Cu} 的取值从 0.4mm 增加到 0.6mm，再增加到 0.8mm 时，电池模组的最大温升减小的幅度很小，而模组间单体电池的最大温差会减小。综合最大温差和散热系统总质量，t_{Cu} 取为 0.6mm。

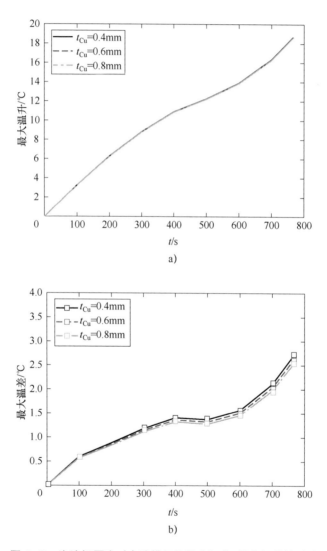

图 4-42 泡沫铜厚度对电池模组的最大温升/最大温差的影响

4.5.3 多参数优化

首先将除电池以外的散热系统（PW/EG 复合相变材料及泡沫铜）的总质量作为目标函数，参数优化的目的是在保证散热性能的同时，使得散热系统总质量最小化，从而电池模组的能量密度达到最大。约束条件为电池模组的最大温升和最大温差分别小于 15℃ 和 3℃，优化变量为 φ、d、t_{Cu}，优化变量的初始值、上下界和缩放设置见表 4-10。需要指出的是，不同变量之间的缩放取值，要使得变量的相对变化范围在同一数量级。

表 4-10 优化变量设置

优化变量	单位	初始值	缩放	下界	上界
φ	—	0.12	1/10	0.04	0.2
d	mm	12	10	2	12
t_{Cu}	mm	0.6	1/3	0.4	0.8

参数优化的流程图如图 4-43 所示，首先，COMSOL 会将这三个参数取初

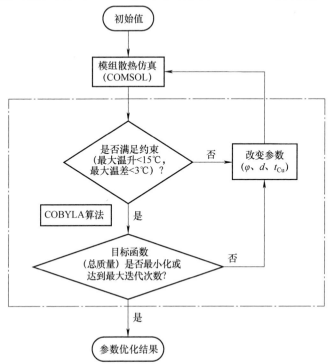

图 4-43 参数优化流程图

始值进行计算，通过 COBYLA 算法（相对容差和最大迭代次数分别为 0.001 和 100）计算下组参数取值组合，从而得到在满足电池模组最大温升和不同单体电池间最大温差分别小 15℃ 和 3℃ 下的新目标函数值（即散热系统总质量），循环直至得散热系统总质量最小化的参数取值组合或达到最大迭代次数。

参数优化的过程如图 4-44 所示，左 y 轴对应约束的电池模组最大温升、单体电池间最大温差，右 y 轴对应目标函数即散热系统总质量。表 4-11 对应的是初始设定的 φ、d、t_{Cu} 以及初始值求解的最大温升、最大温差以及散热系统总质量，以及最终优化的结果。最终优化得到的 φ、d、t_{Cu} 分别为 0.17278、4.3841mm、0.72202mm。在保证最大温升和最大温差分别在 15℃ 和 3℃ 以内的情况下（最大温升实际为 15.007℃，稍大于 15℃），散热系统总质量从 0.48971kg 下降到 0.15156kg，减少了 69.05%。

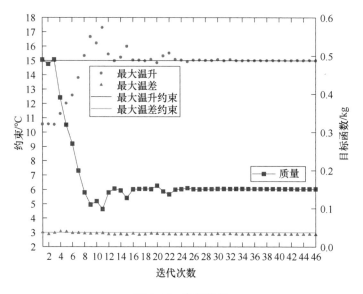

图 4-44 参数优化

表 4-11 初始设定与优化结果

优化变量	φ	d/mm	t_{Cu}/mm	最大温升/℃	最大温差/℃	散热系统质量/kg
初始设定	0.12	12	0.6	10.565	3.0009	0.48971
优化结果	0.17278	4.3841	0.72202	15.007	2.8567	0.15156

4.6 本章小结

本章进行了相变散热实验，并利用第3章中参数辨识得到的参数和DSC实验测得的相变材料相关参数，对相变散热进行了仿真，将仿真结果与实验进行对比验证，并利用仿真工具对相变散热中设计的液相体积分数和导热系数进行辅助分析。主要内容包括：

1）将膨胀石墨和三种不同相变温度的石蜡（RT38、RT40、RT45），按照0、0.04、0.06、0.08共四种不同的质量比混合制备，得到12组不同的相变材料，并进行2C、3C下电池相变散热实验。

2）利用第3章中的辨识得到的参数和电池热模型，在COMSOL中对电池进行相变散热模拟，将仿真得到的电池表面最大温升与实验结果进行对比验证。首先，对比RT38、RT40、RT45，发现RT38中的四组的散热性能均优于RT40和RT45。然后，对比PCM和CPCM，发现无论是RT38、RT40或是RT45，添加膨胀石墨，都能改善散热性能。

3）在COMSOL中建立基于PW/EG-Cu的电池模组复合相变散热系统的模型，并进行热仿真。利用COMSOL的优化模块对该散热系统中设计的膨胀石墨体积分数、电池间距、泡沫铜厚度进行参数优化。在保证模组的最大温升和最大温差分别小于15℃和3℃的同时，使得散热系统总质量最小化，从而使电池模组的能量密度达到最大。从初始设定的参数组合到优化后的结果，散热系统总质量从0.48971kg下降到0.15156kg，减少了69.05%。

参 考 文 献

[1] CHU Z, JOBMAN R, RODRÍGUEZ A, et al. A control-oriented electrochemical model for lithium-ion battery. Part Ⅱ: Parameter identification based on reference electrode [J]. Journal of Energy Storage, 2020, 27: 101101.

[2] E J Q, YUE M, CHEN J, et al. Effects of the different air cooling strategies on cooling performance of a lithium-ion battery module with baffle [J]. Applied Thermal Engineering, 2018, 144: 231-241.

[3] LEE C H, BAE S J, JANG M. A study on effect of lithium ion battery design variables upon features of thermal-runaway using mathematical model and simulation [J]. Journal of Power

Sources, 2015, 293: 498-510.

[4] SONG W, CHEN M, BAI F, et al. Non-uniform effect on the thermal/aging performance of lithium-ion pouch battery [J]. Applied Thermal Engineering, 2018, 128: 1165-1174.

[5] LIU L, PARK J, LIN X, et al. A thermal-electrochemical model that gives spatial-dependent growth of solid electrolyte interphase in a Li-ion battery [J]. Journal of Power Sources, 2014, 268: 482-490.

[6] MOHAMMADIAN S K, ZHANG Y. Cumulative effects of using pin fin heat sink and porous metal foam on thermal management of lithium-ion batteries [J]. Applied Thermal Engineering, 2017, 118: 375-384.

[7] MOHAMMADIAN S K, ZHANG Y. Thermal management optimization of an air-cooled Li-ion battery module using pin-fin heat sinks for hybrid electric vehicles [J]. Journal of Power Sources, 2015, 273: 431-439.

[8] E J Q, XU S, DENG Y, et al. Investigation on thermal performance and pressure loss of the fluid cold-plate used in thermal management system of the battery pack [J]. Applied Thermal Engineering, 2018, 145: 552-568.

[9] E J Q, HAN D, QIU A, et al. Orthogonal experimental design of liquid-cooling structure on the cooling effect of a liquid-cooled battery thermal management system [J]. Applied Thermal Engineering, 2018, 132: 508-520.

[10] JIN L W, LEE P S, KONG X X, et al. Ultra-thin minichannel LCP for EV battery thermal management [J]. Applied Energy, 2014, 113: 1786-1794.

[11] DU X, QIAN Z, CHEN Z, et al. Experimental investigation on mini-channel cooling-based thermal management for Li-ion battery module under different cooling schemes [J]. International Journal of Energy Research, 2018, 42 (8): 2781-2788.

[12] RAO Z, ZHANG X. Investigation on thermal management performance of wedge-shaped microchannels for rectangular Li-ion batteries [J]. International Journal of Energy Research, 2019, 43 (8): 3876-3890.

[13] WANG W, ZHANG X, XIN C, et al. An experimental study on thermal management of lithium ion battery packs using an improved passive method [J]. Applied Thermal Engineering, 2018, 134: 163-170.

[14] SITU W, ZHANG G, LI X, et al. A thermal management system for rectangular LiFePO$_4$ battery module using novel double copper mesh-enhanced phase change material plates [J]. Energy, 2017, 141: 613-623.

[15] BABAPOOR A, AZIZI M, KARIMI G. Thermal management of a Li-ion battery using carbon fiber-PCM composites [J]. Applied Thermal Engineering, 2015, 82: 281-290.

[16] WORWOOD D, KELLNER Q, WOJTALA M, et al. A new approach to the internal thermal

management of cylindrical battery cells for automotive applications [J]. Journal of Power Sources, 2017, 346: 151-166.

[17] ZHAO R, GU J, LIU J. An experimental study of heat pipe thermal management system with wet cooling method for lithium ion batteries [J]. Journal of Power Sources, 2015, 273: 1089-1097.

[18] TRAN T, HARMAND S, SAHUT B. Experimental investigation on heat pipe cooling for Hybrid Electric Vehicle and Electric Vehicle lithium-ion battery [J]. Journal of Power Sources, 2014, 265: 262-272.

[19] WANG Q, JIANG B, XUE Q F, et al. Experimental investigation on EV battery cooling and heating by heat pipes [J]. Applied Thermal Engineering, 2015, 88: 54-60.

[20] HUANG Q, LI X, ZHANG G, et al. Experimental investigation of the thermal performance of heat pipe assisted phase change material for battery thermal management system [J]. Applied Thermal Engineering, 2018, 141: 1092-1100.

[21] LIU B, TANG X, GAO F. Joint estimation of battery state-of-charge and state-of-health based on a simplified pseudo-two-dimensional model [J]. Electrochimica Acta, 2020, 344: 136098.

[22] DAO T, VYASARAYANI C P, MCPHEE J. Simplification and order reduction of lithium-ion battery model based on porous-electrode theory [J]. Journal of Power Sources, 2012, 198: 329-337.

[23] DOYLE M, NEWMAN J, GOZDZ A S, et al. Comparison of modeling predictions with experimental data from plastic lithium ion cells [J]. Journal of The Electrochemical Society, 1996, 143 (6): 1890-1903.

[24] DOYLE M, FULLER T F, NEWMAN J. Modeling of galvanostatic charge and discharge of the lithium/polymer/insertion cell [J]. Journal of The Electrochemical Society, 1993, 140 (6): 1526-1533.

[25] LAMORGESE A, MAURI R, TELLINI B. Electrochemical-thermal P2D aging model of a Li-CoO_2/graphite cell: Capacity fade simulations [J]. Journal of Energy Storage, 2018, 20: 289-297.

[26] CHRISTENSEN J, SRINIVASAN V, NEWMAN J. Optimization of lithium titanate electrodes for high-power cells [J]. Journal of The Electrochemical Society, 2006, 153 (3): A560.

[27] TANIM T R, RAHN C D, WANG C. State of charge estimation of a lithium ion cell based on a temperature dependent and electrolyte enhanced single particle model [J]. Energy, 2015, 80: 731-739.

[28] HAN X, OUYANG M, LU L, et al. Simplification of physics-based electrochemical model for lithium ion battery on electric vehicle. Part II: Pseudo-two-dimensional model simplification

and state of charge estimation [J]. Journal of Power Sources, 2015, 278: 814-825.

[29] 刘征宇, 杨昆, 魏自红, 等. 包含液相扩散方程简化的锂离子电池电化学模型 [J]. 物理学报, 2019, 68 (9): 251-258.

[30] SUBRAMANIAN V R, DIWAKAR V D, TAPRIYAL D. Efficient macro-micro scale coupled modeling of batteries [J]. Journal of The Electrochemical Society, 2005, 152 (10): A2002.

[31] HAN X, OUYANG M, LU L, et al. Simplification of physics-based electrochemical model for lithium ion battery on electric vehicle. Part I: Diffusion simplification and single particle model [J]. Journal of Power Sources, 2015, 278: 802-813.

[32] LI J, LOTFI N, LANDERS R G, et al. A Single Particle Model for lithium-ion batteries with electrolyte and stress-enhanced diffusion physics [J]. Journal of The Electrochemical Society, 2017, 164 (4): A874-A883.

[33] WANG B, JI C, WANG S, et al. Study of non-uniform temperature and discharging distribution for lithium-ion battery modules in series and parallel connection [J]. Applied Thermal Engineering, 2020, 168: 114831.

[34] SAW L H, YE Y, TAY A A O. Electrochemical-thermal analysis of 18650 lithium iron phosphate cell [J]. Energy Conversion and Management, 2013, 75: 162-174.

[35] NIE P, ZHANG S, RAN A, et al. Full-cycle electrochemical-thermal coupling analysis for commercial lithium-ion batteries [J]. Applied Thermal Engineering, 2021, 184: 116258.

[36] LIEBIG G, KIRSTEIN U, GEIßENDÖRFER S, et al. The impact of environmental factors on the thermal characteristic of a lithium-ion battery [J]. Batteries, 2020, 6 (1): 3.

[37] 陈洪涛. 锂电池电化学模型参数辨识研究 [D]. 北京: 北京交通大学, 2019.

[38] CHEN S, WANG Y, WAN C. Thermal analysis of spirally wound lithium batteries [J]. Journal of The Electrochemical Society, 2006, 153 (4): A637.

[39] BAI F, CHEN M, SONG W, et al. Investigation of thermal management for lithium-ion pouch battery module based on phase change slurry and mini channel cooling plate [J]. Energy, 2019, 167: 561-574.

[40] YAN J, LI K, CHEN H, et al. Experimental study on the application of phase change material in the dynamic cycling of battery pack system [J]. Energy Conversion and Management, 2016, 128: 12-19.

[41] AZIZI Y, SADRAMELI S M. Thermal management of a LiFePO$_4$ battery pack at high temperature environment using a composite of phase change materials and aluminum wire mesh plates [J]. Energy Conversion and Management, 2016, 128: 294-302.

[42] YAN J, WANG Q, LI K, et al. Numerical study on the thermal performance of a composite board in battery thermal management system [J]. Applied Thermal Engineering, 2016, 106:

131-140.

[43] LING Z, CHEN J, XU T, et al. Thermal conductivity of an organic phase change material/expanded graphite composite across the phase change temperature range and a novel thermal conductivity model [J]. Energy Conversion and Management, 2015, 102: 202-208.

[44] PING P, PENG R, KONG D, et al. Investigation on thermal management performance of PCM-fin structure for Li-ion battery module in high-temperature environment [J]. Energy Conversion and Management, 2018, 176: 131-146.

第 5 章

动力电池梯次利用内短路管控的技术与方法

5.1 内短路研究现状

近年来,电池技术与电池管理系统的发展促进了锂离子电池在电动汽车、智能电网等领域的广泛应用。然而锂离子电池热失控事故却频频发生,严重制约了锂离子电池相关行业的发展。多位学者指出,热失控的主要诱因之一是电池正、负极隔膜损伤引起内短路(internal short circuit,ISC)。北京丰台区造成2名消防员死亡的"4.16"储能电站安全事故的分析报告中也认定电芯内短路是该事故的核心原因。因此,必须发展全生命周期内对电芯内短路监控的有效方法。

为了方便对内短路进行监测,等效内短路电阻(ISC equivalent resistance,R_{isc})被引入,以反映内短路严重程度。电池正常工作时,R_{isc}相当大,内短路电流极小可忽略。而当电池发生内短路时,R_{isc}会随着内短路加剧而减小。当$R_{isc}<0.1\Omega$时,内短路处于后期阶段,此时电池端电压明显下降,内短路可被快速准确地识别,但电池温度会急剧上升,预留安全时间极短,易造成热失控,因此必须在此之前识别内短路。然而前中期内短路具有很强的隐蔽性,电压、温度等特性参数变化小,较难识别。

当前常见的内短路检测手段是通过比较同一组串电芯间电压等参数的相对差异来判定内短路是否发生。由于此方法依赖于参数一致性,故常用于对出厂参数相同的新电池组进行内短路检测。而一些老化电池如退役电池,其成组结构往往已被拆解打散,难以找到一致性比较的参考对象;此外,与新电池不同,出厂参数相同的老化电池也可能会有较为明显的性能分化。因此亟须寻找一个具有高灵敏度且可以独立识别电池内短路的参数。冯旭宁等利用热电耦合的电化学仿真模型对内短路进行探究,发现当内短路发生时,电池的极化内阻有明显增加,但该研究主要针对新电池且并没有对其进行现场实验验证。Neolle等指出极化内阻可以反映电池的动态特性,当内短路时锂离子迅速嵌入电极材料,造成电解液锂离子的浓度骤降,极大地影响其动态特性,从而引发极化内阻改变。

基于当前文献分析,本章节拟将极化内阻视为检测内短路的指标,通过参数辨识的方法判断其识别不同老化状态电池内短路的能力,并利用内短路实验加以验证。已有较多的研究探讨如何获取电池的内阻等参数,如李伟等采用混合脉冲功率特性测试(hybrid pulse power characteristic,HPPC)所得电流与电压,结合电池模型,利用曲线拟合的方法辨识出内阻等参数值。何洪文等利用带遗忘因子的递推最小二乘法（forgetting factor recursive least square，FFRLS）进行在线参数辨识与建模，并基于辨识的参数，在动态工况下对动力电池荷电状态（state of charge，SOC）进行估计。这些参数辨识工作都卓有成效，得到了精度高、误差小的结果。但目前的研究集中在对新电池的辨识，而电池在使用过程中会不可避免地发生老化，有研究指出，辨识结果会随着电池老化发生偏移，导致算法精度下降。因此，还需进一步研究在电芯老化进程中对内阻参数辨识方法的优化，实现全寿命周期内的可靠性。

为实现电池安全管理，有效监测内短路，该章节将首先建立合适的电池模型，并在此基础上利用FFRLS算法对电池进行全寿命周期的参数辨识，并探究不同遗忘因子与采样频率对于老化电池辨识的适应度以优化算法。在此基础上，考虑到温度与电阻之间的紧密关系，利用在线辨识的参数对电池表面温度进行估计，进一步检验算法的可行性。最后，对不同老化状态电池进行内短路实验，并采用探究在线辨识极化内阻的方法识别内短路的能力。

5.2 锂离子电池内短路全寿命周期辨识

5.2.1 等效电路模型

常见的动力电池模型有等效电路模型、电化学模型与数据驱动模型等。考虑到实际，应在满足精度条件下尽可能简化电池模型，故选用等效电路模型中的戴维南模型对电池进行建模，如图5-1所示，可以表示为

$$\begin{cases} \dot{U}_\mathrm{p} = \dfrac{I_\mathrm{L}}{C_\mathrm{p}} - \dfrac{U_\mathrm{p}}{U_\mathrm{p} C_\mathrm{p}} \\ U_\mathrm{t} = U_\mathrm{oc} - U_\mathrm{p} - I_\mathrm{L} R_0 \end{cases} \tag{5-1}$$

U_oc、U_t 与 U_p 分别为电池开路电压、端电压与极化电压，单位为V；R_0、R_p 分别为电池欧姆内阻、极化内阻，单位为Ω；C_p 为极化电容，单位为F；I_L 为电流，单位为A。

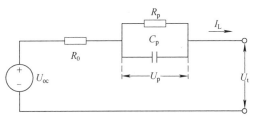

图5-1 戴维南模型

将式 (5-1) 进行拉普拉斯变换与双线性变化，可以把连续方程式 (5-1) 转化为离散方程式 (5-2)：

$$U_{t,k} = (1-a_1)U_{oc,k} + a_1 U_{t,k-1} + a_2 I_{L,k} + a_3 I_{L,k-1} \tag{5-2}$$

式中，$a_1 = -\dfrac{T-2R_p C_p}{T+2R_p C_p}$，$a_2 = -\dfrac{R_0 T + R_p T + 2R_0 R_p C_p}{T+2R_p C_p}$，$a_3 = -\dfrac{R_0 T + R_p T - 2R_0 R_p C_p}{T+2R_p C_p}$；$T$ 为采样间隔时间，单位为 s；下角标 k 表示第 k 个采样时刻。故可以定义

$$\begin{cases} y_k = U_{t,k} \\ \varphi_k = \begin{bmatrix} 1 & U_{t,k-1} & I_{L,k} & I_{L,k-1} \end{bmatrix} \\ \theta_k = \begin{bmatrix} U_{oc,k} - a_1 U_{oc,k} & a_1 & a_2 & a_3 \end{bmatrix} \end{cases} \tag{5-3}$$

▶ 5.2.2 模型参数辨识

模型参数辨识是通过系统中已知的信息来推算未知参数。戴维南模型中，R_0、R_p、C_p 等参数不可直接测量，需要通过对可直接测量的电流与电压等数据进行参数辨识来获取。

HPPC 测试工况采用连续的脉冲信号对锂离子电池进行充放电，体现其在不同荷电状态下的充放电特征，其脉冲电压曲线常被用于模型参数辨识。SOC 为 50% 时，脉冲电压曲线如图 5-2 所示。

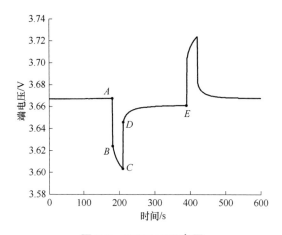

图 5-2 HPPC 工况电压

图 5-2 中，AB 与 CD 阶段瞬间的电压变化是由欧姆内阻产生的，所以等效电路中的 R_0 可以通过 $(U_A - U_B)/I_L$ 或 $(U_C - U_D)/I_L$ 来计算。DE 阶段为零输入响应，可利用 MATLAB 的 cftool 工具箱进行参数拟合得到电池的极化电阻 R_p、极化电容 C_p 等参数，拟合函数为

$$U_{\mathrm{t}} = U_{\mathrm{oc}} - U_{\mathrm{p}} = U_{\mathrm{oc}} - I_{\mathrm{L}}R_{\mathrm{p}} \times \exp\left(-\frac{t}{R_{\mathrm{p}}C_{\mathrm{p}}}\right) \tag{5-4}$$

对于动态工况,如城市道路循环工况(urban dynamometer driving schedule, UDDS)与动态应力工况测试(dynamic stress test, DST)等,进行参数辨识时常采用递推最小二乘法,其易于快速收敛,但存在参数饱和现象。一些学者通过引入遗忘因子提出了 FFRLS 算法,其基本计算方程如下:

$$y_k = \boldsymbol{\varphi}_k \boldsymbol{\theta}_k + e_{\mathrm{Ls},k} \tag{5-5}$$

式中,$e_{\mathrm{Ls},k}$ 为平稳零均值白噪声;y_k、$\boldsymbol{\varphi}_k$ 与 $\boldsymbol{\theta}_k$ 分别为系统输出变量、数据变量与参数变量。算法流程如下:

$$\boldsymbol{K}_{\mathrm{Ls},k} = \boldsymbol{P}_{\mathrm{Ls},k-1}\boldsymbol{\varphi}_k^{\mathrm{T}}\left[\boldsymbol{\varphi}_k \boldsymbol{P}_{\mathrm{Ls},k-1}\boldsymbol{\varphi}_k^{\mathrm{T}} + \mu\right]^{-1} \tag{5-6}$$

$$\boldsymbol{P}_{\mathrm{Ls},k} = \mu^{-1}\left[\boldsymbol{I} - \boldsymbol{K}_{\mathrm{Ls},k}\boldsymbol{\varphi}_k\right]\boldsymbol{P}_{\mathrm{Ls},k} \tag{5-7}$$

$$\boldsymbol{\theta}_k = \boldsymbol{\theta}_{k-1} + \boldsymbol{K}_{\mathrm{Ls},k}\left[y_k - \boldsymbol{\varphi}_k \boldsymbol{\theta}_k\right] \tag{5-8}$$

式中,μ 为遗忘因子,取值范围为 0.95~1,当 μ = 1 时,退化为传统的递推最小二乘法;$\boldsymbol{K}_{\mathrm{Ls},k}$ 为算法的增益;$\boldsymbol{P}_{\mathrm{Ls},k}$ 为状态估计值的误差协方差矩阵;$\boldsymbol{I}$ 为单位矩阵。基于 FFRLS 算法的在线参数辨识方法的结构示意图如图 5-3 所示。

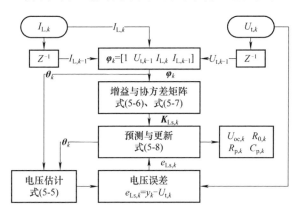

图 5-3 基于 FFRLS 的在线辨识算法

5.2.3 电池热模型

电池产热主要由焦耳热、极化热、反应热与副反应热组成。由于副反应热对温度的影响可忽略不计,故只考虑前三者。焦耳热是欧姆内阻产生的热量,极化热是电极电位偏离平衡电位所产生的热量,分别可以通过间接测定欧姆内阻 R_0 与极化内阻 R_p 来计算。反应热是电池在充放电过程中,锂离子嵌入和脱出电极时发生化学反应所产生的热量。

$$q = q_0 + q_p + q_r = I_L^2 R_0 + I_L^2 R_p + I_L T_b \frac{dU_{oc}}{dT} \tag{5-9}$$

式中，q、q_0、q_p 与 q_r 分别为电池在单位时间内产生的总热量、焦耳热、极化热与反应热，单位均为 W；T_b 为电池表面温度，单位为 K；$\frac{dU_{oc}}{dT}$ 为熵热系数，单位为 V/K，可通过相关文献中的实验获得。图 5-4 为 $\frac{dU_{oc}}{dT}$ 与 SOC 的关系。

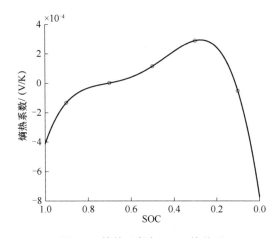

图 5-4 熵热系数与 SOC 的关系

至于 SOC，可以通过安时积分法计算。

$$SOC_t = SOC_0 - \frac{1}{3600} \times \int_0^t I_L dt \tag{5-10}$$

式中，SOC_0 为初始 SOC 值；SOC_t 为 t 时刻 SOC 值。

电池与环境之间的热交换主要是热传导和热对流。根据热力学定律，可得到热平衡方程式。

$$qT - hA(T_b - T_a) = cm(T_b - T_0) \tag{5-11}$$

式中，h 为电池与周围环境之间的换热系数，约为 25W/($m^2 \cdot$ K)；A 为电池侧表面积，单位为 m^2；c 为电池比热容，约为 1000J/(kg·K)；m 为电池质量，单位为 kg；T_a 与 T_0 分别为环境温度和电池表面初始温度，单位为 K。通过将式（5-9）与式（5-11）联立即可求出电池表面温度 T_b。综上所述，本节探究了基于递推最小二乘法的锂离子电池内短路全寿命周期辨识方法，流程如图 5-5 所示。

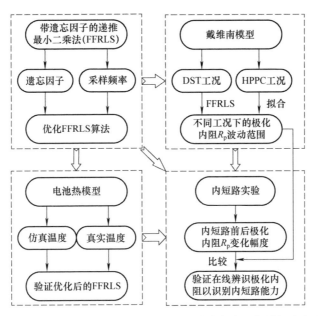

图 5-5 基于 FFRLS 的锂离子电池内短路全寿命周期辨识流程图

5.3 实验与结果

5.3.1 实验设置

锂离子电池性能测试选用武汉蓝电电池测试系统 CT6001A，该测试平台的最大输出电流与电压分别为 30A 和 5V，精度均为 ±[0.05%RD（读数）+0.05%FS（满度）]。实验时，每一秒记录一次数据，并保持环境温度为 25℃。电池选用"三星 18650 20R"锂离子电池，其形状为圆柱形，直径为 18mm，高为 65mm，质量为 45mg，标称容量为 2Ah，电池的充电截止电压为 4.2V，放电截止电压为 2.5V。

为对锂离子电池在全寿命周期内进行研究，对 4 节相同的"三星 18650 20R"电池以 3A 充电，21A 放电，分别循环不同次数，使其达到不同的老化状态，其按照循环次数由少到多依次标记为 B_1、B_2、B_3 与 B_4。

对不同老化状态的电池进行最大可用容量测试。将电池以恒流恒压方式充满电，静置一段时间后再以 1.5A 放电至截止电压，电池端电压和容量的变化曲线如图 5-6 所示。重复以上步骤三次求放电容量均值，若均值与测量值误差在2%以内，则视该均值为最大可用容量。由图5-6可知，随着电池老化程度的增加，电池端电压不断降低，放电时间不断缩减，电池最大可用放电容量不断减小。

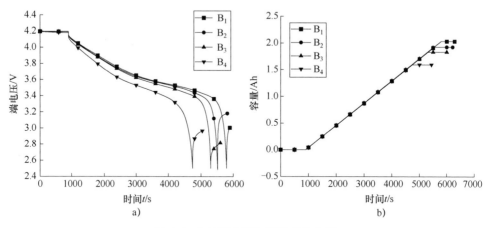

图5-6 电池端电压与容量变化曲线

a）电压 b）容量

电池健康状态（state of health, SOH）是电池从满充状态以一定的倍率放电至截止电压所放出的容量与其标称容量的比值，该比值反映了电池的寿命状态。不同老化电池的最大可用容量与SOH见表5-1。

表5-1 电池状态

电池	最大可用容量/Ah	SOH
B_1	2.02	100%
B_2	1.92	96%
B_3	1.83	92%
B_4	1.60	80%

5.3.2 HPPC与DST实验

对不同老化状态电池进行HPPC测试。将电池以恒流恒压方式充满电后静置一段时间。以1.5A电流放电后静置，每当放电量为10%SOC时，加载如图5-7a所示电流工况，循环放电至截止电压。同样地，进行动态工况测试，本研究选用DST工况。将电池以恒流恒压方式充满电后静置一段时间，再加载如图5-7b所示的DST工况循环充放电至截止电压。图5-7c~f显示了HPPC与DST工况下欧姆和极化内阻辨识结果，对DST工况利用FFRLS算法进行辨识时，遗忘因子$\mu=0.95$，时间间隔为1s，且DST工况与HPPC工况的平均电流相同，均为1.5A。

由图5-7c与图5-7e可看出，不同工况下欧姆内阻R_0的变化趋势相似。相同SOH情况下，当SOC处于40%~100%时，R_0变化极小；当SOC低于40%时，

R_0 急剧增加。另外，当 SOC 相同时，随着电池老化加深，电池的欧姆内阻增大。由此可见，SOC 与老化是影响电池欧姆内阻的主要因素，当电池处于放电末端或寿命末期时，由于电池内部活性物质，如电解液浓度以及电池温度等变化，欧姆内阻迅速增大。由图 5-7d 与图 5-7f 可看出，不同工况下极化内阻 R_p 的变化趋势也相似。当 SOH 相同时，相较于欧姆内阻，极化内阻的变化更为明显且活跃。以图 5-7c 和图 5-7d 中 HPPC 工况下，各 SOC 下所辨识内阻与其均值之间波动范围为例，欧姆内阻的平均波动为 5%，而极化内阻为 16%。由此可见，当电池的电压、电流等内外在因素发生变化时，相较于欧姆内阻，极化内阻可以更为显著地反映该变化，因此可以选择极化内阻作为识别电池内短路的标志量。

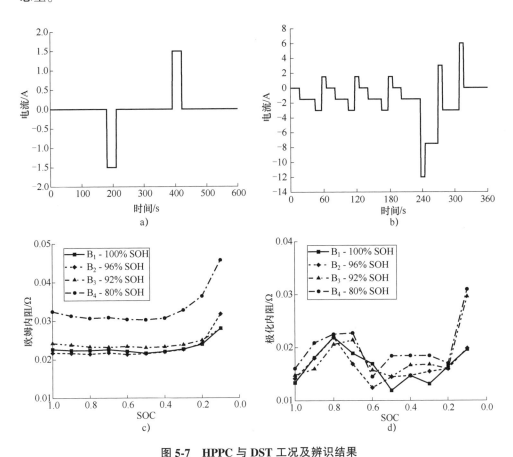

图 5-7 HPPC 与 DST 工况及辨识结果

a) HPPC 工况电流曲线　b) DST 工况电流曲线　c) HPPC 工况下欧姆内阻

d) HPPC 工况下极化内阻

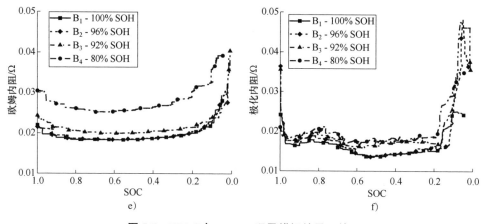

图 5-7 HPPC 与 DST 工况及辨识结果（续）

e）DST 工况下欧姆内阻　f）DST 工况下极化内阻

5.3.3 内短路实验

为验证提出的模型与参数辨识算法识别内短路的能力，设计内短路实验加以验证。考虑到针刺、挤压等内短路实验会对电池造成不可逆损失，故采用内短路替代实验。本节选择可控的外短路实验来代替内短路，其操作简单，易于实现，实验电路如图 5-8 所示。该方法通过将特定电阻与电池并联来模拟内短路，该特定电阻被视为等效内短路电阻 R_{isc}，且可以利用开关 S 来控制内短路的开停。

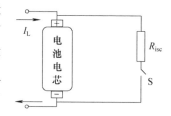

图 5-8 内短路替代实验

以图 5-8 所示方式连接电路，对不同老化程度的电池加载 DST 工况从 4V 开始放电，共进行 3 个 DST 工况循环（1080s），当第二个 DST 循环结束时（720s）闭合开关 S 触发内短路，分别设置内短路等效电阻 R_{isc} 为 0.5Ω、1Ω 与 10Ω。

图 5-9 显示了利用 FFRLS 算法所辨识的在不同老化程度下的电池发生不同级别内短路前后极化内阻的变化情况。由图可以看出，当内短路发生后，R_{isc} 为 0.5Ω 或 1Ω 时，极化内阻 R_p 急剧上升；而当 R_{isc} 为 10Ω 时，极化内阻 R_p 几乎没有变化。比较内短路发生前后各 360s 内（两个完整的 DST 循环）极化内阻与欧姆内阻平均值的变化幅度，见表 5-2。对于极化内阻来说，当 R_{isc} 为 0.5Ω（1Ω）时，B_1、B_2、B_3 与 B_4 的极化内阻 R_p 分别变化了 82%、53%、84% 与 131%（29%、37%、41% 与 45%），变化幅度较为明显。而对于欧姆内阻来说，

无论 R_{isc} 大小,内短路前后欧姆内阻 R_0 的变化幅度均在 2%~6% 之间,变化幅度较小。由此可知,内短路的发生可通过极化内阻的突变来反映。

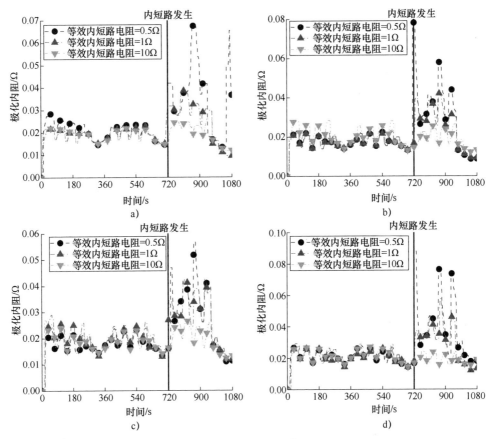

图 5-9 内短路前后极化内阻变化

a) B_1-100%SOH   b) B_2-96%SOH   c) B_3-92%SOH   d) B_4-80%SOH

表 5-2 内短路前后内阻均值变化幅度

电池健康状态	极化内阻 R_p			欧姆内阻 R_0		
	$R_{isc}=0.5\Omega$	$R_{isc}=1\Omega$	$R_{isc}=10\Omega$	$R_{isc}=0.5\Omega$	$R_{isc}=1\Omega$	$R_{isc}=10\Omega$
B_1-100%SOH	82%	29%	3%	6%	5%	3%
B_2-96%SOH	53%	37%	6%	5%	4%	2%
B_3-92%SOH	84%	41%	4%	5%	5%	2%
B_4-80%SOH	131%	45%	2%	5%	5%	2%

5.4 讨论与分析

5.4.1 遗忘因子与间隔频率对参数辨识的影响

为了对 FFRLS 算法进行优化，利用控制变量的方法，对不同遗忘因子与取样间隔频率下，在线辨识所得电池模型参数仿真端电压与实验所测真实端电压进行比较。以 B_4 为例，不同遗忘因子下仿真端电压与真实值如图 5-10 所示。

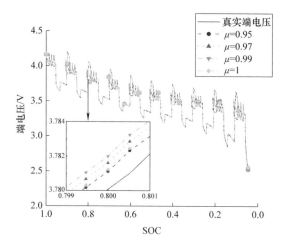

图 5-10 不同遗忘因子下电池端电压

由图 5-10 可知，不同遗忘因子下，端电压辨识结果均存在偏差，为优化算法，利用平均绝对误差 MAE（mean absolute error）和均方根误差 RMSE（root mean squared error）来衡量算法精度，其计算公式如下所示。

$$\text{MAE} = \frac{1}{n}\sum_{i=1}^{n} |x_i - \hat{x}_i| \tag{5-12}$$

$$\text{RMSE} = \sqrt{\frac{1}{n}\sum_{i=1}^{n} (x_i - \hat{x}_i)^2} \tag{5-13}$$

式中，x_i 与 $\hat{x}_i$ 分别表示真实值与估计值。不同遗忘因子算法仿真不同老化程度电池端电压的 MAE 与 RMSE 见表 5-3。

由表 5-3 可知，当 SOH 相同时，随着遗忘因子增大，MAE 与 RMSE 均在增大，当 $\mu=0.95$ 时，算法精度最高。当遗忘因子相同时，老化后算法精度有所下降，当 $\mu=0.99$ 时，SOH 由 100% 下降到 80%，MAE 与 RMSE 分别增加了 38% 与

30%，而当 $\mu=0.95$ 时对应增加为38%与18%。由此可见，电池老化加剧时，内部化学反应更加剧烈，具有极强的非线性与复杂性，对在线辨识造成一定影响，但当遗忘因子 $\mu=0.95$ 时，可以相对有效地适应老化对辨识的影响并提高精度。

表 5-3　不同遗忘因子下端电压误差

遗忘因子 μ		0.95	0.97	0.99	1
B_1-100%SOH	MAE/mV	0.481	0.585	0.925	1.464
	RMSE/mV	1.176	1.323	1.819	4.048
B_2-96%SOH	MAE/mV	0.523	0.643	1.034	1.578
	RMSE/mV	1.398	1.684	2.568	5.536
B_3-92%SOH	MAE/mV	0.786	0.988	1.444	2.052
	RMSE/mV	2.871	3.432	4.319	7.513
B_4-80%SOH	MAE/mV	0.661	0.820	1.273	1.976
	RMSE/mV	1.384	1.652	2.361	5.590

同样，考虑到采样频率对于模型参数辨识也存在一定影响，利用 MAE 与 RMSE 来评估不同采样间隔对于算法精度的影响，结果见表 5-4。由于电池测试平台可以记录的最小时间间隔为 1s，故比较采样间隔为 1s、2s、4s、8s 下仿真端电压与实验所测端电压间误差。由表 5-4 可知，与遗忘因子对精度影响相似，老化也会使精度下降，但间隔时间对精度影响相较遗忘因子更小。当老化程度相同时，间隔时间越小，精度越高，故采样间隔取 1s。

表 5-4　不同采样间隔下端电压误差

时间间隔/s		1	2	4	8
B_1-100%SOH	MAE/mV	0.481	0.497	0.612	0.670
	RMSE/mV	1.176	1.501	2.023	2.746
B_2-96%SOH	MAE/mV	0.523	0.543	0.650	0.731
	RMSE/mV	1.398	1.725	2.080	2.983
B_3-92%SOH	MAE/mV	0.786	0.859	0.990	0.993
	RMSE/mV	2.871	3.865	5.066	5.913
B_4-80%SOH	MAE/mV	0.661	0.698	0.813	0.909
	RMSE/mV	1.384	1.764	2.443	3.526

5.4.2　温度估计

由式（5-9）与式（5-11）可知，电池内阻与电池温度之间存在着紧密联系，故可以通过模型辨识参数对电池表面温度进行仿真，来进一步验证该算法的精度。以电池 B_1 为例，实验所测真实表面温度与不同遗忘因子下电池表面温度仿真值如图 5-11 所示。从图 5-11 可看出，当 $\mu=1$ 时，即利用传统 RLS 算法进行电池表面温度估计时，随着电池放电加深，误差不断增大；而当 $\mu=0.95$ 时，FFRLS 算法可较为准确地反映实际温度。这可能是由于温度随时间变化缓慢，导致 RLS 算法从新数据中获得的信息量减少，而当 $\mu=0.95$ 时，可以有效减少老数据，从新数据中获得更多信息，解决"数据饱和"问题。当 $\mu=0.95$ 时，对不同 SOH 下电池表面温度估计时，仿真温度与实际温度极限误差均在 2% 以下。这进一步验证了该算法辨识极化内阻的可行性与精确度。

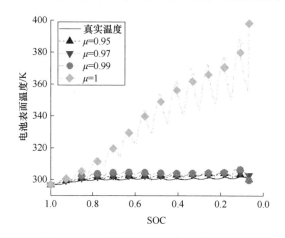

图 5-11　不同遗忘因子下电池表面温度

5.4.3　内短路识别能力探究

由内短路实验可知，内短路发生时会引起极化内阻突变，这表明极化内阻可作为标识内短路的独立参数。但若要利用在线辨识极化内阻的方式监测内短路，仍需探究极化内阻识别内短路的能力。

对比图 5-7c 与图 5-7f 可知，不同工况下，极化内阻的辨识结果存在一定偏差。这表明在不同工况下，通过模型参数辨识所得的极化内阻会在一定的范围内波动。由于在日常使用过程中，电动汽车会面临许多复杂的工况，若在内短路发展到后期阶段（$R_{isc}<0.1\Omega$）之前，极化内阻阻值的突变幅度仍小于由于工况变动所产生的极化内阻自身波动范围，则可能导致无法提前预警或者误报的情况。因此需要比较极化内阻突变幅度与其自身波动范围。

为了确定不同工况下极化内阻的波动范围，本研究选择 HPPC 与 DST 两种不同工况下，处于相同 SOC 下的内阻进行比较。为便于对比，求取间隔 10% SOC 处的内阻波动值，所得极化内阻在不同工况下的平均波动与极限波动范围见表 5-5。

表 5-5 不同工况下极化内阻波动

电池	B_1-100%SOH	B_2-96%SOH	B_3-92%SOH	B_4-80%SOH
波动极限	20%	12%	15%	13%
波动均值	9%	5%	6%	5%

结合表 5-2 与表 5-5 可以看出，当等效内短路电阻 R_{isc} = 10Ω 时，内短路前后极化内阻 R_p 变化幅度与极化内阻自身在不同工况下波动均值相近，远小于最大极限波动范围，无法起到检测内短路的作用。但当 R_{isc} 为 0.5Ω 或 1Ω 时，极化内阻突变幅度的最小值为 29%，高于最大波动范围 20%，可以起到识别内短路的作用。因此，该基于最小二乘法的锂离子电池全寿命周期参数辨识算法可通过辨识极化内阻的方式在内短路发展到后期阶段前有效识别内短路。

5.5 本章小结

本章首先建立了锂离子电池的戴维南模型，并在此基础上辨识得到了 HPPC 与 DST 工况下全寿命周期内锂离子电池的极化内阻等模型参数，最后基于带遗忘因子的递推最小二乘法在线辨识锂离子电池极化内阻以实时监测内短路。得到以下结论：

1) 欧姆内阻的大小主要受到 SOC 与老化程度的影响，在放电末端与老化加剧时有明显增大；极化内阻相较于欧姆内阻，受到外部条件影响（如电流、电压等）时变化更为显著。

2) 对 FFRLS 算法进行优化，通过控制变量的方式比较仿真端电压与实测端电压间的 MAE 与 RMSE，发现当遗忘因子 μ = 0.95，取样时间间隔为 1s 时，FFRLS 算法的精度与对老化的适应性最高。

3) 利用遗忘因子为 0.95 的 FFRLS 算法在线辨识所得内阻进行电池表面温度仿真，不同老化状态电池仿真温度与实际温度极限误差均在 2% 以下，进一步验证了算法的可行性。

4) 通过比较极化内阻不同工况下自身波动范围与内短路前后极化内阻变化幅度，证明该算法可以在内短路发展到后期阶段前成功检测到内短路。

参 考 文 献

[1] 陈泽宇,熊瑞,孙逢春. 电动汽车电池安全事故分析与研究现状 [J]. 机械工程学报, 2019, 55 (24): 93-104.

[2] 朱晓庆,王震坡,W H,等. 锂离子动力电池热失控与安全管理研究综述 [J]. 机械工程学报, 2020, 56 (14): 91-118.

[3] FENG X, REN D, HE X, et al. Mitigating thermal runaway of lithium-ion batteries [J]. Joule, 2020, 4 (4): 743-770.

[4] XIN L, JIN C, YI W, et al. Mechanism, modeling, detection, and prevention of the internal short circuit in lithium-ion batteries: Recent advances and perspectives [J]. Energy Storage Materials, 2021, 35: 470-499.

[5] OUYANG M, ZHANG M, FENG X, et al. Internal short circuit detection for battery pack using equivalent parameter and consistency method [J]. Journal of Power Sources, 2015, 294: 272-283.

[6] YANG C, WANG X, FANG Q, et al. An online SOC and capacity estimation method for aged lithium-ion battery pack considering cell inconsistency [J]. Journal of Energy Storage, 2020, 29: 101250.

[7] FENG X, WENG C, OUYANG M, et al. Online internal short circuit detection for a large format lithium ion battery [J]. Applied Energy, 2016, 161: 168-180.

[8] NOELLE D J, WANG M, LE A V, et al. Internal resistance and polarization dynamics of lithium-ion batteries upon internal shorting [J]. Applied Energy, 2018, 212: 796-808.

[9] 李伟,刘伟魋,邓业林. 基于扩展卡尔曼滤波的锂离子电池荷电状态估计 [J]. 中国机械工程, 2020, 31 (3): 321-327.

[10] HE H, ZHANG X, XIONG R, et al. Online model-based estimation of state-of-charge and open-circuit voltage of lithium-ion batteries in electric vehicles [J]. Energy, 2012, 39 (1): 310-318.

[11] 李玥锌,刘淑杰,高斯博,等. 基于维纳过程的锂离子电池剩余寿命预测 [J]. 大连理工大学学报, 2017, 57 (2): 126-132.

[12] CHEN X, CHU A, LI D, et al. Development of the cycling life model of Ni-MH power batteries for hybrid electric vehicles based on real-world operating conditions [J]. Journal of Energy Storage, 2021, 34: 101999.

[13] WANG W, WANG J, TIAN J, et al. Application of digital twin in smart battery management systems [J]. Chinese Journal of Mechanical Engineering, 2021, 34 (1): 1-19.

[14] DENG Z, YANG L, DENG H, et al. Polynomial approximation pseudo-two-dimensional battery model for online application in embedded battery management system [J]. Energy, 2018,

142: 838-850.

[15] DENG Z, HU X, LIN X, et al. Data-driven state of charge estimation for lithium-ion battery packs based on Gaussian process regression [J]. Energy, 2020, 205: 118000.

[16] HU X, LI S, PENG H. A comparative study of equivalent circuit models for Li-ion batteries [J]. Journal of Power Sources, 2012, 198: 359-367.

[17] TIAN J, XIONG R, SHEN W, et al. A comparative study of fractional order models on state of charge estimation for lithium ion batteries [J]. Chinese Journal of Mechanical Engineering, 2020, 33 (1): 1-15.

[18] ZHANG S, GUO X, ZHANG X. An improved adaptive unscented kalman filtering for state of charge online estimation of lithium-ion battery [J]. Journal of Energy Storage, 2020, 32: 101980.

[19] OUYANG T, XU P, CHEN J, et al. Improved parameters identification and state of charge estimation for lithium-ion battery with real-time optimal forgetting factor [J]. Electrochimica Acta, 2020, 353: 136576.

[20] CHOUDHARI V G, DHOBLE D A S, SATHE T M. A review on effect of heat generation and various thermal management systems for lithium ion battery used for electric vehicle [J]. Journal of Energy Storage, 2020, 32: 101729.

[21] ZHANG J, HUANG J, LI Z, et al. Comparison and validation of methods for estimating heat generation rate of large-format lithium-ion batteries [J]. Journal of Thermal Analysis and Calorimetry, 2014, 117 (1): 447-461.

[22] YANG L, CAI Y, YANG Y, et al. Supervisory long-term prediction of state of available power for lithium-ion batteries in electric vehicles [J]. Applied Energy, 2020, 257: 114006.

[23] ZHANG G, WEI X, TANG X, et al. Internal short circuit mechanisms, experimental approaches and detection methods of lithium-ion batteries for electric vehicles: A review [J]. Renewable and Sustainable Energy Reviews, 2021, 141: 110790.

[24] 朱瑞, 段彬, 温法政, 等. 基于分布式最小二乘法的锂离子电池建模及参数辨识 [J]. 机械工程学报, 2019, 55 (20): 85-93.

第 6 章

动力锂离子电池性能再生工艺与方法

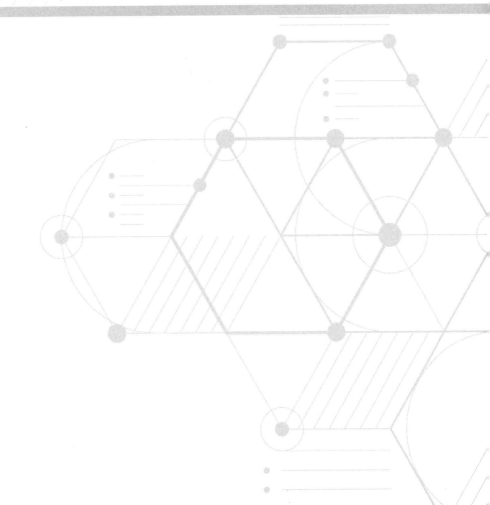

本章探讨利用相应的技术手段对报废电动汽车锂离子电池的电极片进行处理，使电极片和重组后的单体电池的使用性能得到恢复，从而延长电池的使用寿命。废旧电池的再制造首先通过对废旧电池的回收减少了对于土壤的污染，其次促进了电池的循环使用从而降低了制作成本；这项技术的发展还可促进资源的循环使用，杜绝资源的浪费。报废的电池内仍有80%的蓄电容量，而此时电池内大量的材料仍有活性。目前实际应用中，报废的锂离子电池再利用率很低，大部分都是直接丢弃，一方面电池中正极材料中的有毒金属氧化物和电解液会泄漏在环境中，这些物质会严重污染环境并对身体健康造成威胁；另一方面，会造成资源的严重浪费，因为这些报废的电池中含有贵重的金属，这些资源可以回收实现二次利用。充分回收利用退役车用锂离子电池在很大程度上可以降低其对环境的威胁。而以优质、高效、节能、环保为目标，将退役产品再次投入生产后，产出"如新品一样好"的再制造技术是再循环的最佳形式。

6.1 激光用于锂离子电池回收处理简介

6.1.1 废旧锂离子电池的处理方式

电动汽车电池在无法满足使用者要求而报废后，一般会被丢弃。而对其回收对贵重金属资源的二次利用和减少对环境的伤害有重大意义。国内外学者针对车用的废弃锂离子电池的回收处理开展了广泛的研究，现阶段已提出的废弃电池的回收策略可归结为三种：焚烧填埋、二次利用（物资再循环）、再制造，如图6-1所示。焚烧填埋会使废旧电池中有毒及强腐蚀性的有机溶剂及金属严重污染空气和土壤，对生态环境造成破坏，同时也会造成贵重金属等资源的浪费，因此研究工作的重点在后两种方式。

目前针对报废锂离子电池的回收策略主要有：干法回收、湿法回收及生物法等。谢明海等利用湿法冶金工艺，将$LiFePO_4$电池的电极材料放入无机酸浸泡处理，过滤掉杂质后，剩余的酸性溶液中含有Li^+、Fe^{2+}、PO_4^{3-}等，再将锂盐、铁盐、碳源等化合物加入其中，再经过球磨（将得到的物质研碎）、干燥煅烧得到再生的磷酸铁锂材料。徐源来等利用有机溶剂浸泡废旧电极片，使钴酸锂粉末与铝箔分离，然后加入萃取剂，最终得到氯化钴溶液。Mantuano等首先对废旧的钴酸锂离子电池利用工具进行粉碎处理，然后将其放入酸性溶液充分浸泡得到金属盐溶液，再利用弱碱溶液控制其pH值，最后利用萃取剂得到钴等贵重金属。

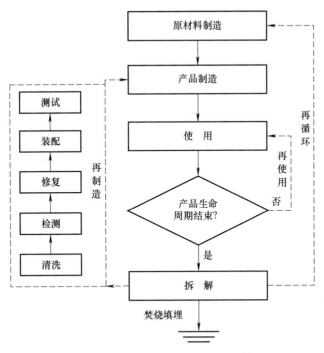

图 6-1　废旧锂离子电池的不同处理策略

但是，Pollet 等指出，从废旧车用锂离子电池中回收金属锂经济性低，因为电池中锂的含量仅有大约 0.1%。现阶段，对于报废的锂离子电池进行再利用的是其中的贵重金属部分，但其回收价值不仅如此，相对来说电解质的回收价值同样较高，但是我国针对这方面的文献很少，且电解质毒性较大，不仅对人身体会造成一定的伤害，而且还会污染环境，所以必须考虑电解质的回收利用问题。此外，在对废旧电池有价金属的回收过程中产生的废液和烟气中含有有害物质，不但污染环境，并且对于电池的回收利用成本也较高。废旧电池的回收再利用技术可以提高社会和经济效益，因此对其的研究需要更加深入。

有学者将储能技术运用到废旧锂离子电池的处理中将电池二次改造，达到二次利用的目的。二次利用的电池可以应用到可再生能源储能、家庭用电辅助系统等。二次利用可以使车用锂离子电池的全生命周期贯穿电池、电动汽车、电力等领域，降低了电池的成本，从而推动电动汽车的发展。Neubauer 等定量分析了废旧电池二次利用的可行性和经济性，针对纯汽车和混合动力汽车进行了分析，研究了该技术对于车内电池成本的影响，指出有必要深入研究二次电池的使用寿命及能量衰退等方面问题。李旸等提出可将废旧车用锂离子电池二次利用到电网储能装置中，并对于废旧电池使用在电网调频调峰的适用性进行了分析。但是目前对于废旧电池的二次利用研究仍在比较基础的阶段，并未商业化。

报废的车用锂离子电池仍然还有80%的容量可供使用，直接将电池拆卸回收原材料，会使大量的贵重资源无法得到回收，造成巨大的浪费。加之以恢复产品的原始尺寸、恢复甚至提升产品使用性能为目的的再制造技术的发展，国内外学者对于车用锂离子电池回收再制造技术展开了研究。再制造的特征是经过再制造的产品性能和质量达到甚至超过新产品，其成本比新品低50%，节材70%以上，节能60%左右。再制造能使产品得到多寿命周期循环使用，实现产品自身的可持续发展，达到了节能节材、降低污染、创造经济效益和社会效益的目的，是实现循环经济发展模式的重要技术途径。杨则恒等将通过有机溶剂浸泡后得到的 Li_xFePO_4/C（$0<x<1$）粉末与导电剂和黏结剂混合，重新制成磷酸铁锂正极片，然后以金属锂片为负极，组装成半电池，通过充放电循环补锂后，使电极片得到修复再生。Tasaki 等和 Abraham 等的实验证明了电动汽车电池再制造是可行的。Abraham 发现电池容量衰退的原因是由于电极表面积聚了大量的 SEI 沉积层，经过碳酸二甲酯（DMC）冲洗后，电池容量得到恢复。

6.1.2 SEI 膜与激光清洗技术

国内外许多学者在进行锂离子电池电极片修复再生的研究中发现，随着锂离子电池充放电次数的增加，其内阻也在逐渐增大，主要原因是因为电极表面沉积的钝化膜（SEI）增厚和正、负极材料的晶格逐渐被破坏。SEI 膜是一个复杂的钝化层，它包括无机成分和有机成分，无机成分是盐降解的产物，有机成分则是电解液的部分或全部的还原产物。不同的研究组之间由于实验的条件不同，因此提出的 SEI 膜的成分是不同的，但是可以根据电解质的含量对其成分进行规范化处理。通过核磁共振（NMR）及原子吸收光谱法（AAS）等表征技术对 SEI 膜成分进行分析发现，SEI 膜成分（见图 6-2）包括氟化锂（LiF）、氢氧化锂（LiOH）、碳酸锂（Li_2CO_3）、草酸锂（$LiCO_2$）、碳酸甲基锂（$LiOCO_2CH_3$）和碳酸乙基锂（$LiOCO_2C_2H_5$）。Nagpure 等利用开尔文探针显微镜研究了连续循环电池（类似电动汽车电池）的表面电位，发现由于 SEI 膜在电极上沉积导致了电池容量衰退。Manthiram 研究发现，在电池循环时，电极与电解质反应，在电极表面形成 SEI 膜，阻塞了疏松表层上的孔，影响了锂离子的运动，使电池内阻增加，导致电池工作恶化，容量衰退。

图 6-2 SEI 膜成分示意图

然而，大多数清除 SEI 膜的研究集中于使用化工工艺，如 Abraham 所讲述的那样，但是溶剂和化学残留物可能会使电极的电化学特性产生相当大的变化，且可能会造成环境问题。SEI 膜是附着在电池电极材料表面的非常薄的一层膜，因此划定其与电极表面之间的边界是几乎不可能的，从电极表面将其剥落也是难以准确地进行的。因此，需要一定程度的测量和精确控制，才能有效且高效地清除 SEI 膜，而激光清洗技术可以成为一种比较理想的选择。

激光清洗是通过光学系统对激光光束进行聚焦和整形获得高能量的激光束，并使之照射到待清洗的部位，利用激光去除清洗对象表面附着物或涂层的激光应用技术。清洗时，激光束被待清洗物体表面上的物质吸收，通过光作用或热作用破坏污染物和基底之间的结合键，以光剥离、气化、烧蚀等作用过程，使污染物脱离物体表面，达到清洗的目的，而待清洗物体本身并不受损伤或损伤程度在可以接受的较低范围内。激光清洗作为一项新兴的表面清洁技术，具有以下优点：不存在机械接触；对欲清洗的部位定位准确，并可广泛应用于不同清洗表面；可实施实时监控，并及时得到反馈；无环境污染；能有效清除极小污染微粒等。激光清洗已成为实现半导体表面的高效、可靠的清洗的一种很有前景的技术。

Marczak 等利用红外 Er：YAG 激光器对漆层进行去除，该激光器的波长（2.9μm）与氮氢键和氢氧键之间的共振能相同。实验表明，当光子能量大于污垢分子之间的键能时，激光的分解和薄利作用相结合能破坏氮氢键和氢氧键等化学键之间的键能，从而使漆层被去除。Krüger 等采用波长为 532nm 的纳秒激光器对受污染的纸张进行辐照，实验结果表明使用激光辐照清洗的效率高于擦拭清洗，从而证明了脉冲激光辐照技术可以去除纳米级的颗粒和薄膜。Luetke 等利用激光对于电池电极片进行切割，然后对切口进行光学检测及 SEM 检测，并未发现严重破坏。因此，可以采用激光辐照的方式对废旧电极片表面进行清洗，去除 SEI 膜，达到电极片的再制造。

此外，激光清洗技术还应用于除锈、光学元件表面清洗、磁头清洗、太空垃圾清洗等领域，并显示了显著的清洗效果。自激光清洗技术诞生以来，清洗对象已经从硅片的表面颗粒发展到各个领域，激光清洗技术已逐渐发展为其他清洗方式无法替代的技术。随着研究人员对这门实用技术的不断发展改进，激光清洗技术将得到更广泛的应用。

6.1.3 废旧车用锂离子电池再制造技术中的问题

近年来，车用锂离子电池的再制造技术的理论和实际应用发展迅速，但是，目前针对电池的再制造技术主要以化学方法为基础，存在成本高、再制造产品质量差、污染环境等问题。Ramoni 虽然提出并验证了通过无污染高效的激光辐照方式实现废旧电池再制造，但该方式仍停留在理论研究和实验室试验阶段。要想大规模、高效率、高经济性地实现电池再制造，必须首先解决以下几个方面的问题。

（1）再制造成品的质量控制

再制造后的电池的质量取决于电池再制造时的状态和技术。大部分学者在进行再制造实验时没有对电池的状态进行实时监控，从而导致制造后的产品质量参差不齐。

（2）环保问题

现有电池再制造的技术均采用强酸强碱为溶剂，有的还辅助以高温煅烧的手段，这些方式都会产生对环境和人体有害的物质。

（3）成本问题

如果对大量的废旧电池进行再制造，并使其发展成为一个行业，成本问题十分重要，而现有的再制造技术工艺流程复杂、合格率低，如果大规模投入生产，成本将难以控制。

6.2 激光清洗电极片的理论模型

6.2.1 激光清洗类型

目前，对于激光清洗技术，一般根据清洗时是否使用辅助工具或材料将其分为两类：湿式激光清洗和干式激光清洗。两者的不同之处在于被清洗的对象表面是否有人为施加的有辅助作用的液膜或湿气，这种添加辅助材料的工艺手段决定了两者之间清洗机理的差别。尽管湿式激光清洗的工作效率很高，某些情况下清洗效果甚至比干式激光清洗要好，但是这种清洗方式在被清洗对象的表面加入的辅助材料一般是液体，因此工作过程中对于工艺的控制要求更高，还需要防止液体的锈蚀作用，这方面的不足限制了湿式激光清洗的应用范围。相反，干式激光清洗的使用范围相对十分广泛，本试验中使用的也是干式激光清洗方式。

干式激光清洗首先选择所需能量密度或波长的脉冲激光或连续激光，然后经过聚焦和光束整形使激光的方向特性和能量特性得到进一步优化，从而使激光束成为具有一定能量分布与光斑形状的光束，再将光束辐照到样品的待清洗部位，清洗对象上附着的污垢以及基底吸收激光束的能量后，会产生振动、熔化、燃烧、气化等一系列物理化学过程，打破了污垢与基底之间的结合，最终使污垢脱离基底表面，同时不损伤清洗对象本身。但在实际操作过程中，被清洗的污垢层很薄，无法完全将激光的能量吸收，因此基底材料也会吸收部分能量，大部分情况下，基底吸收的能量会转化成机械能作用于污垢层，在干式激光清洗中这种作用机制同样十分重要。为了保证基底材料不被破坏，在清洗的过程中，要对激光的能量进行严格控制。

6.2.2 激光清洗作用机制

随着激光类型、能量、脉宽以及性质的不同，激光清洗的机理也不尽相同，并且在激光清洗的过程中，所涉及的机理不止一个，整个过程是多个机制共同作用的结果。大量学者对于清洗机理的理论研究发现，在对薄层-基底系统进行清洗的过程中，起主要作用的是烧蚀机制和振动机制共同作用。

烧蚀效应指的是，当用激光辐照清洗对象的污垢层时，由于两者的相互作用，污垢层吸收激光能量并将其转化为自身热能，从而使得污垢层温度升高。当激光能量密度足够高时，污垢层温度可以高到超过其沸点和熔点，污垢层便会燃烧、分解、气化，从而从清洗对象表面被移除。烧蚀效应实际上是利用高能量的激光作用于清洗对象从而产生热效应来破坏污垢自身的结构，消除它与基底之间的结合力，从而达到清洗目的。

激光去除电极片表面 SEI 膜的烧蚀效应如图 6-3 所示，SEI 膜与 $LiFePO_4$ 层对于激光的吸收率不同，当激光辐照到 SEI 膜表面时，SEI 膜吸收并将光能转化为热能，使其温度升高到超过其气化温度点，从而使得 SEI 膜被气化，最终使得 SEI 膜部分或全部被清除。

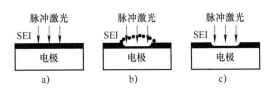

图 6-3 激光烧蚀效应示意图

振动效应是指，当激光辐照到待清洗样品表面时，污垢层以及基底吸收激光能量，由于用于清洗的激光的脉宽都很短，也就是说样品的受热和冷却都是在很短的时间内完成的，样品各层上的材料受热产生了瞬时膨胀，从而在各层之间以及污垢层和基底的界面上产生相当大的应力梯度，引起了振动波，并且在污垢层与基底的相界面处形成了强大的脱离应力，从而使得污垢层克服了与基底之间的结合力而被去除。

激光去除电极片表面 SEI 膜的振动效应为，当激光辐照到 SEI 膜表面时，底层的磷酸铁锂和 SEI 膜都会吸收并反射部分激光能量，SEI 膜与 $LiFePO_4$ 层由于将光能转化为热能而使得自身温度升高，同时两者由于热膨胀系数不同，随着自身温度的升高产生不同程度的热膨胀，但是激光作用的时间很短，短时间内的急剧热膨胀导致了在 SEI 膜与 $LiFePO_4$ 层的相界面处产生了极大的应力差，这种应力差所产生的振动能使得 SEI 膜克服了黏附力的作用从电极表面被移除。

6.2.3　激光去除 SEI 膜的烧蚀振动模型

烧蚀效应和振动效应的物理实质是激光对于 SEI 膜的热作用及同时产生的热应力。本书利用烧蚀振动模型来模拟干式激光清洗的机制。首先对脉冲激光函数做出定义，然后基于该函数得到在激光辐照下的 SEI 膜与磷酸铁锂层的温度分布函数，在此基础上推导出由于温度引起的热应力和位移的方程式，从而获得整体的振动特性。

激光清洗 SEI 膜的烧蚀振动模型的几何结构坐标系如图 6-4 所示，z 轴为入射激光的传播方向，$z=0$ 处的平面为 SEI 膜与基底的接触面，设其厚度分别为 l_1 和 l_2，则 SEI 膜的上下表面坐标分别为 $z=-l_1$，$z=0$，基底的上下表面坐标分别为 $z=0$，$z=l_2$。

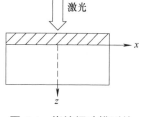

图 6-4　烧蚀振动模型的几何结构坐标系

为了简化计算，同时保证足够的准确性，做出如下假设：

1）由于电极片基底铝箔的厚度远小于磷酸铁锂层的厚度，并且激光作用时间极短，因此可将两者看成一个整体。

2）由于激光脉冲作用时间极短，因此可以认为在整个激光脉冲作用时间内，SEI 膜与磷酸铁锂层都是绝热的，即两者没有热量的传导。

3）同样由于脉冲激光作用时间短，在 z 轴方向的热传导的深度远小于激光在 $x\text{-}y$ 平面上的辐照范围，因此可以近似地将 $x\text{-}y$ 平面看成无限大的平面，即该模型仅考虑激光在 z 轴方向的一维热传导。

4）材料均匀且各向同性，对激光的吸收系数不随温度的变化而变化。

基于以上假设，我们将激光去除 SEI 膜的三维模型简化为一维模型，也就是说，在建模的过程中我们只考虑 SEI 膜与磷酸铁锂层在 z 轴方向的变化。

(1) 温度分布模型

干式激光清洗的振动机制使用调 Q 激光，为了与实际的清洗过程相近，设入射激光束的强度为 I_0，其随时间 t 的变化函数为

$$I(t) = I_0 \frac{t}{\tau^2} \exp\left(-\frac{t}{\tau}\right) \tag{6-1}$$

式中，τ 为脉冲激光的作用时间，即激光脉宽。

因为前面假设 SEI 膜与磷酸铁锂层是绝热的，所以它们的温度分布方程是相互独立的。首先建立 SEI 膜的温度分布方程。设 SEI 膜对入射激光波长的反射率为 R_1，吸收系数为 A_1，则 SEI 膜各处吸收的光强度为

$$\mathrm{d}I(z,t) = (1 - R_1)I(t)A_1 \exp[-A_1(z + l_1)]\,\mathrm{d}z \, (l_1 \leqslant z \leqslant 0) \tag{6-2}$$

经过 SEI 膜后，激光脉冲的强度为

$$I(0,t) = I(t)(1 - R_1)\exp(-A_1 l_1) \tag{6-3}$$

设 SEI 膜的密度为 ρ_1，比热容为 c_1，导热系数为 λ_1，热力学温度为 T_1，则由一维热传导方程可得 SEI 膜的温度分布方程：

$$\rho_1 c_1 \frac{\partial T_1(z,t)}{\partial t} = \lambda_1 \frac{\partial^2 T_1(z,t)}{\partial z^2} + (1 - R_1)I(t)A_1 \exp[-A_1(z + l_1)] \tag{6-4}$$

已假设 SEI 膜是绝热的，即在其下表面（$z = 0$）和上表面（$z = -l_1$）均无热量传递，用方程形式列出边界条件为

$$\begin{cases} -\lambda_1 \dfrac{\partial T_1}{\partial z}(-l_1,t) = 0 \\ \lambda_1 \dfrac{\partial T_1}{\partial z}(0,t) = 0 \end{cases} \tag{6-5}$$

其初始条件的方程式表示为

$$T_1(z,0) = 0 \tag{6-6}$$

根据上述原理，我们建立了如式（6-7）所示的温度分布方程，这中间值得注意的是，$I(0,t)$ 代表的是激光进入到基底的强度。式中的 l_2 表示基底的厚度值，R_2 表示磷酸铁锂层对入射波的反射率，A_2、ρ_2、c_2、λ_2、T_2 分别表示基底的吸收系数、密度、比热容、导热系数、热力学温度。

$$\rho_2 c_2 \frac{\partial T_2(z,t)}{\partial t} = \lambda_2 \frac{\partial^2 T_2(z,t)}{\partial z^2} + (1 - R_2)I(0,t)A_2 \exp(-A_2 z)\,(0 < z < l_2, t > 0) \tag{6-7}$$

式（6-8）方程组表示了其边界条件以及初始条件，其分别为

$$\begin{cases} -\lambda_2 \dfrac{\partial T_2}{\partial z}(0,t) = 0 \\ \lambda_2 \dfrac{\partial T_2}{\partial z}(l_2,t) = 0 \end{cases} \quad T_2(z,0) = 0 \tag{6-8}$$

式 (6-8) 中, 当 $z = 0$ 时代表的是基底上表层, 而 $z = l_2$ 时代表的是基底下表层。

根据数理方法知识对所建立的温度分布方程求解, 从而得到 SEI 膜与磷酸铁锂层的温度分布函数。首先对 SEI 膜的温度分布函数进行求解: 联立激光脉冲函数式 (6-1) 和 SEI 膜的温度分布方程式 (6-4) 可得

$$\rho_1 c_1 \frac{\partial T_1(z,t)}{\partial t} = \lambda_1 \frac{\partial^2 T_1(z,t)}{\partial z^2} + (1-R_1) I_0 \frac{t}{\tau^2} \exp\left(-\frac{t}{\tau}\right) \exp[-A_1(z+l_1)] \tag{6-9}$$

结合 SEI 膜的边界条件式 (6-5) 和初始条件式 (6-6) 得到其温度分布函数

$$T_1(z,t) = \sum_{n=0}^{\infty} \frac{C_{1n}}{\tau^2 b_{1n}^2} \cos\frac{n\pi(z+l_1)}{l_1}[b_{1n} t \exp(b_{1n} t) - \exp(b_{1n} t) + 1] \exp\left[-a_{t1}\left(\frac{n\pi}{l_1}\right)^2 t\right]$$
$$(-l_1 \leq z < 0, t > 0) \tag{6-10}$$

式 (6-10) 中, SEI 膜的热扩散率 $a_{t1} = \lambda_1/\rho_1 c_1$, 计算参数 c_{1n}、b_{1n} 分别满足

$$\begin{cases} c_{10} = \dfrac{(1-R_1)I_0}{\rho_1 c_1 l_1}[1 - \exp(-A_1 l_1)](n=0) \\ c_{1n} = \dfrac{2(1-R_1)I_0}{\rho_1 c_1 l_1} \dfrac{1}{1+\left(\dfrac{n\pi}{l_1 A_1}\right)^2}[1 - \exp(-A_1 l_1)]\cos n\pi (n=1,2,3,\cdots) \\ b_{1n} = a_{t1}\left(\dfrac{n\pi}{l_1}\right)^2 - \dfrac{1}{\tau}(n=1,2,3,\cdots) \end{cases}$$
$$\tag{6-11}$$

用相同的方法得出磷酸铁锂层的温度分布函数, 联立式 (6-3)、式 (6-7) 可得

$$\rho_2 c_2 \frac{\partial T_2(z,t)}{\partial t} = \lambda_2 \frac{\partial^2 T_2(z,t)}{\partial z^2} + (1-R_2) I'_0 \frac{t}{\tau^2} \exp\left(-\frac{t}{\tau}\right) A_2 \exp(-A_2 z) \tag{6-12}$$

其中

$$I'_0 = I_0(1-R_1)\exp(-A_1 l_1) \tag{6-13}$$

同样结合边界条件和初始条件式（6-8），得到磷酸铁锂层的温度分布函数为

$$T_2(z,t) = \sum_{n=0}^{\infty} \frac{c_{2n}}{\tau^2 b_{2n}^2} \cos \frac{n\pi z}{l_2} [b_{2n} t \exp(b_{2n} t) - \exp(b_{2n} t) + 1] \exp\left[-a_{t2}\left(\frac{n\pi}{l_2}\right)^2 t\right]$$

$$(0 \leq z < l_1, t > 0) \quad (6\text{-}14)$$

式（6-14）中，SEI 膜的热扩散率为 $a_{t2} = \lambda_2/\rho_2 c_2$，计算参数 c_{2n}、b_{2n} 分别满足

$$\begin{cases} c_{20} = \dfrac{(1-R_2)I_0'}{\rho_1 c_1 l_1}[1-\exp(-A_2 l_2)] \, (n=0) \\[2mm] c_{2n} = \dfrac{2(1-R_2)I_0'}{\rho_2 c_2 l_2} \dfrac{1}{1+\left(\dfrac{n\pi}{l_2 A_2}\right)^2}[1-\exp(-A_2 l_2)\cos n\pi] \, (n=1,2,3,\cdots) \\[2mm] b_{2n} = a_{t2}\left(\dfrac{n\pi}{l_2}\right)^2 - \dfrac{1}{\tau} \, (n=1,2,3,\cdots) \end{cases}$$

$$(6\text{-}15)$$

综上，我们得到了在脉冲激光的辐照下 SEI 膜与磷酸铁锂层的温度分布及其随时间变化的函数，在此基础上进一步对热弹性振动方程求解。

（2）热弹性振动模型

废旧车用锂离子的电池电极片上的 SEI 膜与磷酸铁锂层在脉冲激光的辐照下，瞬间吸收激光中的能量并将其转化成热能，导致了自身温度升高，从而在电极片各层之间形成了温度梯度，进而使得各层内部和相邻层间的热应力分布不均衡，产生了热弹性振动，最终导致电极片各层均出现不同程度的位移。

设 SEI 膜的切变模量为 G_1，体变模量为 B_1，热膨胀系数为 γ_1，则由一维波动方程可得 SEI 膜的热弹性振动方程：

$$\rho_1 \frac{\partial^2 u_1(z,t)}{\partial t^2} = \left(B_1 + \frac{4}{3}G_1\right)\frac{\partial^2 u_1(z,t)}{\partial z^2} - B_1\gamma_1 \frac{\partial T_1(z,t)}{\partial x}$$

$$(-l_1 \leq z < 0, t > 0) \quad (6\text{-}16)$$

同理，对于磷酸铁锂层，G_2、B_2、γ_2 分别表示其切变模量、体变模量和热膨胀系数，其热弹性振动方程表示为

$$\rho_2 \frac{\partial^2 u_2(z,t)}{\partial t^2} = \left(B_2 + \frac{4}{3}G_2\right)\frac{\partial^2 u_2(z,t)}{\partial z^2} - B_2\gamma_2 \frac{\partial T_2(z,t)}{\partial x}$$

$$(0 \leq z < l_2, t > 0) \quad (6\text{-}17)$$

式（6-16）和式（6-17）中，$u_1(z,t)$ 和 $u_2(z,t)$ 分别是 SEI 膜与磷酸铁锂层的位移分布函数，$T_1(z,t)$ 和 $T_2(z,t)$ 可以由温度分布方程式（6-9）、式（6-12）解出。

前面所建立的 SEI 膜与磷酸铁锂层的温度分布方程是相互独立的，但是它们的热弹性振动方程则是相互影响的，这是因为在两者的相界面上，它们各自形成的热弹性振动波会发生相互作用。由力学知识可知：两种介质的相接处具有同样的应力和位移，物体的内部应力可以表示为

$$F(z,t) = \left(B + \frac{4}{3}G\right)\frac{\partial u(z,t)}{\partial z} - B\gamma T(z,t) \quad (6\text{-}18)$$

式中，G、B、γ 分别表示物体的切变模量、体变模量和热膨胀系数；$T(z,t)$、$u(z,t)$ 则分别表示温度函数和位移函数。对于被清洗的电极片，在 SEI 膜被去除前，它与磷酸铁锂层是相连的，两者有相同的位移和应力，因此在两者相界面处的边界条件为

$$\left(B_2 + \frac{4}{3}G_2\right)\frac{\partial u_2}{\partial z}(0,t) - B_2\gamma_2 T_2(0,t) = \left(B_1 + \frac{4}{3}G_1\right)\frac{\partial u_1}{\partial z}(0,t) - B_1\gamma_1 T_1(0,t)$$
$$(6\text{-}19)$$

$$u_2(0,t) = u_1(0,t) \quad (6\text{-}20)$$

由于 SEI 膜的上表面 $-l_1$ 以及磷酸铁锂层的下表面 l_2 为自由表面，即没有受到其他外力作用，因此认为两处的应力为零，相应边界条件为

$$\left(B_1 + \frac{4}{3}G_1\right)\frac{\partial u_1}{\partial z}(-l_1,t) - B_1\gamma_1 T_1(-l_1,t) = 0 \quad (6\text{-}21)$$

$$\left(B_2 + \frac{4}{3}G_2\right)\frac{\partial u_2}{\partial z}(l_2,t) - B_2\gamma_2 T_2(l_2,t) = 0 \quad (6\text{-}22)$$

在激光清洗前，两者的位移和速度都为零，因此初始条件为

$$\begin{cases} u_1(z,0) = u_2(z,0) = 0 \\ \dfrac{\partial u_1}{\partial t}(z,0) = \dfrac{\partial u_2}{\partial t}(z,0) = 0 \end{cases} \quad (6\text{-}23)$$

对于上述所建立的热弹性振动方程进行求解便可得到 SEI 膜与磷酸铁锂层各自的位移分布函数，但是由于振动方程的边界较为复杂，无法得到解析解，因此我们利用有限差分数值解法进行数值求解。分别对 SEI 膜和基底的热弹性振动方程式（6-16）和式（6-17）进行有限差分处理，设其空间和时间差分步长分别为 h、κ，则其位移分布函数表示为

$$u_{1,2}(z,t) = u_{1,2}(z_j,t_k) = u_{1,2}(j,k) = (u_{1,2})_j^k \quad (6\text{-}24)$$

式中，"1，2"分别表示 SEI 膜和磷酸铁锂层，整数"j，k"则分别表示位移分布函数中的某一个空间点和时间点，且满足 $z=z_j=jh$，$t=t_k=k\kappa$。同理，电极片的温度分布函数可以表示为

$$T_{1,2}(z,t) = T_{1,2}(z_j,t_k) = T_{1,2}(j,k) = (T_{1,2})_j^k \tag{6-25}$$

因此，可以直接将时间和空间数值代入式（6-10）和式（6-14）中，从而计算得到所需的温度值。有限差分 SEI 膜与磷酸铁锂层的热弹性振动方程按上述表示方法写为

$$\begin{aligned}(u_{1,2})_j^{k+1} &= a_{1,2}[(u_{1,2})_{j+1}^k - 2(u_{1,2})_j^k + (u_{1,2})_{j-1}^k] + \\ &\quad b_{1,2}[(T_{1,2})_{j+1}^k - (T_{1,2})_{j-1}^k] + 2(u_{1,2})_j^k - (u_{1,2})_j^{k-1} \\ &\quad ([u_1]_j = -l_1, -l_1+1, \cdots, 0, [u_2]_j = \\ &\quad 0, 1, \cdots, l_2-1, l_2, k=1,2,3,\cdots)\end{aligned} \tag{6-26}$$

其中，常数 $a_{1,2}$、$b_{1,2}$ 分别满足

$$\begin{cases} a_{1,2} = \dfrac{\kappa^2 \mu_{1,2}^2}{h^2} \\ b_{1,2} = \dfrac{\kappa^2 \mu_{1,2}^2 v_{1,2}}{2h} \end{cases} \tag{6-27}$$

式中

$$\mu_{1,2} = \sqrt{\dfrac{B_{1,2} + \dfrac{4}{3}G_{1,2}}{\rho_{1,2}}}, \quad v_{1,2} = -\dfrac{B_{1,2}\gamma_{1,2}}{B_{1,2} + \dfrac{4}{3}G_{1,2}}$$

为了保证所得到的数值解的稳定性，空间步长 h 和时间步长 κ 需要满足：$a_{1,2} \leq 1$；$b_{1,2} \leq 1$。

由热弹性振动方程的差分表达式（6-26）可知，如果想得到某一位置下一时刻（$j=1$，$k=2$）的位移，必须先知道这一位置当前时刻（$j=1$，$k=1$）和上一时刻（$j=1$，$k=0$）的位移，以及当前时刻前一位置（$j=0$，$k=1$）与下一位置（$j=2$，$k=1$），即根据四个已知点计算一个未知点。

因此再求某点的位移时所需的四个初始的计算点变成了关键，需要通过热弹性振动方程的初始条件和边界条件来计算，首先将初始条件式（6-19）~式（6-22）转化成差分形式并进行适当的计算处理，可得

$$\begin{cases} (u_1)_1^k = \dfrac{2a_2b_2[(u_2)_1^k - (u_2)_0^k] + 2ha_2[B_1\gamma_1(T_1)_0^k - B_2\gamma_2(T_2)_0^k] + (a_2b_1 - a_1b_2)(u_1)_{-1}^k + 2b_2a_1(u_1)_0^k}{a_2b_1 + a_1b_2} \\ (u_2)_{-1}^k = \dfrac{2a_1b_1[(u_1)_{-1}^k - (u_1)_0^k] + 2ha_1[B_1\gamma_1(T_1)_0^k - B_2\gamma_2(T_2)_0^k] + (a_1b_2 - a_2b_1)(u_2)_1^k + 2b_1a_2(u_2)_0^k}{a_1b_2 + a_2b_1} \\ (u_1)_0^k = (u_2)_0^k \\ (u_1)_{-l_1+1}^k = (u_1)_{-l_1-1}^k + d_1(T_1)_{-l_1}^k \\ (u_2)_{l_2+1}^k = (u_2)_{l_2-1}^k + d_2(T_2)_{l_2}^k \\ (k = 1,2,3,\cdots) \end{cases}$$

(6-28)

其中，d 为常数，其值为

$$d_{1,2} = -2h\nu_{1,2} \tag{6-29}$$

将初始条件式（6-23）转化为差分形式并进行处理得到

$$\begin{cases} (u_1)_j^{-1} = (u_1)_j^0 = 0 (j = -l_1-1, -l_1, -l_1+1, \cdots, -1, 0, 1) \\ (u_2)_j^{-1} = (u_2)_j^0 = 0 (j = -1, 0, 1, \cdots, l_2, l_2+1) \end{cases} \tag{6-30}$$

联立热弹性振动方程的差分表达式（6-26）以及、式（6-28）、式（6-29）便可以求出计算所需的初始计算点，以此类推，按"先空间，后时间"的顺序，一步步地计算，便可以求出SEI膜和磷酸铁锂层在不同离散时空位置的位移，从而得到两者的位移分布函数。

(3) SEI膜的脱离应力的求解

电极片表面的SEI膜之所以能被激光去除，主要原因就是因为在脉冲激光的作用下，SEI膜与磷酸铁锂层的结合处产生了能克服两者之间的黏附力的脱离力。根据热弹性振动机制，由脉冲激光引起的SEI膜与磷酸铁锂层内产生的热弹性振动波会在两者的相界面处形成应力，这一应力可以通过已得出的温度分布函数和位移分布函数计算出来。参考应力计算式（6-18）和边界条件式（6-19），可得 $z=0$ 处的应力：

$$\begin{aligned} F(0,t) &= \left(B_1 + \frac{4}{3}G_1\right)\frac{\partial u_1}{\partial z}(0,t) - B_1\gamma_1 T_1(0,t) \\ &= \left(B_2 + \frac{4}{3}G_2\right)\frac{\partial u_2}{\partial z}(0,t) - B_2\gamma_2 T_2(0,t) \end{aligned} \tag{6-31}$$

由于前面对于热弹性振动方程求解使用的是有限差分方式，因此所得到的位移分布函数的解都是离散的，在此基础上所得到的应力表达式（6-18）的数值解也是离散的。根据式（6-31）可得在相界面处应力的差分表达式：

$$F(0,k) = \frac{\left(B_{1,2} + \frac{4}{3}G_{1,2}\right)\left[(u_{1,2})_1^k - (u_{1,2})_{-1}^k\right]}{2h - B_{1,2}\gamma_{1,2}(T_{1,2})_0^k} \quad (k=1,2,3,\cdots) \quad (6\text{-}32)$$

将前面求得的相应位置的温度和位移数值代入，便可以直接求出该处的应力大小。由于 SEI 膜与磷酸铁锂层相界面处的应力只有一个数值，因此无论使用两者中哪一组参数进行计算，结果均相同。

但是，根据式（6-32）所计算出的应力并不全是脱离力，只有使 SEI 膜与磷酸铁锂层发生分离的应力才属于脱离力。下面结合相界面（$z=0$）处 SEI 膜的位移速度进行分析：

当此处的速度 $v(0,t)>0$ 时，说明 SEI 膜与磷酸铁锂层相界面处的位移向内表面即基底的方向增加，两者的相界面处于压缩状态，此时的应力 $F(0,t)<0$，因此并不会使 SEI 膜与磷酸铁锂层分离，而是使它们结合得更加紧密；当此处的速度 $v(0,t)<0$ 时，说明相界面处的位移向外表面即基底的反方向增加，相界面处于拉伸状态，此时的应力 $F(0,t)>0$，使 SEI 膜与磷酸铁锂层发生分离，即为脱离力。

综上，$F(0,t)>0$ 即 $v(0,t)<0$ 时的应力为脱离应力，相反，当 $F(0,t)<0$ 即 $v(0,t)>0$ 时的应力无法产生脱离效果。

6.3 激光清洗电极片的试验研究

6.3.1 废旧锂离子电池电极片再制造时间点的确定

在电动汽车行驶时，锂离子电池经历了各种不同的工作状态，因此导致车用锂离子电池失效的原因也是不同的，学者研究发现，锂离子电池容量衰退的主要原因有：①由于电池的过度充放电导致电解液分解；②电极表面上 SEI 膜的积聚；③集电极被腐蚀；④电极上活性物质的相变。大量的理论模型和实验证明，电极片表面沉积的 SEI 膜的增厚是导致电池内阻增大从而容量衰退的最主要原因。

虽然按照标准规定，当车用锂离子电池的容量衰退到初始值的 80% 时即为报废电池，但在实际应用中，只有当电池的蓄电能力降低到不满足用户要求时，车主才会考虑更换电池，目前对于废旧电池的再制造工艺也是在此时进行，但是此时电池中的 Li⁺ 大量缺失、电极被严重腐蚀,从而使得电池再制造成品的质量无法达到预期水平。因此,必须寻找合适的电池参数来确定对于电池进行再制造的时间点。

为了得到电池充放电循环中各种参数的数据,搭建了电池充放电循环测试平台。试验中所使用的单体电动汽车电池是型号为 72161227 的袋状电池,正极材料为 $LiFePO_4$、负极材料为石墨、电解液为 $LiPF_6$+EC(碳酸乙烯酯)+DMC(碳酸二甲酯)、电池容量为 10Ah,额定电压为 3.2V、尺寸为 140mm×88mm×8mm,如图 6-5 所示。

图 6-5 单体电动汽车磷酸铁锂离子电池

电池充放电测试试验在室温下进行,充电深度 DOD 设置为 90%,充放电速率分别为 C/3 和 C/2。利用电池循环测试软件,监控并获得循环过程中电池的容量和电压的数据,在试验过程中,使用电池内阻仪对电池放电电压等于 3.2V 时的内阻进行测量。根据充放电循环试验平台所提供的数据,画出了电池的放电容量和内阻与电池的充放电循环次数曲线(见图 6-6、图 6-7)。对其进行分析可知,电池的容量衰退与内阻变化均可以被分为三个时期。可以明显看出图中分别有两个转折点,将曲线分为三个部分,每个部分分别表示了电池在不同时期的工作状态。A 和 a 点之前,即循环次数小于 150 次时,电池容量衰退迅速,电池内阻也在快速增加。原因是因为在这段时期内,SEI 膜快速在电极片上形成,同时快速地消耗了大量的锂离子,此时的 SEI 膜很薄,它可以阻碍电子通过、只允许锂离子通过,保证了电池的工作安全。AB 点和 ab 点之间,即循环次数在 150~530 之间时,在这个阶段内,电池容量衰退速度及内阻增加速度减缓,是因为 SEI 膜厚度增长缓慢,电池的各项指标都趋于稳定,这个时期也是电池的正常工作时期。B 点和 b 点之后,即循环次数大于 530 时,电池容量衰退及内阻增加速度加快，其性能急剧恶化。在这个时期内，除了锂离子的正常消耗而发生的氧化还原反应之外，还有大量的副反应发生，例如电解液分解、电极腐蚀等，从而导致了 SEI 膜的厚度迅速增加，加快了电池性能的恶化。处于这一阶段的电池再制造成品质量差，有的甚至无法进行再制造。因此为了保证废旧磷酸铁锂离子电池再制造成品的质量，同时为了降低成本，B、b 两点是恰当的电池再制造时机。此时，既能满足电池正常使用时间，又可以避免因为电池内长时间大量副反应导致电极结构被严重破坏，从而使电池无法进行再制造或再制造成品性能无法达到车用电池的要求。同时，很大程度上提高了电池内部材料的利用率，降低了电池的再制造成本。

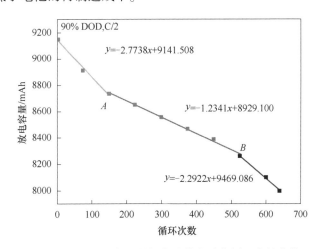

图 6-6　电池的放电容量与电池的充放电循环次数曲线

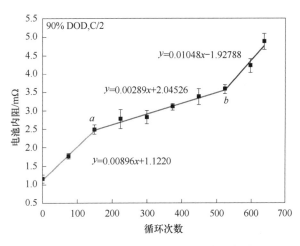

图 6-7　电池内阻与充放电循环次数曲线

通过对试验数据进行分析，我们得出了该型号的电动汽车磷酸铁锂离子电池应该在循环次数为550~600之间时进行再制造的结论。理论上我们可以将电池的循环次数或者电池容量作为判断是否应该进行再制造的指标，但在现实应用中，获得这两个参数的准确数据比较困难。因为电动汽车的电池储能系统是由上千个单体电池混联起来的，储能系统的容量是所有单体电池的总能量之和，在不拆卸的情况下对于单个电池的容量则无法确定；不同质量的电池单体其循环寿命相差也比较大。由于单体电池的内阻相对容易获得，因此我们对于电池的容量与内阻之间的关系进行了研究。理论上来讲，电池的容量与内阻呈正相关，因此，可以将电池的内阻作为判断再制造时机的指标。

通过上述分析可知，试验中所使用的电动汽车磷酸铁锂单体电池的内阻为其初始内阻的3.5~4倍时是对电池进行再制造的优良时机。

6.3.2 激光用于锂离子电池清洗实验

1. 试验装置

对磷酸铁锂离子电池电极片进行清洗的脉冲激光设备采用的是IPG公司的Nd:YAG光纤激光器（型号为YLP-10），如图6-8所示。该激光器具有光电转化效率高、光斑小、光束质量高（分辨率高达1μm）等优点，其基本参数见表6-1。

图6-8 YLP-10型光纤激光器

表6-1 YLP-10型光纤激光器的参数

参　数	数　值
波长	1064nm
脉冲频率	2~100kHz
激光功率	0.02~100W
光斑直径	50μm
脉宽	100ns

清洗试验中所使用的电池是第2章中经过充放电循环测试后的报废电池。将电池在惰性、干燥的气氛中剥离锂离子电池外壳（防止$LiPF_6$水解），拆卸后的电池如图6-9所示。从图中可以看到，电池的正、负电极片通过电解液和隔膜

依次堆叠，电池的容量由电极片堆叠的层数决定。铝箔作为电池正极的集流体，两面均涂有由磷酸铁锂、导电剂和黏结剂组成的活性物质，负极则由铜箔作为集流体，同样涂有由石墨、导电剂、黏结剂组成的活性物质。正、负极之间的隔膜层是聚乙烯和聚丙烯的复合膜。由于电极片很薄，只有 0.2mm，且十分软，因此可以用剪刀将其裁剪成合适大小的样品待用。

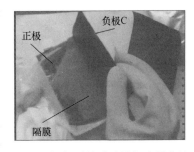

图 6-9 拆卸后的磷酸铁锂离子电池

2. 脉冲激光清洗试验参数的确定

试验中所使用的 YLP-10 型光纤激光器所发出的激光是频率一定的、不连续的圆形光斑，并且激光能量近似服从均匀分布。为了实现所清洗区域内 SEI 膜的完全去除，必须要选择合适的搭接率。光斑之间的搭接率主要由激光的扫描速度 F 和频率 f 决定，包括横向光斑之间的搭接率 γ_1 和纵向扫描道之间的搭接率 γ_2。设光斑的直径是 R，横向和纵向搭接量分别是 L_1、L_2，那么光斑横向和纵向的搭接率可以定义为 $\gamma_1 = L_1/2R$ 及 $\gamma_2 = L_2/2R$。

为了将电极片表面沉积的 SEI 膜全部去除，并减小由于光斑之间的重叠而产生的能量重叠作用对电极片的影响，光斑横向搭接量 L_1、纵向搭接量 L_2 需要满足一定的关系，如图 6-10 所示。

分析可知，当 $\theta = 30°$ 时，三个光斑之间的重叠面积最小，此时，$\gamma_1 = 13.4\%$，$\gamma_2 = 25\%$，在整个激光辐照平面内，激光能量分布较均匀，系统的散热条件好，清洗效率高。

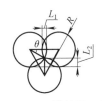

图 6-10 搭接量几何关系示意图

由上文确定的搭接率 $\gamma_1 = 13.4\%$，$\gamma_2 = 25\%$，可以确定在清洗过程中横向两个相邻光斑的圆心之间的距离 l_1，从而确定激光清洗的速度 F：

$$l_1 = 2R(1 - \gamma_1) \tag{6-33}$$

$$F = l_1 f \tag{6-34}$$

试验中 $R = 25\mu m$，$f = 20kHz$，可以计算出 $l_1 = 0.0433mm$，$F = 866mm/s$。

3. 其他参数设置

由于电极片很薄，只有 0.2mm，因此在选择脉冲激光的能量时取值很小，为了找到合适的清洗能量值，在几组清洗效果比较好的数据中选取了其中三组，其能量值分别是 0.12mJ、0.16mJ、0.2mJ，每组数据清洗的面积均为 20mm×20mm，清洗过后的电极片如图 6-11 所示。

图 6-11 激光清洗后的电极片

6.3.3 激光清洗后电极片的形貌及成分分析

学者们通常用恒电流充放电或循环伏安法对电池组进行测试，这些测试只能测量电池内阻、容量之类的宏观上的平均值，而无法测量电池内部发生的一些微观上的变化。此外，电池一般由纳米材料制成，在高分辨率下对这些材料进行观察将有助于我们理解激光脉冲对电极片表面的 SEI 膜的去除机制。试验中已对废旧的电极片进行清洗，我们仍需对电极片表面进行检测来分析激光清洗的效果。本节中，利用扫描电镜（SEM）、傅里叶红外光谱（FTIR）、X 射线衍射（XRD）和 X 射线光电子能谱分析（XPS）来观察电极片表面。

1. 清洗后电极片表面形貌分析

SEM 是材料表征检测最基础的工具之一，能够以高分辨率检测材料中最细小的部分。其工作原理是使用一种聚焦的高能电子束在固体样本表面产生大量信号，这些信号包含以下样本信息：外部形态（结构）、化学组成、样本材料的晶体结构和方位。试验中使用的场发射扫描电镜是美国 FEI 公司生产的 NOVA NanoSEM450，如图 6-12 所示。主要性能指标：电子束作用能量：30~50eV；分辨率：高真空模式 15kV 时 1.0nm；低真空模式 30kV 时 1.5nm；电子枪：Schottky 肖特基发射电子枪；着陆电压：50V~30kV；最大放大倍数：500000 倍。

图 6-13a 为脉冲激光辐照后的边界处放大 2000 倍的形貌，图 6-13b 为未清

图 6-12 场发射扫描电镜

洗部位放大 8000 倍的形貌，图 6-13c 为图 6-13b 的 3D 图像。图 6-13b、c 中可以看到未清洗的电极片表面粗糙不平，有很多凸起。图 6-13a 中，区域①是脉冲激光没有辐照的区域，表面非常粗糙，该部位进一步的放大图像中明显看到表面有很多凸起，这是由于在车用磷酸铁锂离子电池充放电循环过程中，电极片表面积聚了非常厚的 SEI 膜，从而导致了整个电极片表面凹凸不平；区域②是激光清洗过后的区域，表面相对平整，没有出现明显热分层现象。因为试验中所使用的是激光近似服从均匀分布的多模激光，单点画线所标的分界线处并不光滑，而是出现了机械撕裂的现象；在虚线框内，虽然属于激光未作用区域，但有相当大的一块 SEI 膜被去除。这些问题均是由于因激光的热弹性振动而引起的应力将边缘的 SEI 膜带离电极片表面造成的。不论在激光清洗的区域还是未清洗区域，都有细小裂纹的存在，因此，电极片上存在的裂纹并不是激光脉冲作用的结果。电极的厚度仅有 2mm 并且质地柔软，在样品的制作过程中对于电极片的扭曲和剪切造成了电极片表面的微小裂纹。

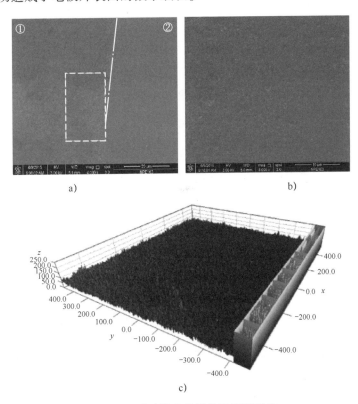

图 6-13 脉冲激光作用前后表面形貌

a) 交界面处放大 2000 倍形貌　b) 未清洗部位放大 8000 倍形貌　c) 图 6-13b 的 3D 图像

图 6-14 中,废旧电极片表面有一层很厚的 SEI 膜,这是由于在电池循环过程中大量的副反应产生了杂质并发生晶粒粗化,导致了粒子融合,SEI 膜的存在使得表面不平,阻碍了锂离子在电极之间的嵌入和脱出,使电池容量衰退。从图 6-14c 中可以看出,当脉冲激光能量为 0.12mJ 时,部分 SEI 膜被打散去除,但是还有部分残留,因此无法达到再制造的目的。如图 6-14d 和 e 所示,当脉冲

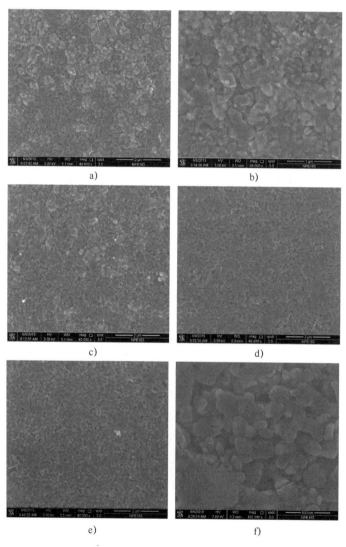

图 6-14 激光清洗后电极片的表面形貌

a) 废旧电极片的表面形貌　b) 图 6-14a 的放大图像　c) $E=0.12$mJ
d) $E=0.16$mJ　e) $E=0.2$mJ　f) 图 6-14e 的局部放大图

激光能量为 0.16mJ、0.2mJ 时，电极片表层的 SEI 膜被全部去除，同时露出了少量的内层锂离子枝晶，有助于形成初始的薄的 SEI 膜，起到阻止电子通过从而提升电池安全性的作用。但在图 6-14e 中，表面的 SEM 图像中出现了细微的损伤，对其进行放大，如图 6-14f 所示。图 6-14f 中，SEI 膜底部的磷酸铁锂部分被溶解，从而引起电池表层不平整。这是因为当脉冲激光的能量较大时，清洗过程中产生的热量使得部分磷酸铁锂粒子被融化烧蚀，导致去除的 SEI 膜的厚度不均，最终使得电极片表面粗糙不平。通过对比不同能量的脉冲激光清洗后的电极片表面形貌，发现电极表面 SEI 膜除去率、磷酸铁锂粒子细化程度与脉冲激光的能量成正比。综上所述，在当前试验条件下，当脉冲激光能量为 0.16mJ 时，SEI 膜去除效果良好，同时 $LiPFeO_4$ 粒子得以细化，电极片表面的质量得以改善。因此在该试验条件下，脉冲激光能量设为 0.16mJ 可取得相对优良的清洗效果。

对比图 6-15 不同时刻的电极片表面形貌，不难看出当废旧的电极片经激光清理后，电极片表面的 SEI 膜大部分被去除，表面相对平整，达到了再制造技术的要求。图 6-15c 中，新品的电极片表面有一层很薄的 Li^+ 的存在，这是因为电池在首次充放电后在电极表面形成很薄的 SEI 膜，这层膜起到阻止电子通过从而使电池的安全性得到保证的作用，但是随着电池循环次数的增加，SEI 膜逐渐增厚以致阻碍锂离子在正、负极之间的嵌入和脱出，最终导致电池报废。

2. 傅里叶红外光谱分析（FTIR）

傅里叶红外光谱仪工作原理是用连续变化的红外光对样品进行照射，样品吸收某些频率的辐射，检测器接收到强度产生变化的干涉光，从而获得不同样品的干涉图。然后根据傅里叶变化函数，在计算机内将干涉图转化为光强的频域图，最终得到红外吸收光谱图。FTIR 主要针对有机化合物和无机化合物的定性和定量分析，也可进行官能团的鉴别。

由于 SEI 膜的主要成分为：氟化锂（LiF）、氢氧化锂（LiOH）、碳酸锂（Li_2CO_3）、草酸锂（$LiCO_2$）、碳酸甲基锂（$LiOCO_2CH_3$）和碳酸乙基锂（$LiOCO_2C_2H_5$）等，另外可能会形成一些有机物，因此，在废旧的电极片表面必然存在着 $-C=O$、$-C-O$、$-CO_3$、$-CH_2$ 等化学键。因此可以通过观察红外光谱图中有关化学键的减弱或消失来定性地分析 SEI 膜内哪部分化合物被去除或者哪部分化学键被脉冲激光打开。同时，也可以通过相关物质的吸收峰强度来定量地分析化合物的含量。本试验中使用的傅里叶变换红外光谱仪是美国 Thermo Fisher Scientific 公司生产的 Nicolet 6700Flex，其光谱分辨率优于 $0.09cm^{-1}$，波数精度小于 $0.01cm^{-1}$，扫描速度大于 65 张/s，光谱范围为 $350\sim7800cm^{-1}$。

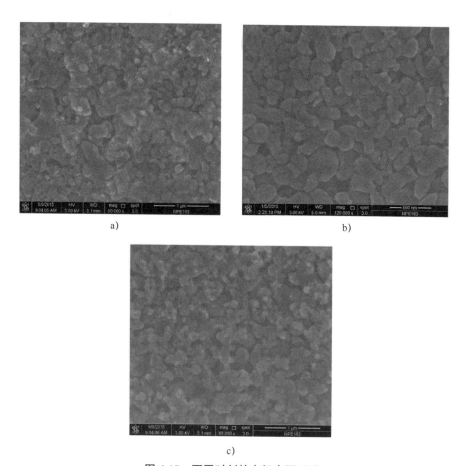

图 6-15 不同时刻的电极表面形貌

a) 激光清洗前 b) 激光清洗后 c) 新品电极片

图 6-16 所示为能量的脉冲激光清洗后电极片的红外光谱图。从图中可以看出,随着脉冲激光能量的增加,电极片的透光度也在增加。在相对较高的能量密度下,被去除的 SEI 膜也较多,使得 SEI 膜变薄,对红外光的吸收减少,导致了电极片的红外透光度变大。试验中选取的三组脉冲激光能量值均有效地去除了表面的 SEI 膜,增大了电极片的红外透光率,相比能量为 0.16mJ 和 0.2mJ 的曲线,能量为 0.12mJ 的曲线透光率较低,这是由于电极片表面还残留部分 SEI 膜,这和 SEM 图像分析结果相符。对比分析能量为 0.16mJ 和 0.2mJ 的两条曲线,发现这两条谱线在形状上基本一致,相对于未清洗的曲线,这两条曲线上部分峰值消失,两者的主要区别是红外透光程度相差比较大,说明了这两种程度的脉冲激光能量值可以有效去除电极片表面的 SEI 膜,虽然能量值大的脉冲激光能够更好地改善电极片的表面质量,使 $LiFePO_4$ 粒子间间隙增大,电极片的电

化学性能在一定程度上恢复得更好，但是，高的能量在去除大量 SEI 膜的同时也会清洗掉部分 LiFePO$_4$ 颗粒，致使电池的再造能力大打折扣，严重降低了电池的再造价值。

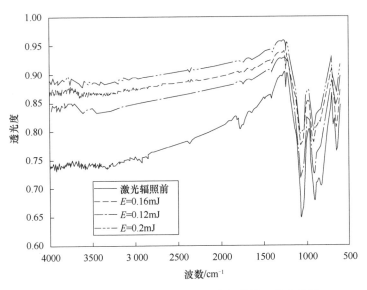

图 6-16 能量的脉冲激光清洗后电极片的红外光谱图

图 6-17 为 0.16mJ 的脉冲激光清洗过后和原始的电极片的红外光谱图，将其和标准的图谱对比分析并标出初始电极片峰值所代表的化学键。根据对 SEI 膜成分的研究，可以知道图中标出的 $-CH_2$、$-OH$、$-CH_3$、$-C=O$、$-CO_3^{2-}$ 等化学键和官能团是一定存在的，经过脉冲激光照射后，所标出的化学键峰值的消失或减少意味着含有这些化学键的物质被激光清洗的过程中所产生的烧蚀振动效应所去除，或者这些化学键被打开脱离电极片表面，从而达到将 SEI 膜去除的效果。这也同时说明了脉冲激光清洗的过程中，激光光化学效应可以去掉物质之间的微弱的氢键作用和分子间的范德华力作用，让部分 SEI 膜能够脱离电极表面。图中虚线框中的光谱峰值代表磷酸铁锂的峰，可以看出脉冲激光清洗前后这几个峰一直存在，只是红外透光率变大了。所以，可以得出如下结论，当脉冲激光的能量为 0.16mJ 时，既可以高效地清除电极片表面的 SEI 膜，也不会对磷酸铁锂颗粒造成太大伤害，从而使清洗过后的电极片有很好的再制造价值。

3. X 射线光电子能谱分析（XPS）

X 射线光电子能谱（XPS）是一种表面化学分析技术，它的原理是分子或原子的内层电子受到 X 射线的辐射后发射出来。通过测量被光子激发出的光电子的能量，然后以光电子的动能/束缚能为横坐标、相对强度为纵坐标作出样品的光电子能谱图，从图谱中读出其有关信息。通过 XPS 分析可以得到样品表面上的所有元素含量和价态信息。Verma 等用相应的束缚能研究了 SEI 中 C1s、O1s、Li1s 和 F1s 光谱的组成。试验中所采用的是美国热电生产的 Thermo escalab 250Xi X 射线光电子能谱仪，仪器能量范围为 0~5000eV，X 射线束斑面积从 900μm 到 200μm 连续可调，灵敏度为 0.9eV，分辨率可达 0.1%。

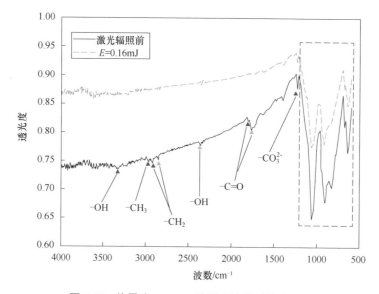

图 6-17 能量为 0.16mJ 的激光清洗后的光谱图

利用 XPS 来分析激光清洗前后电极片表面的元素变化。图 6-18 为极片整体的光电子能谱。从图中可以看出，激光辐照前后电极片表面的 XPS 图谱形状相似，即两者的成分相同，只是元素的含量有所差别。图谱中显示了电极表面上存在着 C、O、Li、F 和 P 元素，且在激光清洗前含量较高，这些元素来自于 LiF、LiOH、Li_2CO_3、$LiCO_2$、$LiOCO_2CH_3$、$LiOCO_2C_2H_5$ 等化合物。这是由于在电池进行大量的充放电循环后，电池内的锂离子以及电解液内由于大量副反应产生的杂质均积聚在电极片表面，使得 SEI 膜厚度增加，从而导致电池容量衰退。下面分别对各个元素进行分析。

在激光清洗前，电极片表面的 P 元素和 F 元素峰值分别达到 6000s 和 84000s（见图 6-19），且曲线和背底之间的含量面积较大，这是因为在拆卸电池时，在电极片表面有部分电解液残留（主要成分为 $LiPF_6$），且在电池经过多次充放电循环后，电极片和电解液之间发生大量副反应，并随之产生了 LiF。经过激光清洗后，P 和 F 的峰值和含量面积也明显减小，这是由于在激光的辐照作用下，SEI 膜内含 P 和 F 的化合物发生分解，从而被去除并露出了底层的磷酸铁锂层。

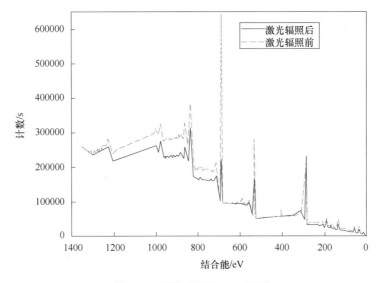

图 6-18　清洗前后的 XPS 图谱

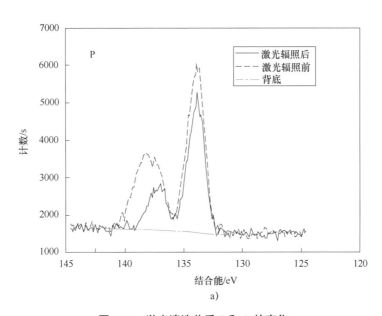

a)

图 6-19　激光清洗前后 P 和 F 的变化

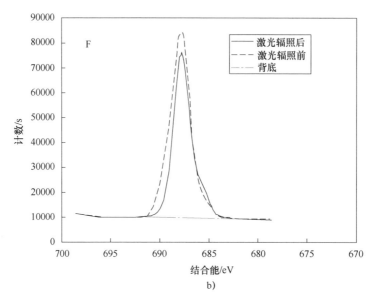

b)

图 6-19 激光清洗前后 P 和 F 的变化（续）

图 6-20 为激光清洗前后电极片表面 O、C 元素的 XPS 曲线。在激光清洗前，电极片表面的 O 元素和 C 元素峰值分别达到 38400s 和 30115s，XPS 曲线和背底之间的面积较大，这是由于 SEI 膜上有机碳酸盐的含量较高，C 元素在 285eV、

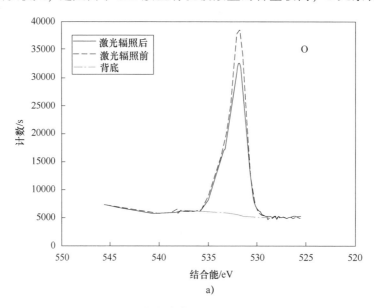

a)

图 6-20 激光清洗前后 O、C 的变化

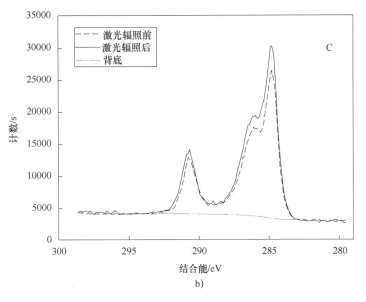

图 6-20 激光清洗前后 O、C 的变化（续）

286eV、291eV 处分别出现峰值，这些峰值均存在于 $CHOCO_2Li$、CH_3OLi、Li_2CO_3 等化合物中的 C-OH、C=O 等化学键中，上述混合物来自于电池内电解液的分解。在图中同样可以看出，经过激光清洗后，电极片上 C 和 O 的峰值和含量要低于清洗之前，证实了电极表面 SEI 膜内碳酸盐的存在。

在图 6-21 中，Li 元素的峰值达到 1900 s，这是由于 SEI 膜上存在有机和无机锂化合物，激光清洗后锂元素的含量同样减少。无论在激光清洗前还是清洗后，电极片表面 Fe 元素的含量都很少，和其他元素的含量变化不同，激光清洗后 Fe 元素的含量升高，这是因为在经过激光的辐照作用后，SEI 膜内的化学键分裂脱离电极片表面，致使底部的磷酸铁锂层显露出来。

4. X 射线衍射分析（XRD）

这里使用 X 射线衍射（XRD）进行物相分析。XRD 是一种晶体检测方法，X 射线打在原子周期排列的晶体上时会产生衍射图谱，衍射图谱反映了晶体内部原子的排列方面的信息，不同晶体的原子排列方式是不同的，因此，通过衍射图谱就能确定晶体的种类、相成分等一系列信息。本试验采用日本理学公司生产的 Rigaku D/Max 2400 型衍射仪，Cu 靶材，波长为 0.15406nm，扫描速率为 6°/min，扫描角度范围为 10°~70°。

图 6-22a 为清洗前后电极片的 XRD 图谱与磷酸铁锂标准图谱（JCPDS No. 40-1499）的对比图。和标准图谱相比，激光清洗前后的电极片上磷酸铁锂的含

量明显减少,这是因为随着电池充放电循环次数的增加,电池内缺失的锂离子数量也在逐渐增加,使得电极片处于缺锂状态,在 XRD 图谱上表现为衍射峰值减少并出现细微的偏移。激光清洗后电极片的图谱中,磷酸铁锂的部分峰值缺失,这表明在激光去除 SEI 膜的过程中少量的磷酸铁锂也被去除,因此再制造后的电极片的储能量略有降低。废旧车用磷酸铁锂离子电池中的 Fe 元素存在 LiFe-

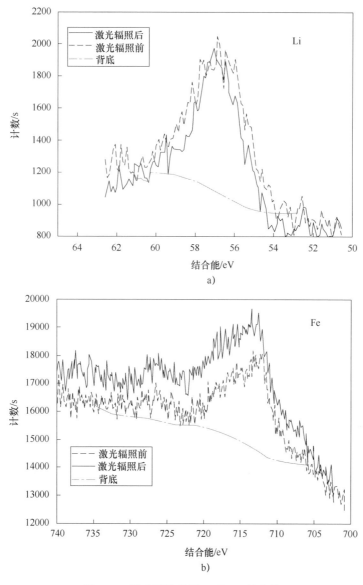

图 6-21 激光清洗前后 Li 和 Fe 的变化

PO_4、$FePO_4$ 两种相（见图6-22b），这是因为在电池循环过程中电池内部除了发生所必需的氧化还原反应外，还存在大量副反应，从而产生了少量磷酸铁附着在SEI膜上，在图谱上可以看出，激光清洗过后，电极片上的 $FePO_4$ 衍射峰值很少，几乎全部被去除。

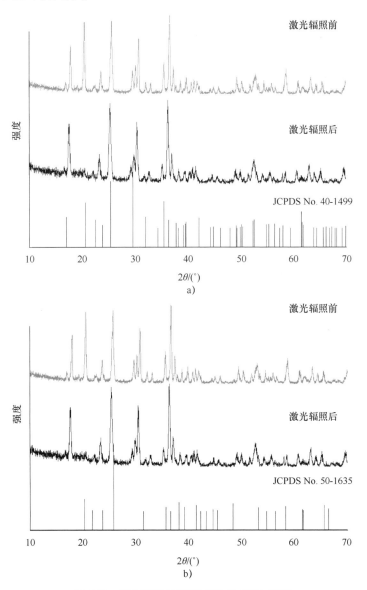

图 6-22 激光清洗前后电极片的 XRD 图谱

a）磷酸铁锂 b）铁酸锂

6.4 激光处理后锂离子电池电极片性能的分析

6.4.1 再制造电极片孔隙分析

车用锂离子电池中的磷酸铁锂有完整的橄榄石晶体结构,锂离子只能沿<111>的方向扩散,同时,磷酸铁锂中缺少能使锂离子自由移动的空穴和间隙,致使锂离子的扩散系数小、电导率低。目前,学者们通过磷酸铁锂纳米化、碳包覆等手段解决了上述问题。但是,在电池使用过程中,随着充放电循环次数的增加,电极片表面积聚了大量的 SEI 膜,使 $LiFePO_4$ 粒子之间的间隙被覆盖,改变了电极的孔隙度,进而影响了锂离子的扩散能力,导致电池阻抗的显著增加,从而降低了电池电化学性能,电池容量迅速衰退。激光清洗技术可以将电极片表面的 SEI 膜去除,恢复电极上磷酸铁锂的粒子间隙,减小电池内阻,从而使电极的电化学性能得到恢复。因此可以通过对激光清洗前后电极片表面形貌的分析,来判断电极片的电化学性能是否得到恢复。图 6-23 是激光能量为 0.16mJ 时,清洗前后电极片表面的 SEM 图像。

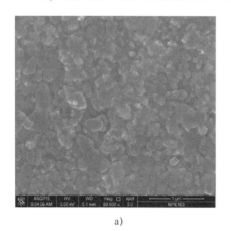
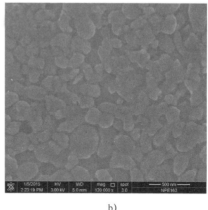

a) b)

图 6-23 脉冲激光清洗前后电极片表面形貌 ($E=0.16mJ$)
a) 激光清洗前 b) 激光清洗后

由图 6-23a 可以看出,激光清洗前电极片表面凹凸不平,有很多阴影和白斑状元素,并且在小颗粒中间存在有大颗粒,说明在循环过程中发生了晶粒粗化,进而引起粒子融合,致使 $LiFePO_4$ 颗粒之间的间隙很少,电极片上沉积的 SEI 膜将 $LiFePO_4$ 颗粒连成一片,严重阻碍了 Li^+ 的自由移动。如图 6-23b 所示,激光清洗后电极片表面的 SEI 膜被去除，LiFePO$_4$ 粒子分布均匀有序，粒子之间的间隙均匀，表面较平整，有利于 Li$^+$ 在正、负极之间的嵌入和脱出，从而降低电池内阻，恢复电极片的性能。

利用 Scanning Probe Image Processor（SPIP）软件对激光清洗前后的电极表面的 SEM 图像进行读取分析，得到表面孔隙的直径和面积分布直方图（见图 6-24、图 6-25）。比较两图中孔隙的直径和面积分布，可以看出激光清洗前电极片表面的孔隙直径较小，最大只有 18dpi，其中直径小于 4dpi 的孔占大多数，面积也大部分在 20dpi^2 以下，经过脉冲激光辐照后的电极片表面直径大部分在 25dpi 以下，且少量孔隙直径达到 75dpi 以上，面积也相应增大。因此可以得出结论，经过激光辐照后，电极片表面的孔隙结构增加，孔隙变大，便于 Li$^+$ 的嵌入和脱出，恢复了电极的电化学性能。同时也证明了激光清洗的方式可以实现废旧车用锂离子电池电极片的再制造。

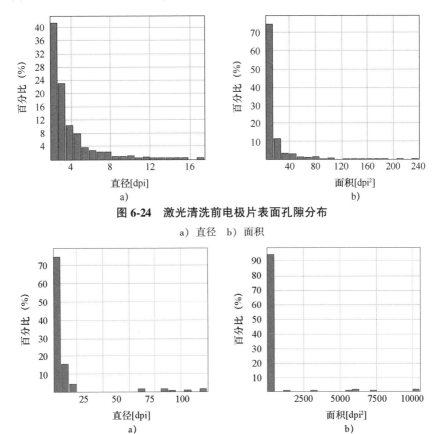

图 6-24　激光清洗前电极片表面孔隙分布

a）直径　b）面积

图 6-25　激光清洗后电极片表面孔隙分布

a）直径　b）面积

6.4.2 再制造成品电池容量分析和预测

车用磷酸铁锂离子电池的容量和电池内 Li^+ 的含量成正比,因此随着电池充放电循环次数的增加造成 Li^+ 大量缺失,从而导致电池容量的不断衰退。又因新品电池内的 Li^+ 存在于 $LiFePO_4$,因此其含量与电极片表面的 $LiFePO_4$ 层的厚度成正比。我们可以通过测量激光清洗后电极片横断面磷酸铁锂层的厚度对再制造的电池容量进行预测。

图 6-26 为激光清洗前后电极片的横断面 SEM 图像,在图中,可以明显地看到整个电极片可以分为三层,依次是磷酸铁锂。铝箔、磷酸铁锂。因为图中无法准确地区别铝箔和磷酸铁锂层的分界线,因此直接利用场发射扫描电镜中的测距功能将整个电极片横断面的高度标出。图 6-26a 中,废旧车用锂离子电池的电极片的初始横断面处的磷酸铁锂层没有出现坍塌现象,并且通过测量得知磷酸铁锂层以及 SEI 膜的整体厚度 $D_1 = 137.8 \mu m$。图 6-26b 为用能量为 0.16mJ 的脉冲激光清洗过后的电极片横断面,前面我们通过电极片的 SEM 图像观察到激光清洗过后表面平整,但其横断面处发生了塌陷的现象,测量后得知磷酸铁锂层厚度 $D_2 = 134.1 \mu m$。出现塌陷的原因是因为在制备电极片样品时对其进行裁剪而导致了横断面结构被破坏。因为电极片很薄并且十分松软,再加上裁剪样品时所用的剪刀刃口角度较大,很容易造成电极片横断面处的表面倾斜以及坍塌等问题。SEI 膜的厚度一般为 $L_{SEI} = 200nm$,经过对电极片磷酸铁锂层厚度的比较,我们发现脉冲激光清洗将电极片表面的 SEI 膜完全去除,但是同时去除了少量的 $LiFePO_4$ 层,必然使得再制造电池容量有一定的损失。

 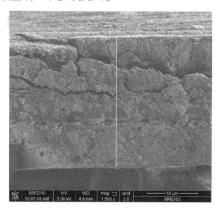

a)   b)

图 6-26 激光清洗前后电极片横断面图

a) 激光清洗前   b) 激光清洗后

通过分析我们可计算得到再制造电池容量的恢复率 η：

$$D_1 = D_0 + 2L_{SEI} \tag{6-35}$$

$$D_s = D_1 - 2L_{SEI} - D_2 \tag{6-36}$$

$$\eta = \frac{D_0 - D_s}{D_0} \times 100\% \tag{6-37}$$

式中，D_0 为新品电池电极片的横断面层厚度；D_s 为脉冲激光清洗过后电极片表面损失的磷酸铁锂层厚度。将 SEM 图像中测得的 $D_1 = 137.8\mu m$，$D_2 = 134.1\mu m$，以及 $L_{SEI} = 200nm$ 代入其中，经计算得 $\eta = 98\%$。

6.4.3 再制造电池电化学性能分析

充放电循环曲线是分析激光清洗再制造前后电池电化学性能的最佳手段，但是所在的实验室条件有限，无法将激光清洗过后的电极片重新组装回车用磷酸铁锂离子电池。因此为了测试再制造电池的电化学性能，将其组装成纽扣电池，然后测试其充放电循环曲线。

1. 纽扣电池的制作

第 3 章中我们对电池的工作状态进行了分析，随着电池充放电循环次数的增加，电池内缺失的锂离子的数量也在增加，由于锂离子数量的减少以及电极片表面 SEI 膜的沉积等原因导致了电池内阻增大，导致其容量衰退，所以废旧的电极片表面锂离子的含量很少。因此我们将锂片作为纽扣电池的负极对电极片进行补锂，并对半电池的充放电循环进行测试。

纽扣电池的铝箔只有一面涂有活性材料，另一面作为导电的集流体存在，而车用磷酸铁锂离子电池电极片铝箔的两面都涂有活性材料，为了防止电极片背面的活性材料导致电池内阻太大而无法进行充电现象的发生，在制作纽扣电池前，需要将电极片一面的活性物质去除。电极片表面的活性物质有磷酸铁锂、导电剂乙炔黑和黏结剂聚偏二氟乙烯（PVDF），最为主要的是去除活性物质内所含的聚偏二氟乙烯。PVDF 化学性质稳定，对部分酸和碱液都有一定的抗腐蚀性。但它的分子结构不对称，极性较强，因此可以利用极性较强的有机溶剂 N-甲基吡咯烷酮（NMP）对其进行溶解。因此我们将不易挥发的 NMP 溶液涂抹于电极片上未经激光处理的一面，然后用刷子轻轻将电极片表面的活性物质去除，去除后的电极片如图 6-27 所示。

利用小型冲孔机将去除活性材料的电极片以及金属锂片冲成直径为 14mm 的纽扣电池的正、负电极片，试验中使用聚丙烯多孔膜为隔膜，1mol/L 的 $LiPF_6$

有机混合溶液作为电解液,溶剂组成为体积比 1∶1 的碳酸二甲酯和碳酸乙烯酯。将上述材料在充满氩气的手套箱内组装为 CR2025 的纽扣电池(见图 6-28)。

图 6-27　去除活性物质后的电极片

图 6-28　CR2025 纽扣电池

2. 充放电循环测试

利用恒流充放电测试仪来测量清洗后电极片再制造的纽扣电池的比容量及循环性能,作为对照,同时用将清洗的电极片也做成了相同规格的纽扣电池。试验中所使用的充放电测试仪是深圳新威尔电子有限公司生产的型号为 BTS-5V 10 mA 的测试系统,其技术参数见表 6-2。

表 6-2　新威电池测试系统的技术参数

输入电源	AC 220(±10%)V/50Hz
输入功率	200W
电流输出范围	±10A
电压输出范围	充电:10 mV～5V、放电:2.5～5V
电流测量精度	±0.1%

(续)

电压测量精度	±0.1%
采样周期	1s
循环测量范围	1~9999 次
数据记录条件	时间：Δt(1~60000s)
充放电模式	恒流/恒压/恒流恒压充电、恒流/恒功率放电
通信接口	RS232/USB
数据输出方式	Excel、图表

磷酸铁锂离子电池的理论充放电倍率为 1 C = 170 mAh/g，使电池以 0.1 C 的倍率在 2.6~4.0 V 电压范围内进行三次充放电，得到其充放电循环曲线，如图 6-29 所示。

图 6-29a、b 分别为清洗过后的电极片制成的纽扣电池以及废旧电极片制成的纽扣电池在 0.1 C 下的三次充放电曲线。从图 6-29a 中可以看出，再制造后的电极片和金属锂片组成的纽扣电池在脉冲激光辐照过后，电极片表面的 SEI 膜被去除，粒子间的间隙分布均匀，电池首次充放电过程中，充电比容量达到 148.8mAh/g，放电比容量达到 141mAh/g，效率为 95%，第二、三次则趋于稳定，均在 102% 左右。而图 6-29b 中的废旧电极片制成的纽扣电池首次充放电过程中，充电比容量为 122mAh/g，放电比容量为 112mAh/g，效率仅为 91.8%，第二、三次充放电循环同样趋于稳定，均在 95% 左右。之所以纽扣电池首次充放电效率较低是因为，在电池首次充放电过程中在电极片表面就形成了 SEI 膜，导致部分锂离子被不可逆消耗，在之后的循环中所消耗的锂离子数量减少，从而使得其效率提高。对比两组电池充放电曲线可以发现，激光清洗后的电极片做正极的纽扣电池比容量和充放电效率相比废旧电极片做正极的纽扣电池有明显提高。这是因为在废旧的电极片表面积聚着厚厚的 SEI 膜，阻塞了电极片表面的孔隙，阻碍了 Li^+ 在正、负之间进行脱嵌运动，从而导致电池蓄电能力下降。清洗后的纽扣电池，表面的 SEI 膜被去除，粒子间隙变大，在充放电循环的过程中，成功地将锂片上的锂离子补充到电极材料中，使得电池的放电比容量显著提升，表明激光清洗后电极片再制造成品质量良好。

在第 3 章中介绍到试验中废旧电池的容量是初始容量的 80%，根据废旧电极片做成的纽扣电池的首次充放电数据可以计算出新品电极片做正极的纽扣电池的比容量为 152.5mAh/g，从而进一步得到清洗后电极片电化学性能的恢复率为 97.5%，这一结果和第 6.4.2 节中根据电极片横断面厚度预测的结果相近。

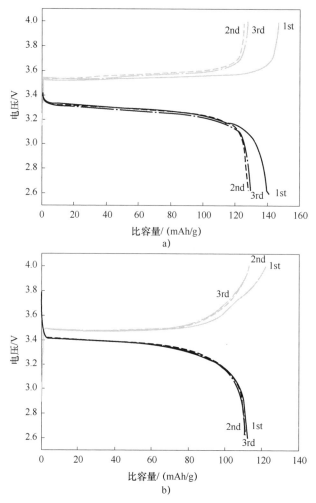

图 6-29 纽扣电池在 0.1C 下的充放电循环曲线图

a）清洗后的电极片 b）未清洗的电极片

6.5 激光用于锂离子电池的回收工艺总结

脉冲激光能量的大小对清洗过后电极片的再制造质量影响非常大。

1）通过理论分析脉冲激光的搭接率对于废旧电极片表面 SEI 膜的清洁程度的影响，通过计算，得到当搭接率 $\gamma_1=13.4\%$，$\gamma_2=25\%$ 时，脉冲激光既可以高效地清除电极片表面沉积的 SEI 膜，又能减轻因光斑重叠所产生的烧蚀振动效应对于电极片的损伤，大大提高了电极片再制造的质量。

2）通过单因素试验，利用不同能量值的脉冲激光对于电极片表面进行清洗，并通过现代检测与表征手段：SEM、FTIR、XPS、XRD，对清洗过后的电极片的表面形貌及元素成分进行分析，确定了在当前试验条件下脉冲激光能量为 0.16mJ 可以取得相对优良的清洗效果。

此外，在对废旧电极片进行清洗再制造的过程中，使用的仅是低能量的脉冲激光，整个过程中没有用到其他任何化学试剂，也没有产生清洗垃圾。因此在对电极片进行再制造时，保证脉冲激光的能量一定，采用直径大的大光斑对其进行辐照清洗，就能很大程度上提高电极片的再制造生产效率。

脉冲激光清洗过后电极片表面 $LiFePO_4$ 的颗粒数和粒子之间的间隙率，通过对清洗后电极片横断面上 SEI 膜的去除厚度的测量，从理论上预测了再制造电池的容量恢复率，最后将车用锂离子电池的电极片和锂片组装成纽扣电池，并测量了其循环充放电曲线。试验结果表明，当能量值为 0.16mJ 的脉冲激光对废旧电极片表面进行清洗过后，电极片表面的粒子间隙大量增加；理论上再制造电池容量恢复率高达 98%；再制造后的电极片制成的纽扣电池在 0.1C 的放电倍率下，电池充放电效率优于废旧的电极片。以上分析和试验表明，激光清洗后的电极片再制造产品质量优良。

参考文献

[1] LIU W W, ZHANG H, LIU L H, et al. Remanufacturing cathode from end-of-life of lithium-ion secondary batteries by Nd:YAG laser radiation [J]. Clean Technologies & Environmental Policy, 2015, 18 (1): 1-13.

[2] 徐源来, 徐盛明, 池汝安, 等. 废旧锂离子电池正极材料回收工艺研究 [J]. 武汉工程大学学报, 2008, 30 (4): 46-50.

[3] MANTUANO D P, DORELLA G, ELIAS R C A, et al. Analysis of a hydrometallurgical route to recover base metals from spent rechargeable batteries by liquid-liquid extraction with Cyanex 272 [J]. Journal of Power Sources, 2006, 159 (2): 1510-1518.

[4] LAIN M J. Recycling of lithium ion cells and batteries [J]. Journal of Power Sources, 2001, 97-98 (4): 736-738.

[5] NEUBAUER J, PESARAN A. The ability of battery second use strategies to impact plug-in electric vehicle prices and serve utility energy storage applications [J]. Journal of Power Sources, 2011, 196 (23): 10351-10358.

[6] 杨则恒, 张俊, 吴情, 等. 废旧锂离子电池正极材料 $LiFePO_4/C$ 的电化学修复再生 [J]. 硅酸盐学报, 2013, 41 (8): 1051-1056.

[7] TASAKI K, GOLDBERG A, LIAN J J, et al. Solubility of lithium salts formed on the lithium-

ion battery negative electrode surface in organic solvents [J]. Journal of the Electrochemical Society, 2009, 156 (12): 8076-8083.

[8] ABRAHAM D P, KNUTH J L, DEES D W, et al. Performance degradation of high-power lithium-ion cells: Electrochemistry of harvested electrodes [J]. Journal of Power Sources, 2007, 170 (2): 465-475.

[9] 桂长清. 动力电池 [M]. 2版. 北京: 机械工业出版社, 2012.

[10] SUTHERLAND J W, ADLER D P, HAAPALA K R, et al. A comparison of manufacturing and remanufacturing energy intensities with application to diesel engine production [J]. CIRP Annals - Manufacturing Technology, 2008, 57 (1): 5-8.

[11] NAGPURE S C, BHUSHAN B, BABU S, et al. Scanning spreading resistance characterization of aged Li-ion batteries using atomic force microscopy [J]. ScriptaMaterialia, 2009, 60 (11): 933-936.

[12] MANTHIRAM A. Materials challenges and opportunities of lithium ion batteries [J]. Journal of Physical Chemistry Letters, 2011, 2 (5): 176-184.

[13] 金杰, 房晓俊, 姚建铨, 等. 激光应用的新领域: 激光清洗 [J]. 应用激光, 1997 (5): 228-230.

[14] 宋峰, 刘淑静, 颜博霞. 激光清洗: 富有前途的环保型清洗方法 [J]. 清洗世界, 2004, 20 (5): 43-48.

[15] BEDAIR S M, SMITH H P. Atomically clean surfaces by pulsed laser bombardment [J]. Journal of Applied Physics, 1969, 40 (12): 4776-4781.

[16] KEARNS A, FISCHER C. Laser removal of oxides from a copper substrate using Q-switchedNd: YAG radiation at 1064nm, 532nm and 266nm [J]. Applied Surface Science, 1998, 127: 773-780.

[17] SMALLEY J F, GENG L, CHEN A, et al. An indirect laser-induced temperaturejump study of the influence of redox couple adsorption on heterogeneous electron transfer kinetics [J]. Journal of Electroanalytical Chemistry, 2003, 549 (549): 13-24.

[18] KRÜGER J, PENTZIEN S, CONRADI A. Cleaning of artificially soiled paper with 532-nm nanosecond laser radiation [J]. Applied Physics A, 2008, 92 (1): 179-183.

[19] LUETKE M, FRANKE V, TECHEL A, et al. A comparative study on cutting electrodes for batteries with lasers [J]. Physics Procedia, 2011, 12 (1): 286-291.

[20] RAMONI O O. Laser surface cleaning-based method for electric vehicle battery remanufacturing [D]. Texas: Texas Tech University, 2013.

[21] RAMONI M O, ZHANG H C. End-of-life (EOL) issues and options for electric vehicle batteries [J]. Clean Technologies & Environmental Policy, 2013, 15 (6): 881-891.

[22] 田彬, 邹万芳, 刘淑静, 等. 激光干式除锈 [J]. 清洗世界, 2006, 22 (8): 33-38.

[23] 威廉M斯顿. 材料激光工艺过程: 原书第3版 [M]. 蒙大桥, 张友寿, 何建军, 等译.

北京：机械工业出版社，2012．

[24] ZHANG J, WANG Y, CHENG P, et al. Effect of pulsing parameters on laser ablative cleaning of copper oxides [J]. Journal of Applied Physics, 2006, 99 (6): 064902-064902-11.

[25] 施曙东，杜鹏，李伟，等．1064nm准连续激光除漆研究［J］．中国激光，2012（9）：58-64．

[26] 田彬．干式激光清洗的理论模型与实验研究［D］．天津：南开大学，2008．

[27] 谭东晖，陆冬生，宋文栋，等．激光清洗基片表面温度的有限元分析及讨论［J］．华中理工大学学报，1996（6）：50-53．

[28] NIE M, CHALASANI D, ABRAHAM D P, et al. Lithium ion battery graphite solid electrolyte interphase revealed by microscopy and spectroscopy [J]. Journal of Physical Chemistry C, 2013, 117 (3): 1257-1267.

[29] BLOISI F, BLASIO G D, ZONCHEDDU L V M. One-dimensional modelling of 'verso' laser cleaning [J]. Journal of Modern Optics, 2006, 53 (53): 1121-1129.

[30] WHITE R M. Generation of elastic waves by transient surface heating [J]. Journal of Applied Physics, 1964, 34 (12): 3559-3567.

[31] 吕小三，雷立旭，余小文，等．一种废旧锂离子电池成分分离的方法［J］．电池，2007，37（1）：79-80．

[32] 章恒，刘伟崑，董亚洲，等．低频YAG脉冲激光除漆机理和实验研究［J］．激光与光电子学进展，2013（12）：114-120．

[33] 卢炯平．X射线光电子能谱在材料研究中的应用［J］．分析测试技术与仪器，1995（1）：1-12．

[34] WILSON J R, CRONIN J S, BARNETT S A, et al. Measurement of three-dimensional microstructure in a $LiCoO_2$ positive electrode [J]. Journal of Power Sources, 2011, 196 (7): 3443-3447.

[35] ANDERSSON A S, THOMAS J O. The source of first-cycle capacity loss in $LiFePO_4$ [J]. Journal of Power Sources, 2001, 97-98 (3): 498-502.

[36] AK P, JB G, KS N. Phospho-olivines as positive-electrode materials for rechargeable lithium batteries [J]. Journal of the Electrochemical Society, 1997, 144 (144): 1188-1194.

[37] YAZAMI R, GENIES S. Chemical stability of lithiated-HOPG with some organic electrolytes [J]. Denki Kagaku Oyobi Kogyo Butsuri Kagaku, 1998, 66: 1293-1298.